修崃荣
作品

「修正」
管理之道

修涞贵与修正哲学

修崃荣 ◎ 著

中国出版集团 | 全国百佳图书
中国民主法制出版社 | 出版单位

图书在版编目（CIP）数据

"修正"管理之道：修涞贵与修正哲学 / 修崃荣著 .
—北京：中国民主法制出版社，2018.7
（修崃荣作品）
ISBN 978-7-5162-1860-0

Ⅰ.①修… Ⅱ.①修… Ⅲ.①制药工业—工业企业管
理—经验—长春 Ⅳ.① F426.7

中国版本图书馆 CIP 数据核字（2018）第 160034 号

图书出品人 / 刘海涛
出版统筹 / 乔先彪
图书策划 / 江 力
责任编辑 / 刘春雨 庞贺鑫 江 力

书名 / "修正"管理之道——修涞贵与修正哲学
作者 / 修崃荣 著

出版·发行 / 中国民主法制出版社
地址 / 北京市丰台区右安门外玉林里 7 号（100069）
电话 /（010）63292534 63057714（营销中心） 63055259（总编室）
传真 /（010）63055259
http://www.npcpub.com
E-mail: mzfz@npcpub.com
经销 / 新华书店
开本 / 16 开 710 毫米 ×1000 毫米
印张 / 18.75
字数 / 210 千字
版本 / 2018 年 8 月第 1 版 2018 年 8 月第 1 次印刷
印刷 / 北京天宇万达印刷有限公司

书号 / ISBN 978-7-5162-1860-0
定价 / 48.00 元
出版声明 / 版权所有，侵权必究。

题　记

寻找一个具有可操作性的哲学思想和方法，是中国千百年来，无数先哲的追求和梦想；

寻找一个可以驾驭企业经营管理的哲学方法，是万千中外企业家的迫切愿望。

破空而出的"修正哲学"试图对此一一作出回应……

传播思想文化正能量的民间使者

李中华

北京大学中国哲学暨文化研究所所长、
中国文化书院导师、副院长、哲学系博士生导师

多年来，我有幸认识并结交了三位作家。一位是具有学院派特点的作家宗璞女士，一位是西南作家群中最具乡土情怀的李宽定先生，再一位便是我将要在本序中向读者介绍的公安系统中的通俗文学作家修崃荣先生。这三位作家各自代表了三种不同类型的文学创作特点，他们也都是作家协会的成员，他们所创作的文学作品在各自的领域里，都是佼佼者，都有广大的读者群。

在三位作家中，我与宗璞女士交往时间最久，也最密切，因为她的父亲冯友兰先生是我的恩师，每当我去探望冯先生的时候，也就自然而然地要与宗璞女士聊聊天，并成为了朋友。她如同自己的大姐一样，我常常受到她的关照。李宽定先生虽然远在贵州，平时联系也不多，但我俩因为年龄相近，因此定交后，便如兄弟般心有灵犀，每当想念他的时候，就翻翻他的作品，就好像见了面一样。至于我与修崃荣先生的交往，则有着一番特殊的经历。

我与修老（与他交往的朋友们常称他为修老）交往是从讨论他撰写的一部书开始的。那是2006年的冬天，由他撰写的一部长篇报告

文学《修涞贵与修正哲学》正式出版前，由修正药业集团的副总裁，也是北京大学哲学系毕业的高材生吕竺笙先生专程来京请我为修老的这部书写序。竺笙先生也算是我的学生，由他出面约请，我不能推辞，答应他可以写序，但要给我时间，读完全部书稿后再做最后决定。就这样，我用了几天的时间，认真拜读了这部洋洋洒洒近 30 万字的长篇大作。读后被这部反映修正药业集团是如何从一个负债累累濒临破产的企业，被重新打造并发展成年销售额高达 40 多亿元（当时的估值）的大型民营企业创业过程的巨著所感动。我当即动笔为该书写了一篇长序，主要谈该书对我的启示及作为中国百姓一员的我，对修正药业集团的感怀和期许："企盼修正药业集团以修正哲学的理念与实践，为中国现代化建设及中华民族的伟大复兴，不仅能贡献使百姓身体健康的药物，也同时贡献使员工、企业及整个社会精神健康的中国化的企业哲学和企业文化。"不久，修老把他正式出版的《修涞贵与修正哲学》这部谈企业文化最为深刻的书送给我，同时又以对话的形式在《企业研究》杂志上发表了《为企业插上哲学翅膀——与北大李中华教授谈〈修涞贵与修正哲学〉》的讨论文章。

就这样，由一篇书序和对话录开始，直到修老 2016 年 6 月去世止，我和修老成为莫逆之交。我们在一起讨论了许多当时他最关心的问题，如"修正哲学"和企业文化如何界定和发展、《周易》的起源和性质、和谐哲学的发生和价值意义、"致中和"思想在中国文化中的地位、老子与孔子的差异、关公的忠义如何在现实中推广……。我们讨论了无数个关于中国哲学、中国文化、中国历史、中国现代化等大大小小的问题。可以说，我们共同讨论的思想、学术、文化，培育与滋养了我与修老长达整整十年的友谊。

这十年的友谊对我来说是一份弥足珍贵的人生财富，因为我从修老身上学到了很多在与其他朋友交往中所学不到的东西。修老是一位真诚、直率、朴实、勤勉、和蔼可亲，且以自己毕生的努力，乃至用自己火热的情怀和全部生命去书写、履行和捍卫自己真诚信仰的人。单讲"信仰"二字，只是一个概念。真正的信仰，是需要人们在这一空洞的概念中，通过亲身实践，去填实他的价值理念和人生追求的实际内容。因此，信仰可以有多种，但如何选择、陶铸和坚守与自己的价值理念和人类社会发展相契合的信仰，却是不容易的事，而修老做到了。

修老 15 岁（1954 年）便加入了公安队伍，一直到 45 岁，在期间整整三十年里，把自己炼就成为公安战线上一名不惧危险并屡建奇功的坚强战士。他参与并破获了一系列特大案件，其中包括轰动全国的特大杀人案和特大流窜抢劫团伙案，曾获公安部嘉奖并荣立个人二等功。他用自己的坚定信念和无畏精神，勇敢地捍卫了人民的生命、财产和利益，坚守并践行了他的崇高信仰。

20 世纪 80 年代初，改革开放的春风吹遍祖国大地，正值不惑之年的修老走上了文学创作道路。1981 年，他参加了黑龙江人民出版社"中长篇小说创作学习班"，此后不久便成为一名公安系统的脱产专业作家。放下枪，又拿起笔，在他所熟悉的公安战线上开始了写作。由此他的文学创作热情，像泉水一样涌动，像火一样燃烧并一发不可收拾。

1983 年，修老撰写了他的处女作——中篇小说《军火 1946》，之后又改编为同名电视连续剧，并于 1986 年在中央电视台首播，获东北"金虎奖"二等奖。接着，他又撰写了第二部中篇小说《狼巢匪影》并于 1986 年出版，荣获首届公安部"金盾文学奖"。隔两年，他又发表了第三部小说《刑警的隐秘》，获"全国通俗小说"三等奖。三部作品虽属修老的文学初创，但却全部获奖，迈出了文学创作的坚实步伐，不能不说，这是由于他多年的公安实践，不断启发了他的创作灵感，同时也成为他创作的源泉。社会实践再加上他的天赋和刻苦，这三条构成他后来成为一名多产作家的基本条件。以上修老在80年代完成的三部作品可称作是修老文学初创的"三部曲"，同时也构成修老在文学创作道路上的第一个里程碑。

进入20世纪90年代，修老用了整整六年时间，完成了他的第一部传记文学与历史文学合体作品《陈龙传》，传主陈龙是一位鲜为人知，但又具有传奇色彩的在中共隐蔽战线上作出卓越贡献的英雄人物。陈龙的一生历尽艰险，最后把生命献给了中国人民的解放事业。这部作品可谓修老文学创作中最为呕心沥血的著作，用修老自己的话说："为了写好这部近40万字的作品，我所下定的决心整整坚持了六个年头，让我走遍了全国20多个省市，采访了近百位东北抗联和我国侦察工作的前辈们，录制了几十盘磁带，收集了上百万字的历史档案和文字资料，带着一种沉甸甸的历史使命感和对英雄充满崇敬和深情的思考，才使这一创作任务的完成变为可能"；"可以说，陈的历史就是一部中国侦察史"；"也是我创作道路上的一次万里长征"（修老采访所走过的里程甚至超过二万公里）。该书1995年正式出版，此后又再版了多次。该书出版不久，便获得了中宣部"五个一工程"奖、公安部"金盾文学奖"一等奖、"黑龙江文艺创作大奖"，可谓是"一书获三奖"。同时，《哈尔滨晚报》《北京晚报》《作家文摘》《党史纵横》《南方日报》等30余家报纸、杂志、新闻媒体予以连载和转载，在广大群众中特别是公安战线上，乃至全国都产生了广泛影响。此后又完成了警匪小说《特工行动》（1997年出版），并获"金盾文学奖"二等奖。1999年又发表了长篇报告文学《北疆大追逃——99，哈尔滨市公安局"追捕逃犯专项斗争"纪实》。

20世纪90年代是修老文学创作的第二个十年，这十年共产生三部作品，其中两部作品获大奖，尤其是《陈龙传》，可称作是修老文学创作的第二个里程碑。

随着 21 世纪钟声的敲响，修老的文学创作进入了第三个十年。此时，修老已是一位过了"耳顺"之年的退休老人（2000 年退休）。按一般人的想法，退休后应该颐养天年，但他却说："我虽然在组织上退休了，但大脑的思考和用笔写作的工作却没有退休。"他以老骥伏枥的精神，在 21 世纪的头一个十年里，先后发表了长篇报告文学《大案惊天——"2·2"绑架银行行长案侦破纪实》（2000 年），电视剧本《无愧苍生》（原名《北方警官》，2001 年）。该剧本被拍成 20 集电视连续剧，于 2004 年在中央电视台黄金时段首播，荣获第 25 届中国电视剧"飞天奖"长篇电视剧一等奖；第 10 届"五个一工程"奖。2009 年，修老已年届 70 岁，在古稀之年的开端，他又创作了电视连续剧剧本《西部警官》，该剧本已完成拍摄和后期制作阶段（但至目前仍未见播出）。

在修老文学创作的第三个十年里，除了上述三部作品外，他的注意力和文艺创作开始转向企业文化的研究。2006 年，在他完成《无愧苍生》剧本后，便专心思考企业文化建设问题。因为他在从事文艺创作的同时，还兼任《修正世界》的主编，并肩负着东北地区最大的民企药业集团——修正药业集团文化总顾问一职。

修老是一位十分认真的人，他在长期的公安工作中，养成了一种对任何工作不做则已，一旦决定做就会锲而不舍地做好它、完成它。在这种负责态度和承担精神的支配下，他以"秋童"的笔名撰写并出版了《修涞贵与修正哲学》一书（2006 年）。这部书是以报告文学的形式呈现的，但其内容已突破了报告文学的形式，在内容上展示、反映出在多元文化及经济全球化时代，中国企业家对自身企业软实力开发和建设的深度思考。在这部著作中他对上述问题的思考和研究，并非是纸上夸夸其谈或脱离实际的臆想，而是通过对修正药业集团发展的认识和总结，揭示了一个企业的建设发展，离不开企业自身的文化建设，必须把自己的发展与本民族的文化传统和哲学智慧结合起来，从而开创并建立适应社会历史发展并与民间百姓及现实的社会需求相统一的企业新思维、新方法和新战略。这种建立在文化自觉和哲学突破基础上的企业文化建设，不仅是企业的需要，更是中华民族实现民族复兴的需要。

修老的《"修正"管理之道——修涞贵与修正哲学》一书的出版，及其所展现的思想和探讨的理论，标志修老文艺创作思想的转型和深化，他开始注重从更深的思想文化层面，思考包括企业发展在内的中国社会的现实问题，从而使他的文艺创作逐渐突破公安文学的局限，使他的创作活动转向文化和哲学。可以说，《"修正"管理之道——修涞贵与修正哲学》这部著作，正是企业文化与中国传统哲学融合的产物，是他文艺创作历程中又一座里程碑。在这个十年中，他大量阅读中国传统文化经典，如《大学》《中庸》《论语》《孟子》《周易》《孙子兵法》，以及大量的中国历史典籍，跨入他人生及文艺创作的最后一个十年。

进入 21 世纪的第二个十年，也是修老文艺创作的第四个十年，但他却于 2016 年 6 月仙逝。可以说在第四个十年里，修老只走完了一半。一个人很难预测自己的死亡时间，修老也是如此。在我与他的交往中，我们从未讨论过生死问题，看来他是一位藐视死亡的人。当历史跨入修老生命的最后五年里，他虽然已年过 70 岁，但其文艺创作的步伐不仅没有因年龄增长和身体状况的日下而停止，反而有加快的节奏。

2012 年 7 月，修老在自己的原著基础上改编的电视连续剧《夜隼》，在地方卫视播出；2012 年 12 月，由修老担任编剧的电视连续剧《浴火危城》（又名《大瘟疫 1910》）在中央电视台第八套电视剧频道黄金时段播出；2013年5月发表了报告文学《气吞万古——记钱锺书与"中国古典数字工程"》；同年9月，出版了《古今一本通》(原名《侃古聊今录》)；2014年，组织筹划拍摄《从"亡命"到武圣》的文化专题片并撰写了解说词，并与北京电视台《档案》和中央电视台《国宝档案》栏目联合制作《大丈夫 关羽》《传奇——关羽缘何失荆州》两期节目，分别于2015年3月和8月播出。2015年9月出版《关公精神新解》。

从以上可知，修老在他生命的最后五年中，他撰写并出版了六部作品，除两部电视剧本外，其余四部所涉及的几乎都是历史与文化的内容。其中的《古今一本通》，是一部历史、文化和哲学相互交融的杂文或随笔性质的作品。其内容十分广泛。从历史到文化，从《周易》到马克思主义哲学，从国际政治到当今天下热点问题，可谓是一部人文学科及文化的"科普读物"，它反映了社会上一般民众对主流社会价值的基本看法，也表达了修老所思所想和所聊所侃积淀下来的问题意识和社会、历史、文化的承担精神。可以说这是改革开放以来，对我国由下至上的文化热和国学热的通俗解读和对当今社会及人类文明所面临的调整、重组和转型的一种理解和诠释。从这一意义上说，《古今一本通》所表述的思想议题已远远超出了文学讨论的范畴，标志修老不满足于以文学形式表达文化传播正能量，而是企图直接从思想、理论和文化上进入思想世界，以解决他所追求的价值观的改造和对世俗世界的人文关怀。《古今一本通》代表了修老的文化修养境界和哲学理论高度。

在修老生命的最后两年中，他尤其关注对关羽的研究。他在同我的多次谈话中，对当今社会不讲诚信，不讲仁义，道德衰微，世风日下的社会乱象深感忧虑。但他向来不是一个悲观主义者，他总想用自己的笔写出有益于社会健康的作品来影响和改变社会。他在发表《关公精神新解》后不久，接受多家媒体采访，大谈关公精神。如在山西运城第26届关公文化旅游节的大会上，他接受《黄河晨报》记者采访，并发表了《挖掘关公新文化内涵，为社会进步提供正能量》的讲演，反复强调，"传统文化中所蕴涵的思想正能量是不能丢弃的，因为它在今天仍有改造世态人心的作用"。他把民俗文化中关公的忠义精神，凝聚为八个字："惟正是忠，为正而义"。这是对传统忠义观念的新解释。"忠"不是忠于某人某氏；"义"也不是传统的侠义、仗义。在他看来，"忠"说到底，就是"正"；"义"说到底，就是"为正"。不正则谈不上忠，不为正则谈不上义，此即"忠义而归于正"。孔子说："政者，正也"；"其身正，不令而行，其身不正，虽令不从"；"苟正其身矣，于从政乎何有？不能正其身，如正人何？"。老子也说："以正治国，以奇用兵。"修老晚年，不遗余力地推广关公文化，其深意可知矣。

现在摆在读者面前的三部长篇小说《少林武禅》《掉脚》和《围宋》，也是在修老生命的最后五年中整理完成的。

《少林武禅》是一部介于历史与武侠之间二者合一的长篇小说。故事发生在20世纪20年代后期，其以少林寺生存发展的历史为背景，讲述军阀石友三部队和潜入中国为非作歹的日本武士与少林武僧之间展开的对少林"三宝"的盗夺与反盗夺的故事。故事描述了当年达摩祖师传下来的少林"三宝"（金版《坛经》、袈裟和金钵）在其历史传承中所经历的百般劫难及少林武僧在反盗夺的斗争中，凭着坚毅、果敢、智慧和九死不悔的奋斗精神，用鲜血和生命保护了民族财宝，并最终使少林"三宝"完整地回归少林。

《掉脚》（原名为《83年》），是一部长篇警匪小说，故事以1983年和北方名城哈尔滨为时空定点，以历经千年几易其主的"九宝金佛"的失窃为主线所展开的公安刑警与窃贼团伙之间迂回曲折、险象环生的斗争故事。故事写得逼真、悬疑、惊险，颇具立体感。人物形象鲜明、生动，语言朴实、机警、老道，让人读起来有不忍释手之感，是一部可读性甚强的鸿篇巨制。

《围宋》是一部长篇历史演义小说。历史演义小说的特点，是以真实的历史为背景，即人物和故事的核心是历史的，但更多内容则是作家虚构的。因此就历史小说的本质说，往往是真假相掺、虚实相伴。历史只是作品的一个骨架，其血肉则须作家凭自己的价值取向而加以虚构，方具有小说的感染力。因此可以说，历史小说的最高境界应该是历史性与艺术性的高度统一。修老的《围宋》，虽未能达到历史小说的最高境界（可能只有《三国演义》《水浒传》等名著，才能达到这一标准），但却是符合历史小说这一体裁而进行的文艺创作。

《围宋》这部小说，以虚构的主人公陈小与沁儿的爱情故事为起点，一直演义到他们的子孙后代陈玉坚、青柳为终点，贯穿中国历史上的辽、宋、夏、金、元五个朝代（前面还追溯到渤海国），大约400年的历史。小说以一个平民家庭的家族史与两宋及辽、夏、金、元错综复杂的关系史相交融为主线，描绘出中国北方少数民族崛起与南宋灭亡的历史轨迹。小说以28位重要的真实历史人物为章题，与传承十代的陈小家族史巧妙地连接、融汇在一起，使读者可以在轻松的艺术虚构中，了解和体会400多年的真实历史，从中可以窥探出作者渗透其中的多民族融合理念和他对社会、人生及历史的人文情怀。

中国文学史上的历史小说非常丰富，几乎对每个朝代的历史和著名人物均有演义小说加以描述，但据我所见所读或孤陋寡闻的推测，像修老这部小说，叙述了从辽东的渤海国一直到辽宋夏金元这样历史跨度的演义小说来说，可能还是第一部。该小说的不足也即体现在这种大跨度的历史集中在一部小说中，很难达到艺术性和历史性的高度统一，因此这部小说读起来，感到跨越性太大。尽管如此，在我读过这部小说原稿后，还是感觉这部小说给我带来了历史知识的增加和艺术欣赏的愉悦，特别是由此对修老艺术创作的探索精神和坚韧不拔的毅力、耐力产生更高的敬意。

修老是一位多产的作家，其作品除诗歌、散文外，对其他文体几乎都有所涉猎，甚至跨越了文学创作的门坎，对历史、哲学、文化各领域都有一定的研究和理解，一生创造出300多万字的文化成品。很难想象，一位未读过高中、大学、未受过专门的文艺训练的人，为什么能够创造出这么多的精神文化产品？这是一个很难回答的问题。但据我观察，似乎可以找到答案，那就是挂在修老书房中的一幅匾额——"天道酬勤"。这可能是修老一生最为尊崇的理念。他一生勤于实践、勤于读书、勤于思考、勤于笔耕。有这"四勤"，天道何不酬之！此外，修老还具有四项好的品德：有昂然向上的人生志向，有思想正能量的实际践行，有薪火相传的文化担当，有悲天悯人的人文情怀。有此"四有"，人道岂能远之！

除"四勤""四有"外，修老还有一个优于常人的地方，即能以虚心的态度广交朋友，用孟子的话说："一乡之善士斯友一乡之善士，一国之善士斯友一国之善士，天下之善士斯友天下之善士。以友天下之善士为未足，又尚论古之人。"修老就是这样一位善友天下善士的人；同时，他还常以"善友天下善士为未足"，便又去追论古人。"颂其诗，读其书，不知其人，可乎？是以论其世也。是尚友也"。

2017年9月25日
于北京大学

勤学善思，自强不息

——怀念大哥修崃荣

修涞贵

全国工商联医药业商会会长　中国修正集团董事长

　　我们兄弟姐妹共八人，大哥是五个兄弟中的老大。大哥长我15岁，他在我出生那年就离开了家乡——吉林通化，被哈尔滨市公安局录用。所以，记忆中我们兄弟之间没有童年相戏无间那种时光。我自小就尊重大哥、敬重大哥！因他在公安部门从事治安、刑侦工作，职业的威严使得大哥在我心目中的形象一直是严肃的、正义的、高大的和神秘的。因此，他每次回通化探亲，我总要缠住他问一些大大小小的问题。他也总不厌其烦地为我细心解答。那时的大哥，在我眼中简直就是一个渊博的智者，对社会对人生有那么多透彻的了解和认识！我总是如饥似渴地从他身上汲取知识和经验的养分。我们的父亲是一个律己甚严的工程技术专家，和中医世家出身的母亲一样，都是秉承中国传统价值取向和教育观念的老人。但他们养育出来的儿女却是不恋故园，心忧天下，具有以建功立业为己任的济世情怀和抱负——进取、革命、志在四方。我的大姐解放前就不辞而别，随军南下，投身革命；二姐也早早地进入政府部门从事领导工作；大哥、二哥早在20世纪50年代就投笔从戎，成为哈尔滨市警察；我自己也于20世纪80

年代初进入通化市公安部门工作。耳濡目染、言传身教，他们对我价值观、人生观的形成所起的正面影响和作用是很大的。用今天的话说，他们给了我为人做事的"正能量"。尤其是大哥，由于他喜欢对传统文化和现实人生进行人文思考，这与我青年时期的精神求索相契合。所以我一直喜欢和大哥进行心灵和思想的交流，并从中获得很多教诲与启发。他不但是我血缘关系上的大哥，也是我精神世界里的引路人。现在，每当我遭遇精神上的困惑，总会不自觉地想起大哥，想起那些移樽就教，不知东方之既白的日子！

大哥这一生，从事的社会工作就是公安工作。这份工作也可以说是"武行"之中的工作，他做得很出色。大哥1954年从通化到哈尔滨，那时他才15岁，开始担任道里区派出所民警，负责街道治安工作，后又调入区公安分局，任侦察员。1984年他破获了以"黄瘸子"为首的特大流窜犯团伙，轰动全国，受到公安部嘉奖并荣立个人二等功；后又破获胡清林特大系列杀人案。在做好本职工作的同时，大哥一直勤奋地读书、思考、提炼、总结。他是"武行"之中的文人。生活中，大哥除了饮茶、抽烟之外，就是画画和读书，尤爱读书。此外别无嗜好，一生如此！大哥很早就去外地谋生，并未接受过系统的学校教育。但他酷爱读书，他读书的范围也很广。公安工作带给他丰富的社会阅历和人生经验，加上他喜欢思考，这一切就成为他文学创作的素材来源。1980年大哥开始尝试以公安工作为题材进行小说创作，这让他旺盛的生命激情获得了一个美丽绽放的新天地。一本本小说、传记、报告文学、电视剧本问世，赢得了社会各界广泛赞誉。他接连获得公安部首届"金盾文学奖"、"金盾文学奖"一等奖、中宣部第五届"五个一工程"奖、第十届"五个一工程"奖、第二十五届电视剧"飞天奖"长篇电视剧一等奖等各类奖项，成为全国公安系统获奖最多、奖项最高的知名作家。他的作品在《作家文摘》《啄木鸟》《党史纵横》

《南方日报》等30余家报纸、杂志连载或转载；他创作的电视剧《无愧苍生》在中央电视台一套节目里的黄金时段播放。晚年，大哥转入对哲学和文化的思考，代表作包括已经出版的《修涞贵与修正哲学》《气吞万古——记钱锺书与"中国古典数字工程"》《古今一本通》《关公精神新解》等，同时继续创作具有文化历史内涵的小说，如这次出版的《少林武禅》《掉脚》《围宋》。大哥真是一位奇人！一个初中尚未毕业的人，用今天的标准，可以说尚不具备完整、系统的人文知识。他却在创作和研究两个方面上下古今，纵横捭阖；在小说、剧本、报告文学、文化研究诸领域妙笔生花、厚积厚发。创作需要的是以想象力为基础的形象思维，还有娴熟自如的文字技巧；而研究却既仰赖于文献与相关专业的深厚积累，更要依靠推理、论证为工具的逻辑思维。两者大相径庭，但在大哥那里却并行不悖，而且还相得益彰。这使得他的创作总是带有一种对社会、人生进行思辨的哲理韵味；而他的研究则又总饱含着对历史、文化作出探究的人文情怀。

大哥的一生是勤奋的一生，从早年到暮岁，大哥一直勤奋地工作和学习。古人讲"天道酬勤"，现代有识之士说，人与人之间成就大小的区别，就在于业余时间的利用。时间对每个人都是公平的，它从不厚此薄彼。但人对时间的态度却大不相同，有的人虚掷光阴，有的人惜时如金，大哥就是一个惜时如金的人。他虽然起点不高，没有受过高深、系统的学院教育，而且还承担着重要的本职工作。但他内心的求知欲很强，他不断地在提升自我，依靠不懈的努力，他终究成就了他自己，活出了人生的精彩并达到了常人难以企及的高度！我自1995年下海经营企业，创建修正药业以来，由于责任重大，工作繁忙，就没有闲情逸致和大哥去探讨早年感兴趣的那些宏观而抽象的大课题。兄弟俩即使见面，我也都是和他说一说企业经营管理上的一些具体问题。大哥非常关心、关注修正药业的成长，经常和我探讨企业经营过程中面临的各种问题。2000 年他退休后，应我之邀，还专门来修正承担具体的管理工作，出任集团法务中心主任和《修正世界》主编的职务。但他的兴趣终究是在文化研究和小说、剧本的创作上。在公司工作了一段时间之后，他就向我提出辞去具体的管理职务，出任修正药业集团文化总顾问一职，为修正哲学和修正文化的建立与完善做了大量有价值的工作，可谓是殚思极虑、鞠躬尽瘁！

自父母和大姐离世后，大哥在我及兄弟姐妹的情感世界里占据的位置愈显重要。大家心里有事，总愿意和大哥去谈一谈，听听他的意见和建议，从中可以获得许多的人生教诲和生活启示。这些年来，只要有机会，我也总是抽出时间到大哥住处坐一坐，聊一聊。而他，任何时候都会搁下手中的事情，和我兴致勃勃地交谈。从修正文化到中国文化；从家庭情感到人生百态；从现实生活到历史人物。大哥的知识面确实宽，兴趣非常广，思路也很活跃和清晰。虽然此时他已步入人生的暮年，但在才智和思想方面，我没有感觉他有任何衰老或退化的迹象。相反，他的思想倒是越来越成熟和深刻，情感也越来越豁达与醇厚。我内心对大哥一直很敬仰！很叹服！我钦佩他过人的才华，钦佩他旺盛的求知欲和创造力，钦佩他似乎一直不衰竭的生命意志。我总觉得，大哥始终是年轻的，因为他的思想始终年轻。他一直不满足，不断在追求！大哥是一个有生命激情的人！他的激情体现在对知识的渴望和占有之上。年轻时如此，退休后更是如此！含饴弄孙、颐养天年，这是中国人向往的老年生活，但却不是大哥想要的生活方式。退休之后，他更是心无旁骛地读书、写书，沉浸在书的海洋中流连忘返，真正达到了孔子所说的，发愤忘食，乐以忘忧，不知老之将至的境界。作为长兄，大哥始终是宽厚的。在他面前，我们弟妹都可以言谈无忌，不论深浅，大哥从未苛责过我们；大哥又是深刻的。几十年公安工作的历练加上作家的眼光，使他对人性、人情有着清醒而深刻的洞察。但他经常会以理解和解嘲的口吻来评价人世百态，教我们秉持悲天悯人的情怀；大哥还是亲切的。和他在一起的时候，我的内心始终是温暖的、安详的，觉得他是可以依赖的好兄长。现在大哥走了，让我上哪儿再去寻找这样的好大哥？佛说，前世的五百次回眸，才换得今世的擦肩而过！大哥和我做了六十二年的兄弟，我们该有多么深的因缘啊！一朝永别，阴阳两隔，大痛无言，大悲无声。我是多么舍不得大哥的离去啊！这是人生的至痛！是生命的悲剧！但也是自然的规律！一代一代生命的新陈代谢，犹如滚滚东逝的长江之水，奔流到海，滔滔不绝，汩汩不息！生命凋零，人世代谢，湮灭的只是躯体，永存的乃是精神，传承的却是文化。万古长空，一朝风月。大哥虽然驾鹤西去，但他心血凝成的文字还在！他的思想和精神还在！这就是我们这次出版他著作的价值和意义之所在！愿他的书让我们再一次感受他那犀利深刻的思想、澎湃昂扬的激情、悲天悯人的情怀和蓬勃不屈的意志！大哥的音容笑貌常在！大哥的思想精神永存！

2017 年 9 月 12 日

于长春

修正企业哲学　应当天下共享

李　强
清华大学社会科学学院院长、文科资深教授

我们每个人都会犯错误。

虽然犯了错误，却很少有人能够弄清，我们到底犯的是什么错误，以及为什么会犯错误。

修正药业集团董事长修涞贵先生，用最简练的语言告诉我们，古往今来，人类所犯的错误只有两个：一个是"过分"，一个是"不及"。

他首先告诉我们，我们犯的是什么错误。大到国家，小到企业、家庭、个人，犯的错误都只能是这两个。

至于我们犯错误的原因，修涞贵先生也说得很明确，那是因为没有用"修正"这个既包括认识论，也包括方法论的哲学思想去寻找"致中和"。

刚看到这些话，头脑似乎被震动了一下。

认真想一下，才能发现，这两句话颇有道理。

"过分"和"不及"这两个词语，显然是脱胎于中国的传统文化，孔子和荀子都先后说过"过犹不及"的话。其原意是说，把事情做得过头和做得不够，同样是错误的。而修涞贵先生却把它引申，并概括为古今中外的所有错误，是一个很有意义的创见。

有人说：哲学，就是对社会现象的概括和抽象。"修正企业哲学"做到了这一点。说它是一个可以操作的哲学，也不为过。

修涞贵先生作为一个企业家，把一个负债 400 万元、已经是"脑死亡"的"袖珍小厂"发展成为年销售收入 40 多亿元的大型企业，进入全国制药企业前 10 强，取得了了不起的成就，创造了奇迹。可以想见，这十多年来，不做"过分"和"不及"的事情，在一条"致中和"的道路上迅跑，应当是成功的秘诀。

为了揭示"修正企业哲学"产生的源头，书中有大段述说修涞贵先生对《周易》的认识和理解，本来想要忽略不看，却发现其中有这样一段话，不得不又认真地读了一遍。修涞贵先生说："《周易》是周文王被囚羑里的时候，以占卜为掩护，写给西北周族子孙的'政治遗嘱'。用这个思路来研究、剖析六十四卦的实质和内涵，可能一通百通。"

中国两千多年来对《周易》的研究，一直是在黑暗的隧道中摸索前行，也许，这个新来的看法，会成为从出口投来的一束微光。

以前，对修正药业集团也是有所耳闻的，至少，记住了他们生产的胃药"四大叔"（斯达舒）。看来，修正药业的迅速成长是有基础的，"修正企业哲学"和"做良心药"，就是两块坚固的基石。

感谢修涞贵先生在带领企业大步前行的时候，能够及时疏理出这样有创意的哲学观点，让每个理解其中含义的人，都能受益。

纵观中国乃至世界的企业管理，多有科学管理和程序管理，如果把哲学思想引入企业管理之中，应当是我们"经管"思想的一大进步。

"修正企业哲学"，应当天下共享。

是为序。

2007 年 1 月 26 日

于北京

序 二

一钩足以明天下

李中华

北京大学哲学系博士生导师、教授

《"修正"管理之道——修涞贵与修正哲学》这部"开创中国企业思维新路"的洋洋大作，向我们展现了一位 20 世纪末到 21 世纪初，在中国经济发展大潮中所涌现出来的一位民营企业家，是如何把一个负债 400 万元且濒临破产的企业，重新打造并发展成年销售额高达 40 多亿元的大型制药企业的艰苦创业过程。从这部著作中，我们可以发现一个在世界范围内，最受人关注的话题——中国经济奇迹与中国传统文化、经济发展模式及企业软实力建设的关系。

40 年来的改革开放，为中国的发展带来了前所未有的勃勃生机，尽管还存在着许许多多的问题和一些难以预见的潜在危险，但它的发展变化，确实令人惊叹不已。是什么原因促使中国在短短的几十年的时间里，发生如此巨大的变化？这几乎成为当今世界政治、经济、文化、哲学乃至宗教等各个领域研究的重要课题。

长期以来，关于文化与经济发展模式的探讨，东西方学者多信奉德国社会学家、经济学家马克斯·韦伯在《新教伦理与资本主义精神》一书中所持的观点，即中国传统文化与现代化及企业发展是不相容的，或者说中国传统文化是现代化的障碍，因此东方只有在皈依基督教的前提下，才能得到发展。这一理论在 20 世纪 70 年代曾受到严峻挑战，因为正是在这一时期中，传统儒家文化圈内的日本、韩国、新加坡等国家及我国香港、台湾等地区的经济发展速度，超越了世界上其他任何国家和地区。于是一些西方学者又提出所谓"东亚经济发展模式"的概念，以区别长期占统治地位的"西方经济发展模式"。但东亚经济的发展，至 20 世纪 80 年代中后期，受到多种因素的影响，减慢了步伐，遂使"东亚模式"受到普遍怀疑。甚至有些西方学者幸灾乐祸地宣称"从来就不存在东亚模式""东亚模式只是一个神话，一个假命题"等。

然而，事态的发展，并非如一些西方学者在亚洲金融危机时所预言的那样，东亚的经济发展不但没有止步，反而越发强劲。现在，不仅东亚，包括印度在内的整个南亚、东南亚，特别是中国的经济发展，不仅为"东亚模式"提供了新的证据，而且还增加了"根据中国国情谋发展""主动创新和大胆试验"等诸多新因素、新内容，力图走出一条既吸收西方经验，又有别于西方模式的中国经济和中国企业发展的道路。所有这些，又重新引起世界的关注。当前，对"东亚发展模式"及"中国发展模式"本身的研究，及其与"西方发展模式"关系的研究，成为"国学热"兴起的一大动因。因为离开中国传统文化、离开传统儒家的人文精神和价值观念，便无法理解与诠释"东亚发展模式"或"中国发展模式"的真正内涵和价值。

从这一背景和意义上说，《"修正"管理之道——修涞贵与修正哲学》的问世便不是企业家的偶兴之作，它反映或代表的乃是在多元文化及经济全球化的时代，中国企业家对自身企业软实力开发及企业文化建设的深度思考。尤其可贵的是，这种思考并非脱离实际的空谈和遐想，而是把自己企业的文化建设与自己民族的文化传统和哲学智慧结合起来，从而开创并建立适应历史发展与时代需求的企业新思维、新方法与新战略。这种建立在"文化自觉"与"哲学突破"基础上的新思维，不仅是中国企业家的需要，同时也是中华民族实现"和平崛起"与"民族复兴"的需要。

根据《"修正"管理之道——修涞贵与修正哲学》一书的介绍，修正药业集团董事长修涞贵先生所提出的"修正哲学"，正是在充分汲取、扬弃中国传统文化，特别是在吸收《周易》的哲学智慧和思维方式基础上形成的。其基本内涵是："世界上的错误成千上万，究其原因只有两个：一是'过分'，二是'不及'，修正哲学就是在'过分'和'不及'之间，寻找正确的方向，这个方向就是'致中和'。"可以说，"修正哲学"既是一种经过浓缩的思维方式和世界观，又是一种经过千番磨砺的人生体验。它是把孔子及孔子后学的"中庸"与《周易》的"保合太和"思想结合起来，形成其所称谓的"可操作性"的哲学思维。正如《中庸》这部儒家的重要经典所揭示的那样："喜怒哀乐之未发谓之中，发而皆中节谓之和。中也者，天下之大本也；和也者，天下之达道也。致中和，天地位焉，万物育焉。"在儒家看来，喜怒哀乐未发之"中"，乃无所偏倚之性。因其无所偏倚，故孟子谓之"善"。此善乃天所给予，故谓之"大本"。人若失去善之本体，即意味失去良心，失去人性，人也就变成兽。我们从修涞贵先生对"狼性"和"狼道"的批判中，即可看出他是如何理解和诠释儒家性善论的。他庄严地宣称："修正药业不但是在生产和营销领域，坚决反对使用'狼道'。"而且在人事录用和人才选拔上，"对那些实施'狼道'的人，修正药业决不录用"。对这位熟读经史的企业家来说，"人们有向往真善美的本性，要把狼性移植到市场上去，就是从人到兽的退化，就是提倡'天下滔滔，率兽而食人'"。这样的看法，实际上也是对"和也者天下之达道"的理解与诠释。在儒家看来，"和"即是"中节"，即是"达道"。只有当人的情感、认识及行为既不过分，也无不及的时候，才可称得上符合节度，此之谓"和"。因为任何"过"与"不及"都会产生偏颇和乖戾，都会造成自身及他人的痛苦。因此只有在符合节度的"和"面前，才能展现出四通八达的大道而不自塞自闭，同时也不塞他闭他，才能共同进步与发展，这就是大家常说的"共赢"。这也即是"修正哲学"所谓的"在'过分'和'不及'之间，寻找'致中和'的正确方向"。

作为天下达道的"和"，是与"狼道"的吃人与恶斗不可同日而语的两种价值观和方法论。照修涞贵先生的看法，"市场绝不是动物世界，一定要弱肉强食；更不是古罗马的斗兽场，一定要拼个你死我活"，"市场是诚信为本，守法经营，公平交易"，"因此，狼道不仅违背了经商的原则，更违背了做人的原则"。由此亦可以看出，修正药业集团之所以高扬人道而反对狼道，正是基于对儒家及《周易》中最富有的普世关怀和人文精神的理解和弘扬。

这里，我还想说的一点是，修涞贵先生对《周易》这部传世经典的理解是很到位的。首先，他一再强调"善易者不占"的精神，乃是汲取《周易》哲学思维的首要前提。其次，《周易》的灵魂在于崇尚"变动"，人的吉凶祸福是在变动不居的环境、条件下发生的，因此要趋吉避凶，不是靠占筮，而是靠人的"变动思维"对客观世界的正确认识和把握。再者，企业的生存发展要追求"永续性"，这是对《周易》"继善成性""变化日新""生生之谓易"的可持续发展思想的理解和把握。再次，"企业文化的核心价值，在于修元正本，造福苍生，回报社会"，此乃是对《周易》"备物致用，立功成器，以为天下利"思想的具体落实。最后，企业及企业文化的健康发展，需要居安思危，防微杜渐，此即《乾卦》九三爻辞"君子终日乾乾，夕惕若厉，无咎"之深意，也即是《乾·文言》对《乾》之上九的解释："亢之为言也，知进而不知退，知存而不知亡，知得而不知丧。"也就是说，无论是一个人还是一个企业，甚至一个国家，都要避免"亢龙有悔"。因为所谓"亢"，是不知进与退、存与亡、得与失等对立的东西可以发生转化。如何做到知进退、存亡、得失?答案是"因时而易"。此即《周易》"与时偕行"的思维判断,亦即《周易》所说:"时止则止,时行则行,动静不失其时,其道光明。"

总之,修涞贵先生的"修正哲学"是通过对自己民族传统文化的认同、继承、发展与修正,建立并完善企业的"软实力"和"发展模式",同时也是创立"企业文化"与"企业哲学"的大胆尝试。我们深信这种尝试一定会取得成功。因为建立在整体性与有机性基础上的儒家人文精神和中国易学的思维方式,在现代社会可以转化为巨大的文化精神资源。在无节制的资本主义、集权式的国家社会主义以及普存于社会中的物质中心主义等心态驱使下,当今社会正在滋长着无限度的利益追求、贪婪、掠夺、攫取、腐败,使处于弱势边缘地位的人群中,同时滋长着嫉妒、愤怒、仇恨和反叛等情绪。这些情绪的蔓延和高涨,导致暴力与非暴力的恶性循环和社会规范、道德规范的解构与社会方向、人生价值的迷失。儒家人文精神和《周易》的思维方式,可以在很多方面弥补几乎被上述因素掏空的伦理和精神价值。正如"修正哲学"所主张并坚持的:坚守一种诚信的文化,建立家庭、人际关系的相互信任;坚守一种"太和万物"与"和而不同"的多元和谐文化,建立企业及社会的普遍和谐;坚守宽容、仁爱的精神,建立普遍的人文关怀;坚守一种团结自律的文化和一种公正的经济秩序,以节制、谦和的意识取代对于金钱、特权和消费的盲目追求;坚守一种向善的人性理念和尊重生命的文化,以保持公民及企业在良性竞争中的永续发展。

祈盼修正药业集团以"修正哲学"的理念与实践,为中国现代化建设及中华民族的伟大复兴不仅贡献能使身体康健的药物,也同时贡献使员工、企业及整个社会精神健康的中国化的"企业哲学"。

2007 年 2 月 6 日

关于修正哲学成因和理论的阐述

关于修正哲学成因

但凡一个带有哲学色彩的思想体系的出现，首先伴随的要么是疑问的眼光和怀疑的叱问，要么长期置之不理、束之高阁。修正哲学的诞生就完整地经历了这样一个过程。2004 年 4 月钓鱼台国宾馆灯火辉煌，全国人民代表大会常务委员会原副委员长成思危把一个写有"中国企业哲学奠基人"的奖牌交给了吉林修正药业集团董事长修涞贵先生，当时全场掌声雷动，欢声四起。在中国许多企业还在摸索什么是企业文化的时候，修正药业已经把企业文化提高到了企业哲学的高度，这是中国企业文化一个重大的进步。但是十年过去了，社会上再没有关于中国企业哲学的半点声音，直到十年后一本叫《修涞贵与修正哲学》的书出版，北大哲学系博士生导师李中华先生作序，他在序中对修正坚持中国传统文化，发展现代企业表示高度赞赏。出于慎重，他没有对修正哲学问题具体表态，但是事后与作者的一次交谈中，他明确提出：关于修正哲学中提出的"过犹不及"恰恰是来自中国传统，但是把"过"和"不及"当成错误的两种表现形式，是修正哲学的一个创见。两千多年来，对"过犹不及"提出新的创见是一个罕见的例子，就让我们从这个创见说开。

千禧年初，学者刘书璋在一篇叫作《修正赋》的文章中说：无修何以为正，无修何以得荣华富贵春。这两句话敲动了修正药业董事长修涞贵的心扉，"无修何以为正"，千百年来，人们为一个"正"字付出了多少心血，原来它是靠"修"得来的；千百年来，人们享受的荣华富贵春，也只有靠修才能得来，恰巧他将企业取名为"修正"，从此他对"修正"二字有了进一步的理解。

经过研究发现，修是手段，正是目的，因此他提出了修正二字就是哲学，运用于企业，运用于发展生产都会起到莫大的好处，因此他提出要建立中国企业哲学的理念，发出了号召，并得到了国家领导人成思危的认可。但是那个时候的修正哲学还主要运用于对生产和指导经营，修涞贵把它叫作应用哲学，应用到哪里，就能够提高生产力，等等。

十年后重新探讨修正哲学，人们便有了新的认识，我们认为：哲学必须有一个理论体系，而且这个体系要经受实践、真理的检验，在修正哲学的问题上，应当首先想到修什么，为什么修，要修到何种程度。有鉴于此，便想到了孔夫子提出的"过犹不及"，同时我们必须构建一种认知：从"过犹不及"的观点来看，人类错误只是两个。从此便开始了对"过犹不及"的长期探索，在探索中发现了毛泽东和张闻天的通讯记录：

毛泽东同志在1939年2月就陈伯达关于《孔子的哲学思想》一文给张闻天的信中说出了其中的含义。他说："……但'两端'不应单训为'众论不同之极致'而应说明即是指的'过'与'不及'。同时，他又指出'过'即是'左'的东西。"下面他又说："守旧顽固，是右倾，是'不及'……"

综合他们的思想，都从不同方面说明了一个道理：人类错误只有两个，一个为过分，一个为不及，就像毛泽东把它们分成左右各一个，而唯有正确的是致中和。致中和的道理不仅是修正哲学的法宝，也是中国文化思维方法论的思想基础。在认识论和方法论的问题上，中外一直有不同的见解，"允厥执中"和"执两用中"为中国方法论的根本。

关于"修正哲学"理论的阐述

第一次听到董事长修涞贵先生说到"修正哲学"是 2003 年冬天。记得他当时是这样讲的："我认为修正两个字就是哲学。"

我反问："根据是什么？"

他说："什么事情都离不开修正，不修就得不到正，要想正就得要修，这就是辩证关系。生产指标定高了得修正，定低了也得修正。它对企业最管用，是应用哲学。"

他的观点在国内几次会议上发表后，引起了一定的反响。2004 年 8 月 29 日在钓鱼台国宾馆，由国务院国有资产监督管理委员会研究中心、中国发展战略学研究会、人事部（现为人力资源和社会保障部）等单位联合举办的"第二届中国职业经理人高峰会"上，修涞贵董事长发表了关于应用修正哲学搞好企业管理的论述，赢得热烈掌声。

全国人大常委会原副委员长成思危走上主席台。把一个写着"中国企业哲学奠基人"的精致奖牌递交到修涞贵手中。修涞贵把奖牌高高举过头顶……

有人说，哲学是以两种方式完成它的使命。一种是哲学家用哲学理论来观察和检验社会实践，这也可以称之为"批判哲学"。另一种是从实践中发现哲学的理论，也就是从实际需要中发现哲学理论，并应用之，这也可以称之为"实践哲学"或是"应用哲学"。

我想，修涞贵董事长正是从生产实践中发现了哲学思想，是实实在在的实践哲学、应用哲学，确实是难能可贵。

2006年我要用报告文学形式写一本关于修正药业集团发展史，又一次与修涞贵探讨关于"修正哲学"的问题。我们谈到，如果仅谈"修正哲学"是应用哲学，没有相应的理论支撑，很难被学者和社会所承认。为了给修正哲学寻找"元概念"的理论支撑，我们继续探讨到：修正到底要修正什么？回答是肯定的，当然是要修正错误。那我们应当首先认定什么是错误。

孔子在《论语》中提到的"过犹不及"启发了我们，这个"过"和"不及"是不是人类的主要错误？或是人类错误的两种主要表现形式？

我们联想到《尚书》的"惟精惟一，允执厥中"。《中庸》说"……执其两端，用其中于民"。墨子的"两而无偏"，都说明"盖凡物皆有两端"都是为人们处理事物对立两端的相互关系提供一种科学方法，以防偏伤之患。它的核心内涵应该是朱熹说的"于善之中又执其两端而度量以取中，然后用之"。

由此，我们可以认为，承认事物皆有两端，可是，"扣其两端"的"两"和"执两用中"的"两"说了两千多年，尚无人明确说明其中的"两"是什么。

朱熹说："两端谓众论不同之极致。"这个说法未必正确。

我们认为，古人说的"两"，不论是"执两"还是"扣其两端"的"两"，可以说成一个是"左"，一个是"右"。但是，我们认为这两个字政治意味太浓，不宜为大众应用哲学所用。我们提出，古人所说的"两"，一个应当是"过分"，另一个就是"不及"。

"过犹不及"都是错误，这是先贤的定论。古今中外，人类所犯的错误如恒河之沙，数不胜数，却从来没有对错误的表现形式做一个明确的归纳。也没有对什么是"过分"什么是"不及"做一个通俗易懂的解释。

为了给在修正药业集团工作的十万员工普及和灌输如何修正错误的思想，我们必须对古往今来的关于错误的各种论点进行逐一研究。"修正哲学"提出至今，十多个年头过去了，我们的理论在实践的过程中反复检验，认为可以总结出这样的一个通俗的结论——古往今来，人类所犯的错误不可胜数，归纳起来，其表现形式只是两个，一个是"过分"，一个是"不及"。这个说法在员工中引起强烈反响，做工作，不论是营销还是生产，包括为人处世都应当寻找"致中和"。

孰料，在推行"修正哲学"的过程中，许多员工问道："谁都想把事情做好，那为什么会产生'过分'？又为什么会'不及'？"

这又迫使我们还要进一步研究，不能只告诉员工错误的两种表现形式，还要找到造成这两种错误的原因。毛泽东同志对这一问题有个非常通俗易懂的解释，就是关于质和量的转化问题，还说过"质的安定性"等等。这些学术化的语言，员工是无法听懂的。要让员工能够学哲学用哲学，就必须说员工一听就懂的话。我们认为："不论处理任何事务，手段大于目的，容易造成'过分'。手段小于目的，容易造成'不及'。正确的方法就是在处理任何事务时，都要在'过分'和'不及'之间寻找那个恰如其分的点，这个点，既可以叫'致中和'，也可以说，就是中庸。"

我们甚至举出例子："高射炮打蚊子就是'过分'，蚍蜉撼树就是'不及'。"

员工们听得懂，就能应用于实践，"修正哲学"就有了可操作性。

我国著名哲学家余敦康先生说过："寻找一个具有可操作性的哲学思想和方法，是中国千百年来，无数先哲们的追求和梦想。"

诚然，寻找一个可以驾驭企业经营管理的哲学方法，是万千中外企业家的迫切愿望。

"修正哲学"试图对此作出回应！

李中华先生说:"过分和不及古已有之,但是,把'过分'和'不及'作为人类错误的两种表现形式,应当是一个创见。"

我们认为:"修正哲学"也可以说成是人人能听得懂,人人能用得上的"中国式的方法论"。

近几年来,修正药业集团董事长修涞贵先生多次在大会上向员工讲解修正哲学的内涵和应用方法,在广大员工认识到人类的错误就是"过分"和"不及"之后,先是对前几年的工作进行了认真的总结,找出哪些是"过分"的决策,那些是"不及"的做法。用哲学的思想和方法找寻前车之鉴,使他们在下一步工作中有了寻找"致中和"的自觉。

近些年来,修正药业集团不论在生产营销还是在群众美誉度方面都有了长足的进步,这与广大员工学哲学、用哲学的努力是分不开的。通过学习,广大员工认为,不论是在处理生产、营销、物流、售后服务等方面的工作,甚至包括处理家庭事务和为人处世,都觉得犯的错误少了,坎坷也少了,一切都变得顺利、和谐。

目前,修正药业集团许多员工都在总结学习"修正哲学"的经验和体会,不少人写出了感受和心得,也有人写出了相关论文。我们看到,一个广大员工"学哲学,用哲学"的热潮正在修正药业集团蓬勃兴起。

2015 年 10 月 1 日
于京北春撑堂

目录
CONTENTS

一　石破天惊的震撼

2004年8月29日，北京，阳光明媚。

集中国古典园林艺术精粹与现代豪华于一体的钓鱼台国宾馆的会议大厅里座无虚席。

由国务院国有资产监督管理委员会研究中心、中国发展战略学研究会企业战略专业委员会、人事部（现为人力资源和社会保障部）、全国人才流动中心、职业经理研究中心等单位联合举办的"第二届中国职业经理人高峰会"在这里隆重召开。

中国诸多经济界著名人物和实力企业的领军人物悉数到场。

"高峰会议"引起有关单位和各界媒体的高度重视，会议盛况不断被电视台、电台、报纸连续报道。

会议进行到第二天下午，整个会场的气氛越发热烈起来。众多媒体记者的录音机、摄像机、照相机，所有"长枪短炮"的焦点，都对准着台上一位身材高大的中年人。

面带憨厚笑容，站在讲台上侃侃而谈的就是以创建中国胃药第一品牌——"斯达舒"而名扬全国的"中国十大新锐创业人物"之一、中国优秀民营企业家、修正药业集团公司的董事长修涞贵先生。

"……在深入学习中国传统文化和国外现代企业的管理经验及对中国市场经济和企业管理将近十年的研究和探索后，我认为'修正哲学'应当成为我们认识客观世界和管理企业的最佳思维模式。不断应用'修正哲学'的思辨方法，'修正'人类认识真理和决策思维中的以'过分'和'不及'为表现形式的一切错误，寻找正确的'中'与'和'，是一条简便易行的思维通道。"

会场中所有人都在屏息倾听，许多人似乎已经预感到，他们正在见证一个重要情景发生。

讲台上，修涞贵继续说道："这样一个具有'可操作性'的思维方法，是我对中国企业管理方式的客观的、理性的思考。正是这种客观的理性的思考，才使我不断发现和接近企业管理和发展的本质规律。正是应用'修正哲学'所发现的本质规律，才能把修正药业从一个负债400多万元的'袖珍小厂'，发展成为拥有30亿元资产的大型现代化企业，并跻身于中国制药十强行列……"

台下寂然无声，听众们无不被一个横空出世的一个新名词所吸引，那就是修涞贵董事长首开先河的"修正哲学"四个字。

在中国，长期以来，人们一向认为，哲学是一门神秘莫测的学问，它一直是伟人、政治家、哲学家们独自掌握的"专利品"。

在国内和国外，近百年来，有难以计数的人在论述市场运行，有无数名人在谈企业管理。通观纵览这些大腕和名人的大作，无非是从企业说到市场、从市场说到企业；从生产过程的科学管理到企业运行的管理科学。却从来没有人明确地提出，用哲学思想统率企业管理，更没有人能把哲学和企业管理水乳交融般地结合为一体，从而去发现和接近企业发展的"本质规律"。

"……在十年的企业经营实践中，我发现，许多中国企业从出生到夭折，周期寿命不到三年（有人统计为 2.9 岁）。追究任何企业夭折的原因，无不是由于企业领导人的决策错误所造成的。世界上的错误成千上万，难以胜数，究其原委，只用几个字就可以概括：一是'过分'，二是'不及'。'修正哲学'的意义，就在于让人们及时修正'过分'和'不及'，以达到致中、和谐的正确目标。"

"……为了冲出企业短寿的怪圈，我提出了构建'修正型企业'的观点，以保证企业健康发展。"

精辟、深邃、清晰、明确。原来哲学就是这么通俗易懂。

热烈的掌声，像一阵风暴掠过会场。

会议的高潮是原全国人大常委会副委员长成思危走上主席台。他手中高举起一个撰写着"中国企业哲学奠基人"的精致奖牌。在闪光灯的一片炫耀中，把它递交到修涞贵手中。

修涞贵把奖牌高高举过头顶。

饱经创业艰苦和发展困惑的中国企业，终于找到了中国式管理的风向标。

一时间，热烈的掌声，激情的欢呼声，响彻会议大厅……

哲学，一门研究宇宙和人生原理的深奥学问。千百年来从中国到希腊，从欧洲到美洲，它一直是高不可攀地站在世间各种思想和不同意识的顶端，俯瞰天下。是平民百姓一直可望而不可即的知识领域。甚至在近百年来，也只有在科学和知识的圣殿里，才能听到它的声音。

尽管有的学者说，哲学无处不在，哲学方法无处不在。可是，实际情况还是像《周易》中所说："百姓日用而不知，故君子之道鲜矣。"这两句话据说是出自孔老夫子之口，是说在两千多年以前的春秋战国时期。但是，至今为止，哲学这个"旧时王谢堂前燕"，还是未曾"飞入寻常百姓家"。

迄今为止，不论是欧美还是世界上任何发达国家，都只有经营管理学而没有哲学管理学。

"修正哲学"的诞生，填补了国内外企业管理的一个空白。

一位研究中国哲学大半生的资深学者，曾经遗憾地认为：中国传统哲学，一直未能克服与现代的现实和理想的对立，也没能达到历代哲学家梦寐以求的理势合一的太和境界。他感慨地说："这个有效的操作方法真正找到之日，也就是中国文化以前所未有的崭新姿态复兴之时。"

"修正哲学"就是一个人人都可以"操作"的哲学。运用"修正哲学"，操作"修正哲学"，就可以达到历代哲学家梦寐以求的"理势合一"的太和境界。它将对中国文化的复兴作出前所未有的贡献。

大家应当记住 2004 年 8 月 29 日这个日子，中国的哲学家、中国的企业家更应当记住这个日子。因为这一天，终于有人为中国企业的哲学管理培土奠基，终于有人把神秘莫测的哲学，从书斋里、从经院中拉了出来，把它带到中国企业管理的天地之中。

这一天，对于中国哲学界，对于中国企业界，无疑都是"石破天惊"！

也许有人要问，中国先哲寻找"可操作哲学"已经寻找了两千多年。如果说"修正哲学"果真是一个"可操作哲学"，当是思想范畴一大创见。为什么这样的创见不是出于专家、教授和哲学大师之手？而是出自一个叫修涞贵的企业家之口？

人们当然要问，这个"修正哲学"是从哪里来的？是天上掉下来的吗？是从地上长出来的吗？是修涞贵头脑中固有的吗？也许，一位叫大盛的记者，可以回答这些问题。因为他对修涞贵进行了长达五年的跟踪采访——

二　大盛：一个颇有心计的记者

十年辛苦说从头，跟踪采访，从 2001 年开始。

记得最早来通化采访修涞贵的，是北京电视台的《财富》栏目。那是"千禧开元"第一年——2001 年的春天。那个时候，修正药业集团在国内制药业算是崭露头角。信息灵通的《财富》栏目瞄上了远在东北的修涞贵。

一行三位采访人员扛着摄像机，风尘仆仆地从北京乘火车来到通化。

他们没有"下车伊始"就找好住处，而是首先去拜访通化市政府领导，说明了准备采访修正药业集团董事长修涞贵的意图。此举是新闻媒体的惯例，怕的是有些知名人物是"墙里开花墙外香"，节目播出后会引起不同观点的争议。

其实，通化市政府的领导对于出生在通化的修涞贵十分了解，不仅对他的为人和品格赞赏有加，连修正药业集团给通化带来的利税和效益也赞不绝口。

为了更全面地了解修正药业集团，三位记者走上街头，随机采访，想听听普通民众对修正药业集团的看法。通化的老百姓对修正药业集团也都是赞不绝口。通化市有制药企业 70 余家，是名副其实的医药城，他们说，跟其他药厂相比，修正的员工最辛苦，最敬业。

记者们是基本上摸清了修正药业集团的"底"才来到修正药业采访的。

那天正是星期天，本以为这里应当是一片清静。可是，记者却看见通勤的大客车还在接送上下班的员工，拉运产品的汽车出出进进。其实，他们已经了解到，通化有不少药厂由于不景气已经停工停产，不少企业的员工已经放假回家，可是，修正药业集团的生产车间却在三班倒，采取"歇人不歇马"的办法抓紧生产，这种鲜明的对比着实让人感到意外。

"目前，修正有一千多名员工，三班倒生产，还是供不上市场的需要，这是为什么？"架起摄像机，采访就从目前的生产状况说起。

"原因很简单，就是市场对胃药'斯达舒'的需求量太大，对修正药业生产的药品需求量太大。眼下，为了解决生产供不应求的难题，我们找了不少设备先进的兄弟药厂，把工人派过去，领导委托加工，这样，也让不少厂子赚到了钱。"

修涞贵指着前面一片山坡说道："明年，还要扩大生产规模，再建一个超大型的生产基地，还得扩招一千名工人。"

记者们连连点头称赞不已。在一个中小城市里，一个企业要能够解决两千多人的就业问题，已是功莫大焉。

几乎是在北京电视台记者来通化的同时，一位经济月刊的副主编也来到通化，加入了这个采访行列。

这位副主编四十出头，身材高大，姓盛，大家都叫他大盛，至于他叫盛什么，倒没人注意了。整个采访期间，他没有太多的话，可以说他一直在观察，观察整个企业诸多的细节，观察修涞贵。

譬如，他仔细地观看厂区里不引人注目的墙角，有没有人在那里随地便溺；楼梯下面一些角落，有没有蜘蛛网和乱扔的垃圾；甚至包括行政人员和工人使用的厕所，有没有难闻的味道。连门卫接待来访者的态度，都是他观察一个企业优劣的直接参照。

转了一圈，没发现什么"纰漏"。大盛认为，一个新建的厂子，不容易看出什么，一切都要经过时间的考验。

修涞贵说要建新厂房，还要扩招一千工人，这他是亲耳听见的。他当时就暗自有了打算，也许你是说者无心，我可是听者有意。过两年，一定要再到修正药业集团来，看看你说过的话到底算不算数？

大盛这么想，也不奇怪。因为当前社会有太多的浮躁，有太多的"虚火"。不少人就是靠吹牛皮、说大话蒙人起家，把电视台的采访当作抬高自己身价的广告，大吹大擂。修涞贵是不是这样的人，是不是也在说瞎话，到时候，他一定要亲眼来看一看。

到了 2003 年的春天，也就是修涞贵面对摄像机镜头所说的"再建一个超大型的生产基地"的两年后，大盛果真又一次来到通化。

就在修涞贵用手指向的那个山坡上，一片高大的现代化厂房已经拔地而起。厂房里安装了国内外最先进的制药机械设备，并顺利通过了国家的 GMP 认证。新扩招的一千多名工人经过严格培训，已经上岗操作。尽管不用再搞"三班倒"，两千名工人还得满负荷工作。修正药业集团的产品产量翻了三番，企业的年销售额，已经飙升到 20个亿。

有人说，修正药业集团的发展速度是个传奇，大盛摇了摇头说："不！依我看，修正药业的发展速度，只能用'神奇'两个字来形容！"

三　把酒临风

> 好景，好酒，好心情，两个人
> 感到有点"相见恨晚"。

也许是多年舞文弄墨，也许是看惯了"秋月春风"，养成了大盛独特的性格特征，他从来都是不见真情不动心。

再一次来到通化，他被眼前的景象惊呆了。

看来，修涞贵果真是一个说一不二的汉子。不论是做记者还是做主编，多年积累的职业敏感，让大盛意识到，这个身材高大的东北汉子，将是中国企业界的一位风云人物。不论是管理才华和领导才能，他必将会成为中国企业的明日之星！

他要好好和他谈一谈。

见到修涞贵，才知道，他刚刚从长春回到通化。

原来，修正药业集团的管理总部，已经于2002年2月迁到了长春，在长春高新开发区，建起了一座形如扬帆巨轮、高达十六层的修正大厦。看来，这两年修正药业集团的发展还不只是这片厂区，他已经带领"修正人"走出了这个群山环抱的山城。

在综合楼的小餐厅里，修涞贵为大盛把酒接风。

高山在侧，山风徐徐，尽管时近盛夏，山城通化还是清凉宜人。

对于这次接风，大盛十分认真，职业的敏感让他认识到四个字：机会难得，可得好好利用。两人一坐下，大盛就提出三个要求。

一、不要别人陪同，就是咱们两个人；

二、咱俩把手机都关了；

三、让服务员在外面把好门，别让人打扰。

修涞贵——照办。

杯酒下肚，大盛就抛出一个问题："修董，二十多年前改革开放的政策，让中国人彻底地摆脱了计划经济的束缚。当过兵的，下过乡的，种过地的，下了岗的一齐都奔向了一个目标——做买卖、办企业、炒股票、赚大钱。我知道，你是一个干了二十来年的交通警察，怎么也干上这一行？"

修涞贵笑了："和他们不一样，我算是'误入歧途'。"

大盛愕然一愣："这话怎么讲？能不能详细说一说？"

修涞贵陷入沉思：

——那是1995年春天。对于修涞贵来说，这事儿来得挺突然。

一天下午，与他有点头之交的通化市医药局局长张金成突然给他打了一个电话，想约他见个面，谈点事情。那个时候，修涞贵在通化交警支队设备科当"头儿"，画道线，安设备，工作挺忙。但他对德高望重的张局长一向十分尊敬，接到电话，放下手里的工作就来到了医药管理局。

"你小伙子交警干了近20年，口碑不错，今天我想跟你商量，劝你改改行，怎么样？"

这些话来得不光是突然，还有意外，真让修涞贵一时难以回答。

"我听说你在交警支队管盖大楼，吃住都在工地，能够精打细算，给公家省下来好几百万元。那工程我看了，质量是一流的。"张局长用两句话评价了他近 20 年的工作和为人。

其实，说到要他改行，修涞贵心里已经明白了八九成，医药局所属的医药研究所制药厂要选派新厂长的消息，已经吵吵多少日子了，在通化这个小城市里，差不多已经是人人皆知了。

"不行，我对医药这行不太通。"憋了半天，平时少言寡语的修涞贵总算是开了口。

"别瞒我。"张局长笑了："你爱人不是在'老站'那开了一家药店吗？你不是从老人有病就开始研究中草药？"

修涞贵不得不点头，局长说的句句都是实情，也许，这位领导瞄上他，已有时日了。

要说，修涞贵当年就"研究"中草药，也许有些言过，要说他很早就对中草药感兴趣，倒也是事实。

1976 年秋，修涞贵年迈的父亲突患中风，服用了在当时称之为神药的"牛黄安宫丸"也不见好转。后来听有人说，要是当时服用"回天再造丸"可能效果会好些。他就四处去找……这个"丸"那个"丹"到底哪一种能治父亲的病？大概就是从那个时候起，修涞贵开始了对中草药的研究。

找到能治病的药方，为了保证药效，他还要亲自去抓药。因为他知道，有些中草药由于产地不同，药效也不同。为了找到正宗的药材，他经常托人从陕西、湖北往通化捎药。就靠着这些药，年复一年地延续老人的生命。

人，总是要走到自己生命的尽头。修父在中风 9 年后去世，接着修母又抱病不起。他又开始了第二轮对中草药的研究。这一轮的探索是伴随着改革大潮和市场经济的发展而起步的，经过十几年耳濡目染，修涞贵聪明而又贤惠的妻子李艳华也成了辨认药材的能手。她抱着闯一闯的心情，在通化火车站附近开了一家兼营批发的医药商店……

也许是对这一切都了然于胸，也许这就叫慧眼识真人。为了挽救一个濒临绝境的药厂，张金成隔山、隔行选中了这个交通民警，让他去当厂长。当时，张局长提出的要求也不算高，这个厂是通化医药研究所所属的药厂，是个小厂，从领导到员工，满打满算也不过百十个人，只要能给职工按时支付工资，就算是打了"翻身仗"。这一席话说得坦诚、中肯，于情于理，修涞贵都不能驳了张局长的面子，他答应去看一看，再做决定。

孰料就是这一声允诺，彻底改变了那个小药厂的面貌。几次脱身不成，也彻底改变了修涞贵的前途和命运。直到现在，屈指算来已有七八年的光景，他真的是和药厂同呼吸、共命运了。

大盛一直饶有兴趣地听着。

在修涞贵端起酒杯的时候，大盛插嘴问道："修董，我有个观点不知道你同不同意。现实的中国就是这样，不管有多少人办企业，也不管他戴的是什么董事长、厂长、总经理的头衔，只要追溯他的上一代，他们的父亲、母亲，不是工人就是农民。再往上追溯三代，不论是爷爷还是太爷，几乎是清一色的农民。这个看法，对吗？"

修涞贵点头，显然，他认可这个看法。

大盛接着说道："正因如此，几乎每一个人，一旦和商品打上交道，都忽然发现，我们最缺少的是经营头脑，我们的身上好像没有这种经营的遗传基因。企业要怎样管理？怎样算是科学管理？对许多人都是新的课题。"

其实，大盛是地道的北京人，北京人，不是"什么话都敢说"吗？大盛这个人，常常是口没遮拦，他说这些话到底有什么含义？让修涞贵听了会是什么滋味？那只能是"仁者见仁，智者见智"了。

修涞贵呷了一口酒，点头道："你说的是实情。我父亲是个农民，学了木匠手艺，走出乡村，到城里闯天下。后来，他又通过钻研自学，成为一名土木建筑的工程师。他也做过生意，开过木器厂，因为不会理财，不是被骗，就是赔钱。我的爷爷是从山东逃荒来的，一辈子没有走出过大山。我当警察，管理交通，也是一点一点摸索着学来的，冷不丁进到一个工厂，既得管原材料，又得管生产，还得把货卖出去，当时，还真有点'丈二和尚'……"

尽管方才的话听了叫人不是很舒服，可修涞贵并没有表现出来，两个人谈出来的观点很贴近，大盛觉得找到了一个谈话的对手。加之眼看一瓶茅台酒就要见底，他也打开了话匣子："正是大家摸不着头脑的时候，于是乎，外国管理企业的理论书籍像潮水一样应运而来。泰勒的、德鲁克的、卡耐基的、比尔·盖茨的、松下的、本田的……林林总总，汗牛充栋。一些陌生的管理大师的名字，被人们熟知。各式各样的，各种版本的'洋管理'著作，满坑满谷，几乎能占中国新华书店的半壁江山。一时间，人们被各式各样的管理学说弄得晕头转向，纷纷掏钱购买，有的买回去放到办公室里装门面，以显示自己有学问，很'国外'。有的买回去的确在认真研读，企图从中找到灵丹妙药，以治沉疴。你说说，我的观点对不对？"

修涞贵连连点头："对，你说得对，就是那个状况。"

大盛道："事实说明，中国人'学而不厌'和'学而时习之'的传统精神，又一次得到了普遍的公认。不到几年的时间，'奶酪''狼性''第五项修炼''企业DNA''MBA'……这些让人眼花缭乱的新名词，就在企业和市场流行开来。五年、十年到现在改革开放二十年了，随着时间的'逝者如斯夫'，人们面对市场竞争的严酷事实，既没有从'洋管理'的书籍中找到灵丹，也没有从'洋管理'的理论中寻到妙药。眼见着一个个企业，在开业两三年后纷纷倒闭，眼见着一个个怀揣着'洋管理'书本的老板重新失业，人们又一次在'洋管理'

理论面前晕头转向。"

修涞贵道："时间，是检验真理的真正大师。"

大盛道："尽管我没做过生意，可我是经济杂志的副主编，我把许多管理大师的书全看了。我告诉你，修董，只有把所有'洋管理'的书籍统统读到最后，你才能发现，这些声名显赫的管理大师们，说的道理无不天花乱坠，讲的原则无不头头是道。但是，我们中国的企业家就是听不明白，想不明白。不是中国的企业家多么笨拙，也不是中国企业家的脑袋不能开窍，产生隔靴搔痒的根本原因是文不对题。也许到了十年后的今天，许多明眼人终于看出：人家的理论，是说给具有百年以上历史的跨国公司的老总听的。人家的经验，是写给那些在资本主义市场里摸爬滚打，具有成熟经验的企业管理者们看的。中国人大把掏钱买回成捆成摞的洋管理书籍，不管你是真看还是不看，那样子，都有点像中、小学生去捧读大学课本一样滑稽。对不？"

也许，是酒精的作用已经渗透到脑细胞，大盛的话滔滔不绝。修涞贵几次想要插嘴，几乎找不到置喙之地，只能不住地点头称是。

修涞贵借着给他满酒，总算是插上一句话："也许，我要再三强调：实践才是检验真理的唯一标准。"

修涞贵接着说："我说一个观点，不知道你同不同意。作为刚刚起步的中国千百万大小企业家们，也包括我在内，要是从实践角度来讲，最急着要掌握的知识，不是大套的'洋管理'，而应当像古代刚入学的孩子一样，是要从《三字经》《百家姓》这些最基础的东西学起。而不是一步登天，就读什么'卡耐基''德鲁克'那样的'四书五经'。"

几句话引起了大盛的兴趣："修董，你说得对！且不要小看了那本薄薄的《三字经》，它开宗明义的六个字'人之初，性本善'，就让我们世界上无数的学者和大师争论了两千多年，到现在还没有头绪。"

引用《三字经》《百家姓》只是一个比喻，显然，大盛没意识到这一点,但是,他谈了对《三字经》的看法,修涞贵又不能不点头称是。也许,这位记者会顺着《三字经》一直"跑"下去,会把一场谈话弄得毫无边际。

大盛谈兴大发,他把一杯酒一干而尽,接着说道:"也许,只有把所有'洋管理'的书籍统统读到最后,你才能发现,没有哪一位外国的管理大师,真正关心正'摸着石头过河'的中国企业。更没有哪一位外国的管理学大师,想要扶持一把正在蹒跚学步的黑眼睛、黄皮肤的小老板们。当然,也没有任何一位外国的管理学大师,能够说清,在中国这个具有社会主义特色的市场经济大潮中,中国的企业究竟应该如何弄潮?更没有哪一位外国的管理学大师,能够说清在中国这个以政府调控为主导的市场经济中,在无数个'宏观管理'和'潜规则'沟壑纵横的环境中,中国企业应该如何应对?"

修涞贵又是一阵点头,他也意识到,这位副主编在研究"洋管理"方面,的确是下了大功夫的。况且,几杯酒下肚,他的思路并没有顺着《三字经》跑得无边无沿。这样的谈话,已经不是能靠理智完全控制得了的,但是大盛还是能够继续大谈"管理学",足见其内心深处有着极强的理性和定力。

面对这样一位既有学识又有性格的谈话对手,也让修涞贵感到惺惺相惜。他斟满了酒,两人同时端起杯碰了一下,又是一干而尽。

大盛夹了一口菜,边吃边说:"有一本书名字叫《企业管理者必知的 48 种管理思想》。书里说它'展示了 100 年来世界各国著名管理家和企业思想家最经典的 48 种管理思想和理论的精髓'。我就不相信,中国有多少企业家能够记住这 40 多个人名,更不要说他们的理论,还有什么精髓了。看完了'洋管理'洋洋洒洒的叙述之后,用一句实事求是的话来总结,应该说,'这些理论都没有错处,对咱中国,也没有用处'。"大盛用一个干脆利落的手势,结束了这番话。

修涞贵端着酒杯，冷静地说道："兄弟，说别人的理论没有用处，有点大不敬吧。我想，解释这个得用中国一句古老的箴言：有一种植物，种在南方为橘，种在北方则为枳。我要'修正'你说的话，咱不能说人家的理论不好，也不能说人家的学说没水平，这个毛病得要中医理论来诊断，其名曰：'水土不服。'你说对不？"

大盛惊奇地瞪大了眼睛："为什么你说话的'点儿'踩得比我还在'点儿'上？"

修涞贵道："我听来听去，发现你的想法和我的想法很相近，也许，因为我一直在实际管理企业，因为碰到的太多，感触得太多，很多想法产生得比你还要早。我常常想，改革开放已经二十多年，我管理企业也有七八个年头了，是不是我们应该拿出中国的企业管理理论了？"

大盛显然被这样的说法打动了，他又端起酒杯和修涞贵碰了一下，自己就喝了下去："修董，我看得出你是个有头脑有思想的人，你想依据什么来创建中国企业的管理理论呢？"

修涞贵为他斟酒："依据中国传统文化的哲学思想，结合管理企业的实践经验，吸收外国管理学的营养。"

大盛不以为然："中国传统文化里有多少哲学？"

修涞贵用肯定的语气说："有！很多，就在《周易》里。"

大盛把眼睛瞪得老大："你懂《周易》？"

修涞贵点头："我学习《周易》快十年了。"

大盛感慨地说："我也看了不少《周易》的书，看不懂，连个卦也算不了。"

修涞贵纠正他道："学《周易》要汲取它的哲学思想，谁要学算卦，就是上了邪道，一辈子也没有出息。"

原本是想看一看修涞贵说话能不能兑现，通过这一番接风的谈话，大盛立马改变了初衷，他对面前这位董事长产生了一种说不出的兴趣，他要在修正药业集团多住几天，要全面了解一下这个企业的发展过程。

当然，他也想从修涞贵的肚子里，再掏出一些东西来。是什么？他一时还说不准，也说不清楚。也许，和这样一个有头脑的企业家在一起交谈，能够为中国企业管理找出一条解困之道，以解他多年的困惑。当然，他也想摸一下底，看看修涞贵对《周易》的研究到底是什么水平。

听说他要在修正药业集团多待几天，修涞贵立即表示"热烈欢迎"！

他告诉大盛，要了解修正药业集团，应当从那个小药厂谈起。当年那个小药厂的领导，都留在了修正药业集团，还有一些老工人，有的退休了，有的当了中层领导。他可以随时随地找他们谈话。同时，修涞贵建议他到那个小药厂的老厂址去看一看，增加一点感性认识。

这一顿接风酒，两个人喝了两个多钟头……

晚上，修涞贵陪同大盛打了一场台球。

大盛是打台球的高手，在京城新闻界的台球圈里也算小有名气。几杆过后，他发现修涞贵的打法很专业，打着打着，修涞贵叫服务员把一位副总找了来，向这位副总布置明天到柳河去的事情。

原来，那里有一个被修正药业集团收购的药厂。如何解决易地改造的问题，修涞贵原本说了两条意见，现在感到还要再加一条，这是他刚刚想到的。原来，他打台球，只是换一种方式的思考而已。

四　大风起兮云飞扬

王侯将相宁有种乎？"袖珍小厂"要一飞冲天。

接下来的两天里，大盛先后找了七八个人谈话。其中有原来那个小药厂的厂长王焕玉，技术副厂长何玉远，当年的会计刘珍等人。接着，一辆车又把大盛送到了浑江东岸的小药厂。

不到实地，你真难以体会到什么叫小，什么叫"袖珍药厂"（这是当年通化市市长说的）。也只有站在这里，老厂长们、老工人的话才能变成清晰的图像，一幕幕重现在大盛的面前——

那一天是 1995 年 5 月 9 日，它是修正药业最值得纪念的日子。

一辆破旧的老式吉普车驶进了通化医药研究所制药厂的大门，停靠在一堆碎砖烂瓦旁。

从驾驶座走下来一个身穿夹克衫，40 岁出头，身高足有一米八六的黑大个儿。他就是修涞贵，是通化市交警支队有着近 20 年警龄的交通民警，一级警司。

"看，来了。"

"是他，就是那个在转盘街'戳'大岗的。"不远处的厂部门前有一群人在低声议论。

这一天上午，听说上级要给一个停产一年多的工厂派来一个新厂长，引得一些干部和工人心里好奇。他们特地从家里赶来，就是要看一看是什么人吃了熊心豹子胆，敢到江东来拣这个破烂摊子？

至少有十几名制药厂的干部和工人聚在厂部门前，有的人一眼就认出了他，因为许多人上下班不是经过转盘街，就是经过玉皇山脚，谁没见过在那一带"戳"了十几年大岗的交通警察？

"真是不知道领导吃错了什么药，一个'戳'大岗的交通警察要上制药厂来当厂长？"这话说得声音不低，看来，人们并不在乎他是不是能听到。

这个"戳"惯了大岗的人，还挺沉得住气。他下了车，没有马上走过去和那些人打招呼，而是站在车旁四下张望——

这一片厂房是 20 世纪 50 年代建的，不高的院墙，低矮的平房，经过几十年的风雨冲刷，已是一派斑驳。院落倒是宽敞，也正好派上了用场，从墙角到房角，到处堆满了陈年的垃圾，贴墙堆放着半人高的纸壳箱，上面盖了块破苫布，不用问，那准是积压的产品，谁知道风吹雨打多久了……

他说不清从前利用这片场地都干了些什么，只知道两年前在这里曾有过一个颇具规模的制药厂。谁知道又因为什么，这个厂只存活了一年多，便告停产，直落得这般模样。听说这里的工人早就放了假，至少有七八个月没有开过一分钱。

据有关部门核算，这个厂拖欠的外债已经接近 400 万元了。车间的门关得挺严，他走到一间车间的窗前向里面看了看，所能看到的除了灰尘就是蛛网，还可以闻到一股酸臭的霉味。他敢断定，这里面至少有几个月没有人走进了。机器和设备凌乱地堆在那里，一些原料和半成品撒在地上……

只是看了这几眼，他的心里就觉得发堵，发凉。这一切远比他想的还要残破，这是一个已经彻底瘫痪了的厂子。说到瘫痪，大多是比喻人的脑中风，尽管肢体不灵，行动不便，但他还有生命的活力，只要对症施药，也还有康复的可能。

可当他走到那些干部和工人跟前，简短交谈了几句，他就意识到，说这个厂陷入瘫痪状态，那是一个诊断错误。事实上，这个厂实际上已经死亡，就和人的脑死亡一样。

"大修，你一个交警，干吗要到药厂来？"说话的人认识他，可是话中却带着明显的怀疑。

"干了活赔，不干活也是赔，谁还干活？"说这话的是一位干部。

"大修，你带了多少钱来？先把工人的工资开了，再说别的。"这位工人以为来了"财神爷"。

"你们厂开不开支我不管，你是刚来的新厂长，我就冲着你说话，欠我们厂的 50 万得马上还，不然我们厂就开不出支去了。"

"要是再不还，咱们就上法庭，到那个时候，可别说我们不给面子。"听说来了个新厂长，连几个外厂要账的都来了，话一出口，句句逼人。大概是为了躲债，原来的领导已经好长时间不上班了。

怎么回答？

面对这一张张既有焦虑，又充满疑问的面孔，真让修涞贵为了难。

修涞贵一来，就能财源广进？叫人一听，那就是吹牛。这年头，吹这牛的人太多了，有谁还会相信？再说，他现在想的，和开车来的路上的想法已是大不一样，要说那时他还有一肚子要改变工厂面貌的雄心壮志的话，通过这一看，一谈，他的心已经凉了大半截，盘算了一晚上的振兴工厂的计划，已经快要换成退堂鼓了。

当时答应张局长说，看一看再作决定，那是他做事、说话都留有余地的谨慎，其实，他那时就已经有了一个朦胧的念头——也许，在经营管理方面我也能干得很好。不论是朦胧念头，还是雄心壮志，都得面对现实。

原来，面对的现实是这样的严酷，他不能不庆幸，亏得那天没对张局长拍胸脯。他本来想跟工人讲几句话，最终，他还是打消了这个念头，他真的就是看了看，便开车回去了。

回到家，他把在厂子里的所见所闻说给妻子听。

李艳华听得出，他要打退堂鼓。

十六七年相濡以沫的共同生活，她了解自己的丈夫，了解他的缺点，也了解他的长处。别看涞贵平时说话不多，内心思想却十分活跃。他有文化素养，做事有魄力，有谋略，也有过人的聪明和悟性。当一名交通警察，很称职，但却没有发挥出他全部的能量。她看得出，去不去当这个厂长，他还在犹豫。这个时候，做一个妻子的责任，就是要推他一把，帮助他下定决心。

"你不是总想干一番事业吗？怎么这事业摆在面前了，又害怕了？"

修涞贵知道这是妻子在用"激将法"。这样一"激"倒让他想起"叶公好龙"的寓言故事。修涞贵立即悟解，这是自身的惰性在向后拖拽。

——要当，就当"愚公"，决不当"叶公"。想到这里，他当晚就给张金城局长打了一个电话，告诉他，他同意去制药厂当厂长，明天就去上班。

第二天早上一上班，他先到了交警支队，告诉支队领导，他同意根据市里的借调意见，到药厂上班。但他要求保留他的警籍，他希望能在把这个厂扭亏为盈之后，还回到交警支队上班。

他想要去当厂长，几乎没有任何私心和杂念。要说唯一为他自己所想的事情，那就是他想试一试自己到底有多大的经营能力。他和医药局的领导来到工厂已是上午 10 点多。厂里一些人正在办公室里打麻将。看到新厂长来了，有人马上站起相让，也请他打上八圈。

他拒绝了，并建议收起麻将，马上召开全厂工人大会。

到了下午，人才陆陆续续地到齐了。面对近百双既有疑虑，又带有期望的眼睛，修涞贵面对大家开始讲话。他从昨天晚上打完电话之后，就打好了这次讲话的腹稿。

他做了简短的自我介绍后说道："大家都在这个厂里干了很长时间，对这个厂从兴到衰的过程比我都清楚。我知道大家有七个月没领到工资了，还欠外债400多万元，而这个厂的资产只有40多万元，是一个资不抵债的企业。医药局的领导很关心大家，希望这个厂能够很快扭亏为盈，让大家能按时领工资，有饭吃。"

几十位工人静静地望着他。

"领导派我来，就是要我完成这个任务。完成这个任务，工厂走上良性循环后，我还要回到交警支队去当交警，他们答应保留我的警籍。"

工人们还是静静地望着他。

"如果完不成，我就把我这后半生扔在这里，跟大伙一块受苦、受穷！"

尽管这几句话说得感慨、动情，但并没有换来预期的反响。也许，大家对这一番话的可信程度还有怀疑。没有掌声，也没喝彩。

这种近乎麻木的反应，多少有些出乎修涞贵的意料，其实这也在他的意料之中。像一阵强劲的风吹过青纱帐，会场里发出一阵喊喊嚓嚓的议论声。他相信他的话会产生反响，他也相信，不论与会的人对这一席话有多少不同理解和认识，但有一种感觉是相同的，那就是惊愕和震撼。是他的决心震惊了大家。

"要想让企业产生效益，光靠我一个人是不行的，要大家一齐努力。但是，我还有一点要求，要是我的决策是正确的，我希望大家要听我的，谁要是不听，也是不行的！"接下来，他要大家收回心来，一齐动手，清理厂里的垃圾，调试机器，准备开工生产。最后，他宣布了几条纪律。厂部、车间，工作时间再也不许打麻将。每个人上岗都要签到。无故旷工，迟到，早退，要给纪律处分……

第二天，他早早就来到工厂，第一个拿起了扫把，工人们陆续进厂，也纷纷拿起工具，开始清理垃圾……

上班铃响，他召开了一个领导班子会议，简单地做分工，就离开了工厂，开着那辆老旧的吉普车，跑银行去申请贷款。找买主推销厂里的积压产品，一连几天，他都是深更半夜拖着沉重的两条腿回到家中。

过去，他是个一沾枕头就着的人。现在，有时困得两眼干涩，躺下却翻来覆去无法入睡。

通过几天的观察，他对原来厂级干部有了大体了解，得研究用谁、不用谁的问题。

全厂不足百人，行政干部就有 49 个人，一定要砍，砍多少？留多少？砍谁？留谁？从银行可以贷款 50 万元，是全要，还是要一部分？要来的钱干什么用？要考虑的事情真是太多了。他用百分之六十的精力，就可以当一名称职的交通民警。而今，他需要开动百分之百的脑筋，也未必能把事情办好。难怪躺下睡不着，刚睡着，又会突然惊醒，因为眼前的一切都是困难。

他有时也偷偷问过自己，是不是自己真吃了熊心豹子胆？敢来接这个烂摊子？说来也怪，眼前的这些困难，并没有压垮这个交警出身的新厂长。许多人很快看出，在这位新厂长的身上，确实有着一股常人所不具备的强人气质和敢于挑战困难的豪情。面对困难，他的神经总是处在亢奋之中。睡不着觉的代价是理出了一条条思路。

用现有的机器生产和市场能对上号的产品，用成本价销售库里积压的产品。

——经过反复盘算，重新启动生产，贷款 30 万元足够，他主动提出削减 20 万元。

——厂里的行政人员有 11 个人足够，其余的人一部分走向市场去销售产品，一部分去外地清欠，只给这些人单程差旅费，谁能要回钱来，谁就有了回程的差旅费，若是要不回钱来，回程的差旅费就只好自己掏腰包了。

原来的厂长王焕玉有干劲，就是办法少，他已经提出要走，好给新厂长腾地方。还有老何，是主管技术的，这两个人都不能走……

其实，厂里最先要干的是清点库存，清除垃圾，修整厂房，每一件事，每一种活，他都亲自动手身先士卒。

破屋就怕连夜雨，他刚来没几天，下了一夜大雨，车间漏雨了。工人先用盆子接水，准备天晴了再修理。这就是这个厂子工人们的惯性思维。

本来，车间漏雨并不是今天的事儿，也许从去年秋天就漏了。漏的时候，想着天晴了一定得修一修，可天一晴，人们又把漏雨的事情忘到了脑后。

其实，延续这个思维方式，也不是不能过日子，但这对修涞贵来说，却无法容忍。就在车间里的人忙着接雨的时候，他已经带着人冒雨上了房顶，揭开房瓦，铺上油毡纸，再把房瓦铺好，足足忙活了半个多钟头。下来的时候，几个人都成了"落汤鸡"。

这件事情在工人心里，无疑起到了一种震撼，也让不少干部感到汗颜。

因为冒雨上房的不是工人，也不是车间领导，而是厂子新来的"一把手"。

不管厂子大小，好歹是个"一把手"，他有权力下个命令，让别人上房，可他没这样做，而是自己先上去了。

厂里的垃圾、废弃物满满地拉出十多车，车来了，他是装卸工，车走了，他是清扫工，他身上流的汗，滚的泥，比工人还多。

车间地上非常潮湿，许多女工的鞋一天到晚湿漉漉的。忽然有一天，车间外面摆了几排水靴子，这是修厂长给工人们买的，里面还垫着棉垫。女工们穿在脚上，暖在心里。

修涞贵进厂后的一举一动，工人们都看在眼里，感动在心里。谁不盼着厂子活起来，自己好有碗饭吃？看到新来的厂长这样卖力气，谁还能闲得住？过了没几天，院子干净了，厂房虽然还是老旧，毕竟整洁多了。

又过了几天，终于听见了机器的转动声，厂里人都忙了起来。

到了快开工资的日子。

一切都在恢复，还没有卖过一件产品，用什么给工人开工资？他把希望寄托在银行贷款上。

银行本来同意贷给 50 万元，所以他向工人说，这个月无论如何也要给大伙开一次工资。可是，到了要取钱的时候，银行又变了卦。说修涞贵根本不懂制药，贷了款肯定还不上，银行不能冒这个风险。

这是一次信任危机。

也是他有生之年受到的最大打击。

这个打击，就是要让全厂工人都知道一个事实，银行不信任修涞贵，贷不出款，给工人开工资的承诺肯定也得泡汤，他说的话，也不一定都能兑现。

这样翻脸变卦，让修涞贵怒火中烧，却又无计可施。说实话，这件事，不光是影响他在工人心目中的信任度，还打乱了他复兴工厂的全盘计划。这件事，变成了实实在在横在他面前的一道坎儿。

人家说得对，你修涞贵确实不懂制药，不贷给你，理由很充分。要是换了别人，可能两手一摊，做个无可奈何的样子，借这个台阶，就抬腿走人了。其实，跟着他一块跑贷款的王焕玉，就是这样估计的。

　　可对于修涞贵，却变成另外一个样子。他暗下决心，不就是制药吗？我就不信我学不会，干不了！有了这个决心，他决定去找朋友借钱，给工人开支。毕竟朋友们都信任他，有的说："只要你涞贵想干的事情，没有干不好的。缺钱大伙凑。"

　　到了开工资那天，他拿来五万元钱交给会计，给大家开了工资。

　　这件事，在干部和工人中间产生了不小的反响。有人说修涞贵太"傻帽"了，大家都知道，厂里没卖一件货，不开工资也是应该的，何必借钱？说他傻的有。但，更多的人还是从这件事情上看到了这位新厂长的为人。

　　"他不是来搂钱来了，要不，为啥借钱给大伙开工资？"

　　"就是嘛，搞不好，一拍屁股就走，何必这么认真？"

　　"看来，这个新厂长的心眼儿还挺正，说话算数。"

　　"心眼儿正"是一个极为朴素的评价，有了这个评价，也就有了威信和声望，也就说明他已经赢得了职工的信任，他的话才会有分量和力度。

　　这次开工资，安定了人心，也搅活了沉寂多年的一摊死水，车间的每台机器都转动起来了。

　　在和大家一起摸爬滚打恢复生产的日子里，他逐渐发现，这个厂的干部和工人的素质并不低，所缺乏的只是商品经济意识。正是因为缺乏商品经济意识，好端端的一个制药企业，才会一步步被新崛起的制药集团和公司挤出了市场，落到了资不抵债的破产境地。

　　"心眼正"是做人的标准，可是，办企业光做个好人是不行的。就算你有一千个善良的愿望，也未必能够救活这个小厂。来当厂长，就要组织生产，生产出来的产品不能在库里堆着，它要进入商品市场。商品市场是一个十分诱人的地方，那里有不计其数的消费群体，那里有千万、上亿的资金，只要能分一杯羹、作"一瓢饮"不光是能开上工资，还能建新厂房，生产新产品，能做想要做的一切……

可是，商品市场既不同情弱者，也不承认善良愿望，更不相信眼泪！要想进入商品市场，往往有时要使用"攻占""争夺"和"强攻"等一系列的军事用语。这正说明市场竞争的严酷性。

谁能进入这个商品市场，谁就是企业家。谁要想做一个名实相符的企业家，就得有思想家的敏锐和军事家的胆略。

修涞贵也多次掂量过自己，他相信自己思想敏锐，也有胆略，只要下决心，就有可能"挤"进这个商品大市场。

想来轻巧，说来容易，当年的市场状况可不容乐观。

那一年紧缩"银根"，经济出现滑坡现象，卖方市场大于买方市场，许多企业濒临倒闭，下岗工人人数剧增。市场的反馈让厂里许多人失去信心，有人说，那么大、那么多的制药集团都快垮了，就咱这个小厂还要闯市场，那不是鸡蛋碰石头吗？

尽管如此，为了这个厂，为了让这几十名工人能吃上饭，修涞贵还是下了决心，全力一搏！

按他的理解，要想"挤"进市场去，要靠两个拳头：第一个拳头是新产品开发和质量保证；第二个拳头是营销手段。

就在工厂恢复生产不久，他就用忧虑的口气告诉大家："现在，生产虽然是恢复了，可是，要单靠过去的治头疼脑热的老品种过日子，就算卖出去，挣不了几个钱，还是得饿瘪肚子。大家要想有条活路，只有一个办法，就是得引进和开发新产品，去占领市场。"

于是，他安排了厂里的生产后，果断地带着两名助手开始了"寻宝"的行程。根据已知的信息，从天津到北京，他拜专家，访教授，目的只有一个，寻求新药、新方。他们每到一地，住在最便宜的旅馆里，为了节省一个床位钱，每晚有一个人在房间里打地铺。

有一次坐火车，他把中铺和下铺让给了年纪大的人，他要睡上铺。

他膀大腰圆，上了上铺连身都翻不过来，两个人都劝他睡下铺，可他不由分说，已经爬了上去。

有一次他们下了火车，天已经黑了，本该先找个地方住下来。他进了个小旅馆一问，住宿费结算是从零点开始，如果这时住进，到天亮就得算两天的房钱。为了省下这一天的住宿费，他们几个就在火车站熬过了前半夜……

谁都知道，一种新药的开发，要经过两三年的审批和临床检验的过程。同时，每年也都有一些走过了这个检验和审批过程、等待进入市场的新品种，这是各大制药厂家间竞争最激烈的地方。

这种竞争是极为激烈和严酷的。一个新品种一旦审批合格，就会有几家甚至是十几家制药厂去抢，你出几万，他出十几万，甚至于上百万……

修涞贵根本就不具备这个竞争的能力——他没有钱。他亲眼看见几个新药的配方被人家以高价买走，也只能望洋兴叹。但是，财大气粗的人也有疏忽的时候。他们有钱，常常以为有了钱就能买来一切。他们的疏忽，就在于他们忘了，有了钱，还得尊重知识分子的人格。他们也忘了，有些专家、教授研究和发明某种新药，并不一定是为了钱，有许多人的真正目的是造福于生命。

中国知识分子最崇尚的是诚与信，这是远胜于金钱的高风亮节，也是用多少金钱也无法买动的。也许是有相通的灵犀，修涞贵最理解知识分子的这种品格，也正是这种理解，成了他最强有力的竞争资本。

他坦白地告诉专家们，他刚接手一个小制药厂，有几百万元的外债。他急需要开发几种新药，投放市场，以挽救这个濒临倒闭的企业。他没有钱，不能像有些大企业那样用几十万上百万元来买一个配方，他能掏出来的钱也许还抵不上研究的经费。他唯一能够保证的就是能按照配方，选用最好的原料来制造这些药，从而保证研究成果得到百分之百的兑现。

修涞贵愿以最诚挚的心、最勤快的手和最好的实效，来实现所有的专家、教授造福人生的崇高理想。也许，就是看中了他的诚与信，为研究新药"太和圣肝"付出几年辛苦，并得到批准生产文号的一位资深专家，力排众多药厂的高价竞买，无偿地把这个配方交给了他。

捧着这个凝结着老专家多年心血和智慧的配方，修涞贵感动不已，他眼噙着热泪说道："我用你的'方'去救病人，去救工厂，再用产生的效益来报答你，到那时，也许不是几万、十几万元……"

后来的事实证明修涞贵说话是算数的。诚与信成了他最大的本钱。

五　神山灵地育人杰

通化人以大山为父，以浑江为母，但是人们都希望走出大山……

大盛知道，而今，有不少企业是靠贷款活着的。表面上红红火火，其实是负债累累，外强中干。那么，修涞贵是怎样淘到第一桶金的，他现在的经营真相如何，倒成了大盛想要采访的重点。

有人说，修涞贵起家，靠的是天时、地利。

天时就是党的富民开放政策。

地利，因为他就出生于长白山这个中药材的大宝库里。

富饶辽阔的东北大地，屹立着一座绵延千里的高山。

山顶的天池，跌宕的瀑布，参天的古松，茂密的森林，显示着她的壮美与雄奇。松花江、图们江、鸭绿江、浑江从她的怀抱中流出，像乳汁一样滋润着东北大地。

这座山，就是被历代称颂的神仙胜境——长白山。

早在几千年前，东北的先民——貊褐人就在她的身边成长。接着是女真人在她的脚下崛起，继而是努尔哈赤在她的呵护下诞生……青山高耸，江河长流。

在民族面临危亡的时刻，长白山，又成为我们民族的一道屏障。

无数的抗日英雄，靠着她的掩护出击制敌……

长白山，一座抚育我们民族的山，一座造就无数英雄的山！

时光流转。

当政通人和，国兴世盛之际，长白山又慷慨打开另一座宝库，献出无数奇效药草，珍贵参茸，让一座座医药之城依山而兴。在当年吉林省一百多家药厂中，通化市独占四十余家，占据了吉林药厂的半壁江山。

好像是长白山在这里微微翘起的一只脚，形成了通化市中心的一座高山，名曰玉皇山。

山上有茂密的树草植被，还有一座建于百年前的玉皇阁。玉皇是天上的皇帝，传说他每年四月初八都要到长白山来看一看。每逢这一天，成千上万的人都涌到这座山上来赶"庙会"，求签拜神，以求玉皇大帝保佑全家平安。

通化人爱山，敬山，对大山永远怀着崇敬的情感。

走进通化，就能喝到天池的水。

当年，九天仙女沐浴过的长白山天池水，还在从池边的缺口向外溢流。急匆匆奔跑的溪水，沿着山谷日夜湍行，淙淙流淌。一路上，穿峡越谷，汇纳百川，形成一条澎湃的江流，来到玉皇山下，又急转南行，奔向大海。

她就是滋养着通化市几十万人民的母亲江——浑江。

通化人以山为父，以江为母。在通化的土地上，长得最旺的植物是人参。喝着浑江的水，长得最壮的动物是梅花鹿。关东人家三件宝——"人参、貂皮、鹿茸角"，都产自这里。

通化，是一个钟灵毓秀的地方。

修涞贵敢于向医药专家、教授们承诺，要以"配方"的最佳效果呈现给世人。他唯一的凭借，就是这里的灵山、秀水。

长白山上长着千百种药材，是取之不尽的资源，这些本地资源，可以大大降低药品生产成本。因为是地产药材，也就容易分辨是野生，是栽培还是替代。既可降低成本，又能确保质量，这也是这一片灵山秀水给予通化所有制药企业的特殊恩赐。

这么多关于修涞贵创业的故事，让大盛想到一句话：创业的艰难大体相似，成功的道路各有不同。

这句话说得在理，也很形象。许许多多的创业者都是怀着一种信念，在极其简陋的厂房里开工生产，在不被别人理解的环境下开展工作，在缺钱少人的压力下以求生存……

那么，还应当追问另一个问题，是不是所有怀着信念去艰苦创业的人都成功了呢？

通化一向被称为医药之城，是因为它有几十家药厂，生产出数以千计的各式牌子的药品。

当初，春雨潇潇，雷声隆隆，通化也涌现出一些在全国有一定影响的公司和集团，有的因为股票上市，造就了不少百万富翁，企业也随之名声大振。有的药厂甚至说已经和国际接轨，开始步入世界科学领域的前沿……

可惜，"流光容易把人抛。红了樱桃，绿了芭蕉"。

曾几何时的喧闹和亢奋，旋即变成迷失与低沉，有的淡出人们的视野，有的已经被人遗忘。

俱往矣！

今天，还有很多企业，一直在借贷和亏损的漩涡中拼搏，力争冲出低谷（要是给个准确评价，说是挣扎也不为过）。可为何修正药业成了一枝独秀，从市场上掘到第一桶金，成功地度过了艰难的创业期，"鱼跃龙门鱼化龙"，成了走出山城的"龙头老大"呢？

要说天时，那就是春风化雨。凡是通化的制药企业，没有哪一家没有沐浴到改革开放的阳光雨露。从中央到省、市都把最为优惠的政策交给了企业，从土地使用到银行贷款，从缴纳税收到营业执照审发，无不宽松灵活。

要说是地利，吉林省两百多家制药厂，没有一家不是坐落在长白山这个中药材的大宝库里。大家同享春风，共沐夏雨，天地无私，"环球同此凉热"，没有谁说"风景这边独好"。

天时相同，地利相近，大家难分伯仲，相互彼此彼此。看来，要想论清这不同发展的原委，只能从"人和"说起了。

要说到"人和"，修涞贵常说一句话："做药就是做良心！"

这句话可谓一字千钧！

因为"良心"两个字是几千年来中国人最根本的道德标准。我们评价一个人，说他没有钱、没有房、没有地……这都没有关系，照样有朋友，照样有人帮助。

要说这个人没有了良心，这个人，就无异于禽兽，谁也不会理他。

药是治病的，救人的，质量上来不得半点马虎。从选料到制剂，修涞贵都亲眼盯着。为什么要这样？他是在用良心这杆秤，来检验药品质量。

当初，修涞贵进厂没几天，在一次研究产销的会上，许多人建议，推出的第一个品种应当是"天麻丸"。

之所以推出"天麻丸"，是因为这个药是这个小药厂生产多年的老品种，造价很低，工艺也简单，属于"短平快"的产品。对尽快恢复企业的生产和销售，都能起到推动作用。修涞贵同意了，他检查生产原料，却发现厂里根本就没有天麻这种药材。他奇怪了，没有天麻怎么生产"天麻丸"？有人告诉他，他们生产天麻丸，从来就没有用过天麻。原因是天麻太贵了，用了就赔钱。

"没有天麻的天麻丸，那不是劣药吗？能治病吗？"修涞贵更是不能理解。一个名正言顺的工厂，怎么能这么干？

他得到的回答是，市场上的天麻丸，都没有天麻。治不治病就没人管了，不然能卖一块多钱一盒吗？

修涞贵马上召集大家开会。会上，他首先表明态度，他不同意生产没有天麻的"天麻丸"，要干，就去买天麻，把真材实料加进去。

有人算了一笔账：天麻，市场上有三种价，分别是每公斤 70 元、80 元、110 元。"天麻丸"只有两种价，每盒 1.6 元或 1.8 元。如果加进 80 元一公斤的天麻，每盒至少得卖到 2.5 元，那就没人买了。我们加了天麻，要也卖 1.8 元，每盒至少要赔 0.7 元。账，就这么简单，加不加天麻，就看你修涞贵怎么决断了。

众人一起望着他。

修涞贵沉思片刻，果断地说道："既然大家都说恢复生产'天麻丸'最方便，我同意生产天麻丸。但是——"他话锋一转："要生产'天麻丸'就要进天麻，进最好的，要 110 元一公斤的。"

"哇"——不知是谁发出一声惊叹，众人不由得面面相觑。

修涞贵当然明白大家在想什么，他说道："咱们得让机械尽快地转起来，让工人恢复生产的信心。既然生产天麻丸的条件最好，那就生产真材实料的'天麻丸'。至于价格，先卖 1.8 元，以后卖好了，再提价。"

有人担心地问："要是提不起来怎么办？我们也不是不知道要做好药，不就是担心提不起价钱吗？"

修涞贵回答："我不担心。市场上不是缺钱，而是缺好产品。"他的回答既果断干脆，又耐人寻味。

既然他一锤定音，也就没有谁再反驳。

第二天，质量最好的一吨天麻进了厂，立即投放到车间。

天麻丸生产出来了，每盒以 1.8 元出厂，以成本计算，每盒赔 0.6 元。但是，这里生产的天麻丸里，有真正的最好的天麻药材的消息，也不胫而走。购货的药商闻讯来了不少，第一批货很快销售一空。第二批"天麻丸"又销售出去。从市场反馈的消息，让人鼓舞，许多患者反映，这里生产的"天麻丸"疗效最好。

——那还用说，里面加进了最好的天麻嘛。

订货的、等货的拥在厂门口，要求发货的订单络绎不绝。

审时度势，修涞贵及时报请物价局提高药价，天麻丸每盒 2.8 元。这是当年天麻丸在全国的最高价格。

尽管这样，"天麻丸"依然供不应求。

原来，在天麻丸的质量和价格之间一直存在着一道藩篱，是被藩篱困死，还是冲破藩篱，是对企业领导者智商的检验。无疑，修涞贵是一位领导企业的英才。

"天麻丸"卖"火"了！

说实在话，从恢复天麻丸生产的那一天起，修涞贵对天麻丸就没有太大的兴趣。因为它的价格太低，就算每盒能挣一块钱，就算把工人累死，每月的盈利也就是几十万元。尽管它已经给袖珍药厂挣了上百万元，这还是不符合他把企业做大做强的目标。

修涞贵决定走出去，寻找奇方良药。最终，凭着诚信，他得到了治疗肝病的"太和圣肝"的配方。

在"太和圣肝"生产不久，就发生了一次不大不小的"柴胡"风波。

不少人都知道，我国中医中药理论中，对药材有"君、臣、佐、使"的说法。

柴胡，是生产太和圣肝的主要原材料，也是"君"（皇帝）位的药材。但是，就像人分南北一样，柴胡也有南北之分。生产太和圣肝需要"铁杆北柴胡"。这是柴胡的上品。每公斤价格高达 30 元。南柴胡每公斤 10 元。

大盛在采访期间，见到了一位长期给修正药业供应中药材的供货商。

他从修涞贵进入这个袖珍药厂起，就一直向他供应中药材，包括那几吨上等的天麻。这位来自河南的药材商人，可以说是这个企业成长的见证人。同时，他也是那起柴胡风波的当事人。大盛没有挑明身份，这位药材商以为他也是要来找生意的，就和他攀谈起来。

大盛知道，现在是货好卖，要钱难。常常欠钱的是"黄世仁"，要钱的反倒成了"杨白劳"。所以，他最先问的就是修正欠不欠他的货款。

"不欠，从来不欠。这就是这么多年，俺愿意跟修正做生意的原因。"

"质量要求怎么样？"大盛又问。

药材商苦笑一声："就是这一手难。验货太挑剔，差一点都不行。"接着，也许是为了显示资历，他主动说起发生在小药厂的那场风波："修涞贵到了小药厂，开始恢复生产，最初干的是天麻丸，那天麻就是我送的。后来，他又干'太和圣肝'，我就开始送'铁杆柴胡'。第一次送，为了让新厂长有个好印象，送的是一等品'铁杆北柴胡'，果然，顺利通过验收。第二次、第三次送的货很好，结算也都很顺利。"

"第四次，俺留了个心眼儿，送去了 20 吨'南柴胡'。"河南药商笑了笑，"都是熟人了，好点孬点，抬抬手就过去了。"

"通过了？"大盛问。

药商摇了摇头："别提了，第一道检验就没通过，我想给检验员小陈捅点好处钱，他不敢要，说怕砸了饭碗。没办法，我就通过熟人找到厂长的老领导，让他给说说情，用南柴胡便宜，药厂也省不少的成本钱不是？就别让我把 20 吨货拉回去了。"

"这回行了？"

"还不如不找，修涞贵也没给面子，说不拉回去，以后就别再做生意！我怕影响以后的生意，就拉走送给别的厂子，又给他们送去了'铁杆北柴胡'。"

大盛问："这么多年，没再留点心眼？"

药商连连摇头："不敢了，有那一回就怕了。他们对质量太较真儿了。那个姓陈的当了供应部长，这么多年了，也不换换人。这个家伙，是送钱不要，请客不到，质量差一点都不行。"

这个时候，大盛才想到修涞贵说过的那句话："做药，就是做良心。"原来，这句话的每个字，都有千斤之重。

临分手的时候，那位药商感慨地说："难怪人家发展得这么快，不论是卖不动的时候，还是后来卖'火'的时候，质量是一点不马虎，你要给他们送货，也得在意点。你要找别的厂子，那就是两回事儿了。"

因为他给东北不少家药厂送货，孰优孰劣，都在他心里。

要说到"人和"，就要说到修涞贵以身作则。

第一批"太和圣肝"胶囊出厂了，修涞贵跟着送药的车一块去推销。他和工人把药一件件装到车上，到了药店，他和工人一起把药卸下来，没有人能分清谁是厂长，谁是装卸工。

一个深冬的夜晚，修涞贵坐着运货车给销售商送药。车走在崎岖的山路上，因为颠簸得厉害，车上的药散了，撒落到路上。修涞贵和司机都充当了装卸工，他俩把药卸下来，重新码好，捆好，足足忙了大半夜。等到重新上路的时候，修涞贵发现司机已经累得体力不支，他只好坐到司机的位置，小心地驾驶汽车翻过了崎岖山路，把药品及时送到客户手中。

有一次在长春，他骑着个"倒骑驴"给药店送药。走到半路，天下大雨，他把雨衣脱下来盖到药箱上。到了药店，他淋得成了落汤鸡，几箱药却完好无损。药店老板连声夸他是个爱厂如家的好工人。

过了几年，他才知道，当年常常骑个"倒骑驴"挨家药店送药的大个子，就是修正药业的董事长修涞贵的时候，他先是愕然，继而便发了一通感慨："我卖了十几年的药，近百十个厂家的药，连供销科长都没见到几个，更不用说厂长、经理了，可修涞贵当厂长还亲自蹬车送药。就冲这一点，我说人家修正发展这么大，是有道理的。"

这道理就在他身先士卒，就在他能和大家同甘共苦。

当一个人，在一个单位或部门，展现出超常的个人能力的时候，常常是受到众人尊敬的。这种尊敬是由衷的，真诚的。但是，这种超常的表现，也很容易让人走向反面——自鸣得意，目中无人。

修涞贵是什么样的表现，还是让原来的老厂长王焕玉来说说，才是最有说服力的："全厂的人，不论是工人还是干部，佩服和尊敬修涞贵都是发自内心的，不光是佩服他把厂子搞活了。还得佩服他对我们两个老家伙的态度。俺们俩是没能耐的人，有能耐能把厂子搞到那个熊样吗？可他来了，没把我们甩到一边，有事都找我俩商量。现在，老何管生产，管质量。我管行政，管原材料，一天到晚忙得不可开交。可心里高兴、痛快。"

老何的话简单、明确："跟着他干，再累也乐意。"

众所周知，像这样新、老领导之间的关系，留在一个单位里是不好相处的。弄不好，就成了两驾马车，甚至三驾马车。可是，在修涞贵的领导下，却是人合心，马合套，这就是办企业最可宝贵的"人和"。新、老领导是这样，工人和干部更是拧成了一股绳。眼看着厂子就要复苏，眼看着月月能开出工资来，谁的心里不憋着一股劲？这是人们看到希望的振奋。有人说，看到希望的力量是无法阻挡的，这话，自有道理。

尽管他能领导生产，尽管他能团结老领导和全厂工人，但，人们还是把他当成一个行政领导，没有谁认为他能懂得制药的"药"字怎么写。一句话，人们还把他当成制药企业的门外汉。

修涞贵当然知道，凭着当年给父母寻医找药的本事，来指挥一个药厂的生产是远远不够的。可是不久，"太和圣肝"出厂销售时，大家惊奇地发现，给各地销售商介绍产品疗效最详尽的就得数他。他向医药批发商们讲解肝病的危害，说明"太和圣肝"的作用，从"血清胆红素"指数到肝细胞的变化，从"甲肝"和"乙肝"的判定，讲到"门静脉"和"肝内胆汁"……讲得头头是道，致使许多人把他当成了研究肝病的专家。

其实，这些学问都是在他得到这个配方后，不分白天晚上看书学来的。从指挥交通到领着制药，在这之间有多大的差距，没人能够衡量得出。有谁能够说得清，想要跨越这个差距，需要付出多少努力和辛苦？因为原料地道，制作精良，"太和圣肝"一投放市场，就产生了超乎寻常的反响。凡是吃过这种药的肝病患者，普遍赞扬它的疗效，第一批生产的药品很快销售一空。

订货单一份接着一份寄来，一些头脑灵敏的药商马上意识到这种药的价值，有的干脆坐到工厂等货。"太和圣肝"昼夜生产，也难以满足需要，不得不限量销售。有的药商去找市领导，有的去找修厂长的熟人，为的是能买到"太和圣肝"。

过去，坐在厂里的是讨债的债主。今天，坐在厂里的是争着吵着要买产品的客户。钱一笔又一笔流进来。用它补发拖欠工人的所有工资，用它偿还外债。

转眼到了1995年底，修涞贵来到这个厂已有200余天。有人可能关心，这200天的时间，他一共挣了多少钱？大盛已经了解得清清楚楚。

第一，给全厂工人干部补发了从前拖欠的全部工资；

第二，偿还了几年拖欠的 400 多万元的外债；

第三，偿还了他第一次为工人开支的借款；

第四，除却纳税，还有纯利润 100 万元。

"袖珍药厂"彻底翻身！

打赢这场翻身仗，靠的是天时、地利与人和。

神山、灵地育人杰。

六　人在"江湖"，身不由己

这样的无奈，让他贻误一生，也成就一生。

1996 年的春节快到了。

小药厂门前第一次挂起大红灯笼，大门口贴上了对联。因为供货紧张，直到年三十那天的中午，员工才放假回家。摘掉了亏损企业的帽子，开了工资，发了奖金，员工的腰包都鼓了起来，大家过上了一个丰收年、快乐年。

吃水不忘挖井人。大年初一，不少员工们就自发地聚集到修涞贵家门前，集体来给他拜年，以表达对他的感恩之情。接下来的那几天，修涞贵的家可谓门庭若市。

厂部的领导来了，车间的领导来了，工人们也三五成群地来了，他们都带着希望和祝愿，各个笑逐颜开。他们都交口称赞修厂长救活了工厂，也把他们从生活的困境中解脱出来。

修涞贵也很感动，毕竟，大半年的辛苦，换来了企业的复苏。可是，看着一张张亲切的笑脸，他的心情也很复杂。

在采访的过程中，通过老工人、老同事的谈话，大盛逐渐发现，修涞贵是个受传统观念影响比较深的人。他对工作一向认真，对朋友讲义气，在父母面前，又是个孝子。甚至，连他的行为方式也都深受传统文化的影响。当然，每个来拜年的人，都殷切地希望修涞贵在新的一年继续领导他们，把企业办得更好。可是，他们谁也无法了解修涞贵内心的真实想法到底是什么。

说来也怪，直到这个时候，他仍然认为他是通化市交警支队的交通警察，到药厂工作，是属于借调。

当交警被借调到其他单位，干个一年两年，甚至三年五年的都有，他无疑也同样是属于借调。尽管他对工人都是笑脸相对，笑脸应承，他的心里早已打定主意，药厂复苏步入良性轨道，他的使命完成了，能力也展现了，他还是要回到交警支队去上班。那是他从小就献身的事业，尽管不穿警服刚刚半年多，他感到对那一身橄榄绿还是有着无限的眷恋。

中国历史上的名臣名将，不都是功成身退吗？他决心效仿他们。

过了春节，刚上班，他就到医药局去找张局长，要把厂子交还给他。张局长对他的来意早有了解。

原来，工人们来给修涞贵拜年，有的人就看出门道，他的话里有话。甚至有的人专门跑到交警支队去打听，果然，修涞贵还保留着警籍。这对药厂的全体员工来说，可不是"利好"消息。

于是，人们纷纷主动出击，找医药局的领导，提出要求，坚决不能让修涞贵走。有的找到交警支队领导，不能让修涞贵回来，最好把他的警籍给"销"了。

修涞贵去给交警支队的领导拜年，提出他要回来，不想，也遭到拒绝。原来，医药局和交警支队领导之间早就"串通"好了。

在全厂工人、医药局、交警支队一致反对之下，修涞贵的要求理所当然地被全票否决。

真是"人在江湖，身不由己"。

修涞贵知道他已经无法"身退"了。

妻子和亲朋也都鼓励他，要他继续干下去。因为人人都看到了，他是一个经营药品的天才。

他不得不再次下定决心，接着干下去，看看自己还有多大的潜能。

1996 年的目标还是狠抓产品质量，开发新产品，再扩大产品销路，提高工厂的知名度。为适应生产发展的需要，他提出申请，将工厂更名为康威药业有限公司，由他担任总经理。他选择"康威"两个字，自有深意。他想塑造一批健康、威猛的康威人。他归纳的"康威精神"是八个字：敬业报国，追求卓越。他确立的"康威作风"也是八个字：迅速反应，马上行动！

他为企业设计了一个醒目的标识：两把并立的斧子。当大盛第一眼看到这个标识的时候，他认为更像一只展开双翅的鹰。

过了不少日子，他才弄明白，在东北话里，尤其在通化那"嘎瘩"，"斧"和"福"是同音。

当和煦的春风吹绿浑江两岸的时候，康威药厂又相继开发出"肺宁颗粒""心泰片""斯达舒"等一系列新品新药，很快投放市场。医药市场刮起了一场"康威旋风"。"康威"未花重金去做促销的电视广告，产品照样供不应求。"康威"售药从来都是一手钱，一手货，从不赊欠，来厂要货的批发商络绎不绝。

接着，从北京又传来喜讯：康威药厂生产的"太和圣肝"胶囊和"肺宁颗粒"在 1996 年中国科技新产品、名优产品博览会上，双双获得金奖！

药，一车车运出，钱像流水一样淌进来。

"康威"真的火了！

就这样，"无心插柳柳成荫"。修涞贵改变了这个小药厂的命运，而这个小药厂也改变了修涞贵的前程，他再也无法回到交通警察的队伍了。

　　"有好几回做梦，梦见我还穿着警服，在十字路口指挥交通，看见违章的，我把手一伸……"修涞贵说完，朝着大盛叹了口气，"真是'人在江湖，身不由己'呀！"

七　受骗的教训

最可怕的陷阱，是你最信任的客户挖的。

"康威"的名气大了，个别的不法之徒，也开始打它的主意了。

天刚冷的时候，有两位哈尔滨的年轻药商来到工厂，提出要买"太和圣肝"。要的数量不大，而且交付现金。很快成交，他们把药拉走，留下一句话："这批药要是好卖，我们还来买货。"

果然，十多天后，两个人又来了，这次要的品种更多，数量也增加了，还是当场结算交付现金，真是个好主顾。跟他俩打了几次交道的销售员小陈向修涞贵介绍这个主顾说，这样好的客户，应当给点优惠。修涞贵点头同意。

下头一场雪的时候，两个人又来到药厂，这一次定了将近十万元的药品，大部分都是畅销品种。不过，这次有一个要求，因为现金带得不够，药厂得把药送到哈尔滨，到那里，保证一手交钱一手交货。

没问题，这样的主顾提这点要求算什么？修涞贵跟大家议了一下，同意送货。小陈根据提货单，从仓库里提出货来，把厂里刚买来的一辆"皮卡"装得满满的，算了一下价钱，价值8万多元。毕竟是

044

长途送货，行前，修涞贵嘱咐了两件事儿，第一是路上小心，安全第一；第二是不交钱，不卸货。

小陈押着"皮卡"，下午从通化出发，到了第二天清晨天刚亮，把车开到哈尔滨。买货的一个人坐着一辆出租车，在102国道口接车，径直把他们带到南岗区大直街的一个居民大院中。

楼下，有一间后接盖的房子，打开门，里面是空的，这就是他们的药品仓库，他们要把药卸到这里。小陈把发票交给他们："你们把钱交了，马上就卸货。"

那人道："钱在卡上，现在银行没上班，你卸完货，跟我一块到银行提钱，一分也不欠你的。"

小陈想起修涞贵说的两件事儿，安全行车，已经到了。要是把货卸到仓库里，再去取钱，也出不了问题，便同意把货卸下。

卸完货，刚到八点钟，这个人带着小陈坐着"皮卡"来到不远处的一家银行。在银行门口，他下了车，指着不远处的一个路边电话，对小陈说："你稍等，我去打个电话，告诉他们一声，货到了，要付款。"

小陈表示理解，毕竟是两个人的生意，打个招呼也是应当的，便表示同意等候，那个人朝电话亭走去。小陈坐在车里看着他。那个人在电话边站了一会儿，却不打电话，一直在翻弄一个小本本，翻了足足有几分钟，才凑到电话跟前。

早晨，路上车来人往，不少上班的人从"皮卡"前匆匆走过，不时挡住小陈的视线，也就在这样一个短暂的瞬间，等小陈再看电话亭的时候，发现那里已经没有人了。

人呢？也许很快就会回来，小陈等了足足十多分钟，还不见人影，才感到事情有点蹊跷，他叫司机马上开车，去找那家仓库。只要找到仓库，你不给钱，我就把货拉走。仓库很快就找到了，等把门打开，小陈的脑袋"嗡"地一下就大了！

仓库里面，空空如也！小陈以为找错了地方，他跑到院子里左看右看，没错，就是这里，从卸货到现在也不过二十多分钟，所有的货全都拉走，眼睁睁看着的仓库空空如也？

汗，顺着他的脸上淌了下来。他问院里的居民，仓库是谁的？没人知道。

"皮卡"又开到银行门口，哪里还有那个人影？

小陈意识到，他遇到了大骗子，这一切都是精心策划好的。

也许是从最初到厂里买药，他们就做足了铺垫，直到把药送来，把货卸到仓库里，领他到银行取钱，再借故去打电话，让小陈在银行门口等候，也就在这个时候，另一个人把药拉走，逃之夭夭。这一环扣一环，一步跟一步，设计得何等精密、巧妙？施行得多么准确，多么干净利落？这可是将近十万块钱的药啊，叫人给骗走了，他可怎么交待呀？

无法交待也得交待，他硬着头皮给修涞贵打电话，告诉他药品被骗的经过。修涞贵觉得好像叫人踹了个窝心脚，立马血往上涌。他只怪自己平时尽关心厂子里的防火、防盗，偏偏疏忽了防骗。这个时候责怪是没有用处的，他告诉小陈，哈尔滨有几个朋友，有的在政府做过事，他把电话号码告诉了他，要他找一找他们，尽力帮忙，能把药品找回来，尽量减少损失。

小陈马上打电话，请这些朋友帮忙。

这些朋友倒也热情，有的愿意帮忙打探消息，有的甚至提出要找"黑道"人物出面摆平……忙了大半天，也没有结果。

直到傍晚，李艳华赶到哈尔滨，她带来了修涞贵的指示：拖下去夜长梦多，这是一桩刑事案件，马上到相关派出所报案。小陈立即照办，他来到了南岗公安分局所属的派出所报案。

派出所民警立即行动，他们找到那家仓库的出租人，问清楚了租房户的姓名和住址，开始查找犯罪嫌疑人的下落和药品去向。经过连夜工作，终于在第二天凌晨把谎称到银行取款溜走的犯罪嫌疑人带到了派出所，他如实地交待了作案经过和药品的下落。

消息传到厂里，工人一片欢呼，修涞贵的脸上也浮出了笑容。

尽管骗子抓到了，尽管损失挽回了，可这件事情在修涞贵的心里却留下了一道深深的阴影。

企业眼下药品卖得火，企业收入也在增加，也许，不少人会感到满足。可是，这种经营方式，总让他感到有点像商场上的小摊贩。是的，小摊贩也是经商之道，也可以"诚招天下客"。但这绝不是一个大企业的发展方向。特别是这起被骗事件，更让他深切地感受到，为了防止类似事件再次发生，他必须组建自己的销售队伍。

要有自己的销售队伍，说起来容易，做起来难。

先说一条，要想把销售人员分布到全国，每个省至少也得有百八十人。全国一算，就得召集几千人。这样的小药厂，这样小门头，这样的破烂厂房，有谁会来？有谁敢来？

有了自己的销售队伍，是企业做大做强的关键一步。修涞贵思索再三，得出一个结论，要想迈上这一磴台阶，必须彻底舍弃这个租借来的小药厂，另起炉灶。

所说另起炉灶，就是要在理想的地方，盖一个理想的现代化厂房。

要说理想，此刻的修涞贵，对制药行业的前景已经有了乐观的估计。对自己领导的这个袖珍药厂的前景满怀信心。因为到了1996年底，除却纳税，康威制药有限公司已经有了1500万元的纯利润。要盖理想的现代化厂房1500万元是不够的，有人劝修涞贵到银行贷款。

也许是因为1995年5月的贷款遭到拒绝，在他心里打了一个疙瘩，他曾暗暗下定决心，只要有三寸气在，今后绝不贷款！手里有1500万元，选址，开工都没有问题，后续的钱哪里来？他仔细盘算着，关键是要看1997年的销售情况，要是卖得好，挣出易地改造的钱，没有问题。修涞贵就像一个朴素的农民，一分一厘地挣着钱，一分一厘地攒着钱，一分一厘地计算着，一分一厘地花着钱。新厂建在哪里？

有人告诉他，市区有一块地，足球场大小，挨着繁华地段，交通便利，地价也不贵。修涞贵去看了看，他认为，目前建厂够用，今后要发展，就得动迁民房，不合算。大家纳闷，这么大的地方还不够用？你修涞贵的胃口到底有多大？他从来不会具体回答这样的问题，只是把目光转向了市郊。

浑江南岸，山岭起伏绵延，一条金厂河流经其间。在金厂河边有一座山，名叫元宝岭，山势不高，紧邻通往集安的那条国道。他选择了向阳坡。

1997年春天，推土机开上了山坡，足足用了两个月的时间，在光秃秃的山坡上推出了四个平整的台阶。

第一层台阶，盖办公楼和综合楼，二、三层台阶盖厂房，第四层台阶盖库房。还有半边山坡作为预留地。厂房的设计高大宽敞，具有现代风格。里面的机械设备也必须是最先进的，为此，他带领技术人员外出考察选购。修涞贵对制药机械不是很懂，他必须请专业人员当老师，帮他选购。他暗自下了决心，要借考察和采购的机会，弄清楚制药设备的性能和机械原理。

这样的客户，到了哪一个厂家，都会受到热情的接待。

但是，他们很快发现，这个大个子东北人，和那些国有企业搞采购的人大不一样。对每一件机械设备，他不仅问得仔细，看得也仔细，尤其在价格上，他可不是"你漫天要价，他就地还钱"。在同一个地区，他会先后看两三家，甚至四五家，然后再和厂家讨价还价。连跟随他的技术人员也伸出了大拇指，认为他选购的设备，花钱最少，质量都是一流的。

1997 年的年底统计说明，这一年的纯利润已近一个亿！

一个亿！天呐！从负债 400 多万元到盈利一个亿，对于许多人来说，都是一个不可思议的天文数字。

而且这个数字是在一个破旧不堪的"袖珍药厂"里，仅仅用了不到两年的时间完成的，这就更加让人匪夷所思。

说实话，用当年卖药的收入，来完成这样大规模的工厂易地改造的计划，把一个濒临破产的小厂，这样快速地变成高楼大厦，在许多人看来，这也许是一个有点冒险的计划。要是万一药品滞销，你当年挣不出这些钱怎么办？甚至还有人怀疑修涞贵是不是在玩什么不可预知的魔术？

修涞贵对此也不是没有忐忑，毕竟自己刚刚杀进制药这个领域，山高山低，水深水浅，还没有完全摸透。可是，性格使然，信心使然，让他不肯按部就班地蹒跚走路，他就是想要闯一闯，检验一下自己的冲刺能力。

检验能力的标准不是口号，也不是信誓旦旦，它唯一依靠的就是成果。

1997 年的成果，显现在这一年的年底，位于向阳山坡的现代化生产厂房，六层办公大楼，三层的综合楼，都已经拔地而起。采购的机械设备相继进厂，通过了安装调试。1998 年春节刚过，药厂乔迁。那一天，新办公大楼和生产车间都挂起了灯笼和横幅，全厂一片喜气洋洋。当修涞贵带着领厂部领导和工作人员来到的时候，门前燃放起鞭炮。

最高兴的应当是那些在袖珍药厂经历过贫困的工人们，他们在新车间里跑出跑进，检验设备，擦洗机械。新招收的近千名员工通过了岗位培训，即将开始在现代化的机械设备前面进行操作。

随着大量的新工人入厂，"袖珍药厂"的工人们自然变成了生产骨干，还有不少人成为班组长和车间领导。明亮的厂房，崭新的机械，不仅仅是改善了他们的劳动条件，更让他们对未来的前途充满信心。

当时还叫"康威药业"的企业，彻底摆脱了贫困和负债的困扰，走上了现代化生产的道路。

企业的现代化，未必就能够实现企业的全面发展，因为现在的企业发展是由占领市场的份额来决定的。

修涞贵当然懂得这个"以销定产"的简单道理，更重要的是，让他一直耿耿于怀的是那次被骗的教训——必须组建完全属于自己的销售队伍。

八 "斯达舒"是怎样"火"的?

> 做良心药、做好药，救苍生，让患者说话。

搬迁到新厂后，生产能力成倍增强。这个时期，修涞贵已经完成了对药厂的股份制改造，"康威制药厂"已经更名为"康威药业集团公司"，由他担任董事长。到了夏天，修涞贵开始招聘培训营销人员。

回顾20世纪90年代，在制药行业，有许多值得记住的事情。至少，人们会依稀想起"沈阳飞龙"和"三株药业"这几个大型制药企业。

人们能够记得它们，是和一个刚在中国出现的新鲜事物"广告"不无关系。

20世纪90年代中期，电视刚刚在中国普及，黑白电视和彩色电视在普通百姓家更新换代。对媒体一向深信不疑的中国老百姓，发现电视、报纸都在宣传一种可以祛病延年的药品——"三株口服液"，于是购买者趋之若鹜，药店门庭若市，药品常常供不应求。

据说"三株药业"每天就有上百万元的收入，年销售额达到80多个亿。同样"沈阳飞龙"也是一夜暴富，它的产品风行全国，甚至用"日进斗金"来形容都不过分。发现广告妙用和神奇的企业有了钱，不惜投以重金再制作广告，以形成铺天盖地之势诱导消费，再一轮掀起购买的狂潮……

这种全民受广告诱惑的消费，是一个国家从计划经济转向市场经济的必然。不言而喻，得益的是广告制作商和媒体，当然最大的受益者还是厂家。

此刻，正在领导"袖珍药厂"打翻身仗的修涞贵还在为工人的开支而发愁，但，他对这些"火"透中国的企业一向是冷眼相观。

当他听说，"三株药厂"的老总们要用军事领域的管理办法管理企业，他们把员工称为"将士"。同时，还要把遍及全国的销售网络分成几大"军区"，"军区"下面再分成几大"野战军"，军下面分师，师下面分旅、分团、分营时，修涞贵禁不住摇头叹息，他断言，"三株"走到了《周易》所警示的"物极必反"的阴阳界。

果然，时隔不久，传出了所谓的健康神药"三株口服液"只不过是从大豆里提炼出的普通豆汁儿的说法。接着，湖南常德一位病故老人的家属把"三株药业"告上法庭，说老人是喝了几瓶"三株口服液"身亡的。

其实，这不过是一个消费者和厂家的普通纠纷，"三株口服液"能不能置人于死地，也不难弄清。可就是这样一个普通的官司，一经媒体报道，立即掀起轩然大波。原本是趋之若鹜的消费者，好像一下子回过神儿来，谁都不再花高价购买"豆汁儿"。许多医药商店纷纷提出退货，理由是，它们不能再卖能"喝死人"的药品。

然而，让人更为奇怪的是，就是这样一场小小的风波，却连根撼动了"三株"这棵参天大树，一夜之间，它的"军""师""旅""团""营"纷纷解体。一些所谓的"军长""师长"扔下商品和部下不辞而别，致使下级"军官"和"将士"也都溜之大吉。在全国收购的几十家为它制作口服液的药厂也都关门停产，红极一时的"三株药业"轰然倒地。"三株"的不幸结局，被修涞贵言中了！

在六楼的俱乐部里，在营销人员培训大会上，修涞贵极其深刻地总结了"三株"留给所有制药企业的教训。他说："广告，可以让许多人掏钱购买你的产品，但是，最终长久维护企业名声的还是疗效。'三株口服液'作为保健品，原本可以维持它的市场地位，但是，一旦把它吹成医治百病的灵丹妙药，就注定它必然走向反面的结局。"

来这里应聘的有不少原本就是"三株"的"将士"，他们听到这样带有哲理性的分析，不禁连连点头。

按照这个思路，他们更关心的是"康威"推出什么样的药品。修涞贵的拳头产品是一种治疗胃病的药品，名叫"斯达舒"。修涞贵在弟兄中行四，所以也有人把这个药品换了个谐音，称为"四大叔"。"斯达舒"专治胃酸、胃痛、胃胀。许多老胃病患者吃了以后反映极佳，说是吃下一粒，十多分钟就能止酸、止痛、止胀。

修涞贵准备在全国先设十多个省级销售点。省级销售主管自行招聘营销人员。

许多即将奔赴市场的营销人员都要求，尽快给予广告支持，尤其是中央电视台的电视广告支持。修涞贵对此持有不同意见。他认为，一个好的销售人员，应当是依靠产品打开销路，一味依靠广告效应，只能培养懒汉。

1997 年，"康威药业"没有打任何电视广告。几十位省级销售主管在全国各地，拼着自己的气力在推销产品。修涞贵时刻观察着他们开拓市场的能力和做人的品质。

这一年的秋天，一位在"三株"任职多年的高级营销主管"姚总"来到通化，他听说修涞贵要开辟药品市场，表示愿意扛起营销的大旗。

修涞贵热情地接待了他。

"姚总"用了大半个晚上，向修涞贵介绍"三株药业"的营销管理经验。他认为，当今要用药品抢占市场，广告是一个不可或缺的锐利武器。不仅电视广告要铺天盖地，连各地的报纸也不能放过，只有广告随处可见，完全充实了人们的视野，才会对消费市场起到震撼作用，你的药品才能被广大用户所接受，才算是打开了市场的销路……

修涞贵一直饶有兴趣地听着，不时点头。但他的心里却在不停地权衡着这些做法的利弊得失。

到了后半夜，两个人各自休息，修涞贵却迟迟不能入睡。他在认真思索"三株"的经验。

广告可以推动市场，但，它绝对是一把双刃剑。什么火候打？什么时候不打？打多大的规模？说起来是个策略问题，实际上，这里有极深的学问。

修涞贵一直认为，经营市场，管理企业，这是个哲学问题。像"三株"那样打广告，可以形成轰动效应，很快就会在市场上抢占一定的份额，这叫"其兴也勃然"。但，修涞贵注意到了另一个问题，就是"三株"的"其亡也忽然"。

像湖南常德"喝"死人的事情，本是一个意外的突发事件。应对这样的事件，每个大型企业都会有应对的办法，或认错赔偿，或对簿公堂。"三株"采取的是后一种办法，因为他坚信，像"三株口服液"这样具有保健功能的所谓药品，是绝不会"喝"死人的。

可意外的是，就在"三株"满怀信心对簿公堂的时候，更可怕的事情出现了，他自己管理的庞大的营销队伍开始溃散。先是部分基层营销人员扔下药品，一走了之，接着是个别中层领导携款而逃，因为摊子太大，未等总部采取有效措施，"溃散"像瘟疫一样迅速蔓延，有的地区几十人一夜走光，接下来走掉的是几百人、上千人……

研究这种可怕的自行溃散，变成了修涞贵接下来几天的专项课程。他与几位来自"三株"的员工交谈，听他们讲述"溃散"的经过。

为了找到原因，他反复研究"三株"的组织结构，揣摩员工自行溃散的心理状态，并把它们一条一条记在心里。

原来，由于广告效应造成的市场供不应求，"三株"的营销人员都变成了送货员，没有花费力气开辟市场，自然不会珍惜。看来，凭借广告轰炸造就的营销队伍是不可靠的。

更重要的是，由于企业迅速膨胀，人员大量涌入，鱼龙混杂。甚至是兵不认识将，将不认识兵，当然也谈不上企业的凝聚力和向心力。

其实，说到底还是员工对自己企业不了解。据说，有不少分布在全国各地的营销员不知道"三株"的总部到底在哪个省，董事长是谁，当然也不会对自己经销的产品有足够的信心，蜂拥而来，蜂拥而去，也是最自然不过的事情了。

"三株"的辉煌是短暂的，失败是悲壮的，其教训是深刻的。但他毕竟是在营销市场上先期吃过螃蟹的人。就从这一点来说，"三株药业"的名字，应当让后来人记在心中。

在营销人员的培训会上，修涞贵明确地告诉大家："各位走上各自的岗位，首先要寻找客户，利用批发、零售和医疗等多种渠道，推销我们的药品。也就是说，每个省、市、县的市场，都要靠你们自己通过努力去开发和启动，半年之内要见成效，做不到这一点，应当自行淘汰。至于大家热切盼望的广告支持，我也可以明确地告诉大家，在短期内不会有，也不应当有。因为我们要培育自己的、能在市场上经受风吹雨打的猛士，而不是只能送货的懒汉。"

这段讲话，在几百人的会场里引起了一阵窃窃私语。至少有一半从"三株"流过来的人，难以接受这样的营销方式，其中也包括那位营销主管"姚总"。

会议结束后，修涞贵和"姚总"又进行了一次长时间的谈话，两个人都想说服对方接受自己的观点，最后，还是无果而终。

几百人分头奔赴全国二十多个省、市，到陌生的地方安营扎寨。像播撒种子一样，1998年的秋天，"康威药业"第一批派出的营销人员，怀着复杂的心情，走进了复杂多变的营销市场。

走出家门，进入陌生的城市，听不懂的语言，难以适应的生活方式，让这些东北汉子吃了不少苦头。他们没有任何营销的优势，因为没有广告的推介，除了早已名声在外的通化"东宝药业集团"和"金马药业集团"，没有谁知道远在通化的山沟里还有一个"康威药业"，更没有谁知道有一种胃药叫"斯达舒"。

任何一个药店和批发渠道能够接受它，全都要靠营销人员登门介绍，当然也少不了通过请客送礼来拉拢关系。接下来的困难是，尽管人家同意把药品摆上了柜台，却长期无人问津。在河南郑州，十几名营销人员忙了十多天，总算把药品送到了几家药店，摆上了柜台，半个月过去了，只卖出七八盒。那一个月，这十几位员工的总收入是三百八十元。一个月下来，不少人无法适应这样的艰苦工作，而溜之大吉。

要求广告支持的声浪又高了起来。"姚总"再一次和修涞贵探讨"广告支持的必要性"。

修涞贵的答复是：没有广告，继续坚持！

听到这样的反馈，许多人已经心灰意冷，甚至有人怀疑修涞贵到底懂不懂市场营销，懂不懂怎样卖药，各地的营销队伍开始缩水。

为了巩固阵地，修涞贵带着"姚总"等人离开通化，到各地看望大家，安抚大家。

第一站是北京。北京的销售队伍已经组成，面对销售困局，他们显得一筹莫展。修涞贵与他们开会座谈，企图说服他们接受"康威"的销售理念，不依靠广告，靠自身宣传去打开销路。北京的一批年轻人显然不理解他的意图，甚至怀疑来自山沟里的"康威"的经济实力，你到底能不能打得起广告？

会后，修涞贵已经认定，和这批充满活力、又急于想要挣大钱的年轻人分手，已是在所难免。

从北京去武汉，三人上路，只买到一张下铺，其余两张都是上铺。修涞贵把下铺让给了一位年纪大的人，自己钻上了上铺。"姚总"只好也上了上铺。火车开动了，修涞贵在上铺呼呼大睡。"姚总"几乎一夜无眠。自从他在"三株"当上高级营销主管，这些年曾无数次出差，除了飞机就是软卧，连硬卧都没坐过，更不要说钻上铺了。

用广告打开市场的想法一再受挫，修涞贵的"固执"让他感到无法理解。如果说以前他对说服修涞贵还抱有希望的话，这次出差睡上铺的"吝啬"，已经让他感到难以忍受。

在武汉，争论还是到底该不该马上推出广告。与在北京的年轻人一股脑地要广告不同，这里既有希望尽快打广告的人，也有人支持修涞贵的观点。

这些人认为，要打造自己的营销队伍，就应该这样从一盒一盒药卖起，只要对自己产品有信心，总会被消费者认同。武汉的销售形势也说明了这一点，这个月比上个月的销量就翻了好几倍，不少"老胃病"到药店指名就要"斯达舒"，说明它的疗效确实很好，已经有了"回头客"。只要再干些日子，不愁打不开销路。

在郑州，大家坐在一家面馆里，边吃边议论。这里大都是从通化出来的人，有的还是"袖珍药厂"的老员工，他们几乎是无条件地相信修涞贵。他们的信任是推论出来的，既然修涞贵能把一个小厂领导到这么大，就一定能打开销售市场。有人说了一个笨拙的推销方法，就是在药店里搞免费赠药。你的胃疼来买药，免费送你一粒"斯达舒"，让你当场吃下，等过了十分钟，再看效果。

果然，十有八九的人都说不疼了。那他就掏钱买了，有的买一条，有的买两条，有的干脆买四条，一个疗程。"斯达舒"就这样在郑州闯出了名气。有的人背着"姚总"跟修涞贵说："打广告得慎重，不少人不愿意下市场去联系客户，就愿意等在家里，你打广告，他去送货收钱。"

来自第一线的声音，完全在修涞贵的意料之中，为了不步"三株"的后尘，他要在营销队伍中继续"大浪淘沙"。

时间，是对每个人最好的考验，三个月过去了，还是没有广告支持，一部分人已经熬不住了，纷纷离开。

"姚总"见说服修涞贵尽早打出广告的想法已经无法实现，便提出要下市场，到一个地区亲自去卖药，以便打开销路。修涞贵想起《三国演义》里的一段故事。刘备想要离开曹营，一直在苦等机会。后来，他以抵抗来犯之敌的名义，带领一支人马，匆匆离去。"姚总"也带着一批药品离开了，果然，后来就一直没了消息……

1998年的冬天来得很早，一进冬月，北方大地已是滴水成冰。严寒引起的感冒和气管炎成为多发疾病。修涞贵适时推出了治疗感冒的"康威双效"和"肺宁颗粒"，并将其投放市场。此时的市场，已经经过半年多的整合，人员大体稳定下来，以省为单位的营销布局基本建成，"斯达舒"在医药市场已经有了一定的知名度，部分省、市的月回款额已经达到百万元。

修涞贵审时度势，认为用广告推动销售的时机已经成熟。11月中旬，一则以"四大叔"为谐音的"斯达舒"广告在各省、市电视台闪亮登场。格调高雅，立意清新的"斯达舒"广告一经出现，立即吸引了广大消费者的目光。

人吃五谷杂粮，都要经过胃来消化，苦、辣、酸、甜都得胃来承受。胃病，俗称"心口疼"，自古以来就是多发疾病，世上还有"十人九胃病"的说法。胃病还分多种，有胃溃疡，胃炎，有的酸，有的胀，有的痛，有的呕……市场上治疗胃病的药五花八门，多种多样，"氢氧化铝凝胶""胃舒平"……都是沿用了几十年的老胃药，人们习惯地把这些老药称为"顶药"，说明疗效一直难以让人满意。

"斯达舒"登场，让人们心头一爽。它的广告语是：治疗胃酸、胃痛、胃胀，请用"斯达舒"。我们知道，造成胃酸、胃痛、胃胀的原因很多。急慢性胃炎、胃酸过多、胃溃疡、十二指肠溃疡……都会造成酸、痛、胀的感觉。"斯达舒"的广告语，不去赘说专治哪些胃病，直接针对酸、痛、胀的感觉来说，受众清晰易懂，更易接受。且莫小看了这几句广告语，那可让修涞贵费了不少心血。

从两脚踏进制药行业那天起，他就常常想，吃药是苦差事，谁肯花钱买苦吃，都是不得已而为之。就拿胃病来说，只有到医院喝了钡粥的人，才能断定自己是不是得了急性或慢性胃炎，才知道自己的胃部是不是已经溃疡，能到医院做这样检查的，大多是有医疗保险的城里人。那时的广告语，大多集中在介绍药品针对对象和治疗疾病的名称上。

但是，修涞贵认为，更多的人并不知道自己到底是胃炎还是溃疡，都是因为胃里难受才肯买药来吃。归结起来，不论是十二指肠溃疡还是急慢性胃炎，难受的感觉都是酸、痛、胀。经过缜密的思考，甚至和广告制作商的争论之后，才最终确定了斯达舒的广告语要针对难受感觉——酸、痛、胀。

就这样，人们记住了胃药"四大叔"，也就记住了"斯达舒"。

当然，检验药品优劣的最终评价权，一向是掌握在消费者的手里。"斯达舒"一经投放市场，立即获得了消费者的认同和好评。许多人反映，"斯达舒"不论是治疗急慢性胃炎还是治疗胃溃疡，疗效都十分理想。

在湖北武汉市场，有人在结婚的喜宴上，每桌放一盒"斯达舒"。

这就告诉客人们敞开量地喝酒，放开肚皮来吃，谁的胃出了毛病就吃一粒"斯达舒"，保你平安无事。甚至有的人认为"斯达舒"对于喝得酩酊大醉的人，还有解酒的功效，这倒是让修涞贵始料不及。

到了年底，"斯达舒"的销售量已经是成几倍、十几倍的增长，各省、市销售人员接连打来断货的告急电话。位于通化的生产车间已经是满负荷运转，生产出来的产品不进库，立刻装车运走，依然供不上市场的需求。

"斯达舒"真的"火"了！

九 《周易》是怎样得来的？

大盛是个既细心、又认真的人。他用了将近一周的时间，采访了新老员工二十多人。不仅了解了修涞贵从 1995 年 5 月进入这个小药厂的经历，也了解了工厂易地改造的过程，还得知了当今唯一的胃药驰名品牌"斯达舒"的问世经过。他算了算，走过这样一个风起云涌的路程，只不过用了三年多一点的时间。

而就在这弹指一挥间里，修涞贵却把一个负债 400 万元的袖珍小厂，变成了年收入超亿万元的大型企业。为什么有的人、有的企业努力一辈子，也走不完这段路？

大盛似乎感到，他对修涞贵越是了解得多，就越发觉得琢磨不透。比如说，他就弄不懂，为什么修涞贵在"三株药业"如日中天的鼎盛时期，却能准确地断言，"三株"将走向衰落。大盛在采访期间，曾听几个人说过，修涞贵几次谈到对"三株"前景的预见，都非常精准。比如他说过，"三株"是为咱们培养市场人才。等到"三株"垮台，果然有几百名"三株"的市场销售员到了咱们厂。再回想他当年说过的话，觉得修涞贵真是"神"了。

还有，修涞贵为什么不按当时的市场规律出牌？想要把"斯达舒"推向市场，却有大半年的时间，死活不打广告？

还有，为什么他明明知道那位姚总提出下市场，将是一去不归，为什么还同意他"下市场"，并且让他带走一批产品？

还有……

从上次接风交谈已经一周多没有见到修涞贵了，大盛要再和他谈一次，问他几个不解的问题。

陪同的人告诉大盛，董事长在长春等他。通化和长春相距300多公里，正在修路，据说在修一级公路，路修好了，来往通化长春之间，顶多三个小时。

现在，大盛只能坐火车去长春。

软卧车厢的另外三个人，是通化市区政府的中层领导，他们是到长春开会的。听说大盛正在采访修涞贵，其中一位副区长感慨地说道："你选对了采访对象，是应该好好写写他。通化市制药企业不算少，大大小小算起来也有六七十家，将来能够做大做强的，非修涞贵莫属。"

另一位领导摇头，显然他有不同观点："一个交通警，半路出家，能干出什么大名堂？"

那位副区长道："办企业，干大事，得要宅心仁厚。前年，通化市制药厂几百下岗工人因为对安排和待遇不满，到市里上访，要进京告状。市里领导找了好几个大药厂，想让他们帮助安排这些工人。那些厂长一听，头摇得就像拨浪鼓，一百个不行。"

第三个人说："那是，那些工人平均年龄都在45岁以上，不光是接受他们，还得替他们还上七八百万的欠账，谁是傻瓜？"

"后来怎么办了？"大盛问。

那位副区长道："后来，市里实在没招了，才想找修涞贵试试，看看他能不能帮助市政府解决这个最头疼的问题。没承想，市领导一说，修涞贵还真的答应了。"

大盛在修正药业新厂区的大墙上看见过"修正药业集团通化市制药有限公司"的名字，却不知道还有这样一番来历。

"钱也还了吗？"大盛追问下去。

"还了。那时候修涞贵刚刚搬到新厂区，也不是很宽裕，但他还是咬着牙，拿出七百多万，收留了这些工人，老制药厂才恢复生产。我当时就认为，这个修涞贵心眼不错，将来能成大事。"

那位摇头的领导又说道："老制药厂是五十年代的厂房，根本不符合现在制药企业的要求，修涞贵捧了个刺猬。没办法，他又拿出好几千万盖新厂房，这明明是个赔本的买卖，有钱干什么不好？偏这么折腾。"

大盛这才算是知道了盖出那片新厂区的原因，他想继续问下去，可惜，时间太晚了，列车员催促大家休息，谈话只好作罢。

夜深了，列车隆隆驶向前方，邻近的铺上传出鼾声，可大盛却难以入睡。

咬着牙，拿出几百万元，安排几百上访告状的工人重新上岗，既解决了工人的生活困难，又解决了百姓和政府的矛盾，尽管做了这样一举数得的好事，也难得到一致的评价，真不知修涞贵听到这些议论该做何感想？

第二天清晨，列车抵达长春，迎接大盛的人已经在站台等候。一辆轿车拉着大盛穿过市区，来到长春技术开发区。

远远就能看见一座船形的红色高楼，在阳光的照耀下显得格外耀眼。楼顶上，竖立着"修正"两个大字。"俺们修正大厦，可是开发区最高的大楼。晚上，'修正'两个大字一亮，隔老远就能看见。"司机大李不无自豪地说。

大盛在通化就没少跟修正的基层员工交谈，几乎每个人都能跟你说出值得他自豪的事情。

"在'修正'上班，老牛了！一听你是修正的，修车，买东西都能砍下价来，大企业嘛，信誉又好，谁不愿意交这样的回头客？"这是一直在采访期间给他开车的金师傅说的。

董事长办公室在大厦的 15 层，修涞贵在门口迎接他。

办公室宽敞气派，占了整个楼层。屋中最醒目的是老板台后面，修涞贵自题的条幅。上写着：天行健，君子以自强不息；地势坤，君子以厚德载物。字，写得很工整，也算中规中矩。

大盛见过不少老总的办公室，大都挂着和达官贵人合影的照片，要么就是展现到国外访问或披红挂花的荣耀。冷不丁看见写在宣纸上的两句古老的格言，倒觉得有些意外了。

修涞贵请他同进早餐。修涞贵的早餐很简单，一碗麦片粥，一片面包，包裹着青菜的几片香肠。为了款待客人，厨师特地给大盛做了两个单面煎的鸡蛋。

"你出国很多次了吧？"大盛边吃边问。

修涞贵答道："美国、日本、澳大利亚……"

"为什么不像其他一些企业的老总，在办公室里挂这些照片？"大盛问。

修涞贵沉思片刻道："挂那些照片有意义吗？"

大盛回答道："谈不上意义，至少，可以让人感到这里的主人见多识广。"

"你没有见到这样的照片，就以为我孤陋寡闻吗？"修涞贵反问。

大盛连忙说道："那当然不是，你肯定见多识广，多得让我弄不懂，广得让我看不清。"

"哪些方面？"修涞贵望着他。

大盛道："办企业的方法，营销的方法，还有……在办公室挂一个古老的格言。"

"回答你的问题很困难，因为要说起很多久远的事情。两难之中选其易，我先回答'格言'的问题。"两个人吃完早餐，服务员送来了茶水和点心，两个人就在餐桌前继续交谈。

"人，初涉世事的时候，一切都是新奇的。"修涞贵陷入回忆之中，缓缓说道："我得到这两句话，有一个过程。那是我在十六七岁的时候，跟着我父亲到离通化几十里的乡下给人家做家具。那一家是个有什么历史问题的'黑五类'。那是'文化大革命'期间，农村的'专政'搞得挺邪乎，我们是经过当地公社保卫组批准，才允许给他家儿子娶媳妇打家具的。连我们爷俩进村的时候，也受到保卫组的审查。确认我们爷俩不会跟他家搞'反革命串联'，才允许去他家。"

大盛实在想不出，当年打家具和《周易》的"格言"会有什么关联，只能静静地听着。

"到了他家，见到一位老人，拄着棍子，在他儿子的搀扶下，告诉我们'木料'在什么地方，要打什么样的家具。这个老头，尽管瘦得皮包骨头，你一见面，就能感觉出不是普通的农民，因为他身上透出儒雅的风度。接着，我开始根据父亲的指点，破料，用刨子推光……"

大盛好奇地问："你的手艺行吗？"

修涞贵自信地答道："龙王爷的儿子会浮水。我父亲是通化有名的'活鲁班'，我的手艺能差吗？"

说起和父亲在一起的日子，修涞贵的脸上充满孩子般的天真："活儿，当然都是我干，老爷子就是在一边喝着茶水，指指点点，干出来的活就是一流的。其实，他家要的就是做一个立柜，一个炕柜，几把椅子，这些对于我都是轻车熟路，可以说是样样拿手。

进门不久，我开始干活，选木料，推刨子。两个老人就坐在炕上唠了起来。原来，我父亲认识他，这个老人当年在通化是个名人，是清军入关后，留守东北看护隆兴祖坟的皇族后裔。"

大盛道："皇族后裔，至少沾着点王气。"

"光绪末年，他曾被官派到日本留学。"修涞贵接着说道，"回国以后，赶上辛亥革命，大清王朝覆灭，他就在通化教书。日本人统治时期，溥仪当了皇帝，他也做过重兴大清的梦，当过一任通化的税捐局长，因为和主管的日本人闹了矛盾，一气之下辞官回家。在国民党军队占领通化的时候，他又当了一个多月的副市长。虽然只是挂个名，却给他带来了无穷无尽的灾难，他被定为'重大历史反革命分子'，赶到农村监督改造，成了这个村的头号'黑五类'。"

大盛听着，只是默默地点头。

修涞贵带着唏嘘的口气，讲述着老人的传奇经历："我在干活的时候，发现两个老人越谈越近乎，我偶尔听到两个人在谈什么'阴阳鱼''太极图'……到了晚上，那老头拉上窗帘，把我喊了过去，从炕席底下拿出一本线装书来，这本书就是我第一次看到的《周易》。"

大盛感慨地："在那个环境里，能保存一本《周易》也真不容易。"

修涞贵点头："是的。我父亲对《周易》也有所了解，他做土木工程一辈子，对'过分'和'不及'最为敏感。他教我做第一件木工活，讲'卯'和'榫'关系时候就说：不能'过分'，也不能'不及'，最好的手艺人就是得做出'致中和'的活计来。我后来也总琢磨这几句话，慢慢就琢磨出，不'过'，也不'欠'的'中'才能'和'的道理。原来，他们两人都认为是遇到了知音，所以才能谈得那么热乎。后来，我父亲告诉我，他听得出，这个老头是真有学问，才把我招呼过去，听这个'黑五类'讲《周易》。"

大盛喝了一口茶："这是你第一次听到这两句'格言'？"

　　修涞贵摆了下手："你弄错了。这两句话不在《周易》中，是我后来在'文化大革命'后十多年系统读《周易》时候，在《周易·系辞》中读到的。"那位老人开宗明义就对我说："《周易》是读不懂的，只有听讲，才能明白。"他又说："《周易》绝不是迷信，是比马克思还早的唯物主义。"

　　大盛感到不解："这话出自'黑五类'之口，真是奇怪。"

　　修涞贵道："一点也不奇怪。他说，他在日本就研究过马克思的《资本论》，对于辩证唯物主义有较深的理解。遗憾的是，在日本的时候，他和中国南方的革命党人'势同水火'，不然，他也许会成为一个革命党呢。他说，只有把《周易》研究透了的人，才知道，古人用《周易》占卜是探求政治军事相互关系，用以富国强兵。后来拿《周易》算命、求财，那是让瞎子们混饭吃用的。"

　　大盛道："莫非说，这个'黑五类'是把《周易》研究透了的人？"

　　修涞贵点头："据说，他研究《周易》，是从日本回到通化后，得到玉皇山一位老道士的真传。"

　　"呵！不光是皇族，这还沾上仙气儿了。"

　　大盛有些意外："你也得到真传了吗？"他迫不及待地问。

　　修涞贵遗憾地说："仅得皮毛。但是，无论怎样说，这个'黑五类'，也就是我读《周易》的启蒙老师。他说《周易》是唯物主义这一点，更是让我受益匪浅。正是听了他讲的'太极图'和'阴阳八卦'，我才对《周易》有了初始的了解。回到家里，我跟父亲在一起也探讨过，终因条件所限，加上年纪太小，没有太深的理解。直到改革开放的80年代后期，书店里也有了《周易》，我开始系统地阅读。才从《周易·系辞》里读到'天行健，君子以自强不息，地势坤，君子以厚德载物。'这两句话。其实，这两句话就是做人的标准，但不是做普通人的标准，是做正人君子的标准。要想做君子，就得自强，就得厚德。"

说到这里，大盛也来了兴趣："修董，你能不能也给我讲讲？老实说，这几年我也读过几本《周易》，就是读不明白。你今天一说，我才明白，我就认你这个老师，你给我也来个启蒙。行不？"

偏在这个时候，秘书走进来，拿了几份文件，让修涞贵批复，还在他耳边小声说："贵州的省总回来了，在等您。"

修涞贵只好站起："再约个时间，还是不接电话，不批文件，不准打扰的'三不'。咱俩再来一个把酒临风。"

大盛连连点头："好啊！太好啦……"

十 先从那"两条鱼"说起

鱼非鱼，乃天机也。太极图、先天八卦，告诉我们什么？

当天，大盛特地跑到长春新华书店，买了一本关于《周易》的书，回到招待所的房间，就关上门来读。他希望能够再增加点有关《周易》的知识，在与修涞贵交谈时候能有一些谈话资本。

谈话是从晚饭时候开始，为了执行"三不"，门外走廊站了一个警卫，修涞贵把电话交给了秘书，大盛也把手机关了。

饭桌上有酒，装在白色小号塑料桶里，是散装的白酒。大盛有点奇怪，上次喝的是茅台，今个怎么换成散装酒了？菜端了上来，修涞贵拎起塑料桶，给大盛的杯里倒满了酒。他也给自己倒了一杯，举了起来。

大盛刚举杯，忽然闻到一股奇香，立马让他想到古典小说《红楼梦》里的一句话：芳气袭人是酒香。"这是什么酒？这么香？"

修涞贵没有直接回答，只说道："喝了再说。"说着喝了一大口。

酒席宴上，主人端酒先喝，既是礼节也是规矩。既然修涞贵今天用散装酒招待，那也得奉陪，他也喝了一口。酒刚入口，大盛就觉得满嘴喷香，未及细品，已经滑落到肚里。

大盛不由得感到惊奇："这么柔软，这么香！没等咽呢，就进肚了。"

修涞贵又端起杯："那就再来一口，好好品品。"说着一口把酒干了。

大盛也喝了一大口，含在嘴里，仔细品了品，咽下肚去，大声称赞道："好酒！不是茅台，胜过茅台。"

修涞贵又为他倒满了酒："人，无不为表象所惑。酒，装到茅台的瓶子里，不是茅台也成了茅台。装到塑料桶里，茅台也不是茅台了。"

大盛问："这真的是茅台？"

修涞贵点头："茅台酒厂一位老总，吃'斯达舒'治好了胃病，特地让修正药业在贵州的省总转送给我的。"

大盛忽然觉得这酒杯的分量变重了，他小心地端起，抿了一口道："修董，我感谢你的盛情。"

修涞贵摇头："既为朋友，何谈感谢？"

酒，品出了味道，话，也听出了门道，大盛便问道："修董，你认为，人，怎样才能不被表象所迷惑？"这是一句请教的问话。

大盛当初可不是这样，还记得第一次谈话吧？他当着修涞贵的面，说起"洋管理"那可是夸夸其谈，口若悬河呀。可是现在，连他自己也弄不清楚，从什么时候开始，从哪件事情开始，在修涞贵面前，他不知不觉地就变成了一个每事必问的小学生。

修涞贵道："多喝几口，切忌'浅尝辄止'。"

大盛点头："有道理。通过深入调查研究，才能透过现象看本质。这些理论早已经摆在那里，为什么还是常常被表象所迷惑？"

修涞贵道："与每个人的思维习惯有关。有的人活在世上，除了应付生活需要，从未认真地想过什么，见到任何新奇事物，从未引起过兴趣，这样的人也照样长大变老，甚至是快乐一生。反过来说，真要是想去探求事物的本质，应当说是一件很痛苦的事情。"

大盛道:"你好像是后者。"

修涞贵点头:"是的,我承认。正因为总想探求本质,总对新鲜事物充满好奇,也就总是吸引你一步步地了解下去,探究下去。这其实是一个漫长而枯燥的过程,有时候简直是味同嚼蜡。打个比方说,我在那位'黑五类'那里学到了一些《周易》的知识,我就一直在想一个问题,是什么原因,让这个中国最古老的学说能够延续几千年?让人们在那种恐怖的政治气氛里,拉起窗帘偷偷地讲述?玉皇山的那位老道士把《周易》传授给他,他又在那天晚上讲给我听,这不就是'薪火相传'吗?"

大盛道:"我敢肯定地说一点,从他这种敢于那样传授的热情,他决不会只讲给你一个人听过。"

修涞贵点头道:"这是肯定的。可不见得有几个人像我这样想问题。"

大盛道:"多数人是'浅尝辄止',我就是其中之一。我今天还读了一阵《周易》,还是不得其解。"

修涞贵道:"我们都喜欢唐诗、宋词,差不多每个人都能背诵几首。为什么?就是因为优美呀,上口啊。可古人写过多少诗歌?为什么偏偏是唐诗、宋词能够千古流传?大清朝乾隆当了六十多年的皇帝,据说写了一万多首诗歌,你能背出一首来吗?"

大盛只能摇头。

修涞贵道:"'文化大革命'一结束,'天天读'立马就停了,说明这种形式主义和乾隆皇帝的诗歌一样,没有任何生命力。可是,《周易》却是个'百足之虫',几千年来千死万死,都是死而不僵,今天又赫然出现在我们面前,没有谁强迫你去读,也没有谁让你'天天读',更没有谁让你'雷打不动'。可是,对《周易》有兴趣的人越来越多,读《周易》的人也越来越多,也包括你。"

大盛道:"我也是看到不少人在研究这个东西,在大庭广众面前,偶尔扔出两句，像'潜龙腾渊'和'亢龙有悔'什么的，也挺吓人的。自己一点不懂，也不行啊。"

修涞贵："你是想赶这个时髦吗？"

大盛坦言道："有点这个意思。"

修涞贵道："为了赶时髦，而产生兴趣，也算是一种动力。就你的智商而言，只要用心钻研，一定会走进《周易》和哲学领域。那我们就一起探讨吧。"

大盛道："一起探讨不敢说，愿意恭听倒是真的。"

修涞贵又呷了一口酒，也许是为了集中思绪，沉吟片刻便慢声慢语地说道："小时候，我们听老人讲故事，他们总是愿意这样开头：'听说，在很久很久以前……'"

大盛笑了："是的，我奶奶就是这样给我讲故事。"

修涞贵继续说道："今天，我们所讲的故事，比任何老人讲的故事都要古老，所以，咱们也得这样说起。据说，在很久很久以前，考古学家说那个时候是新石器末期。我们民族的祖先生活在中原和西北地区的黄河两岸。那里只有简陋的建筑，更多的人还居住在山洞和洞穴之中。他们刚刚开始学会播种五谷，更多的人依靠狩猎为生，他们要记事，就在绳上打结……"

大盛点头："刀耕火种，结绳记事。"

"在这些群居的人中，有一位被历史传说称作为我们人类始祖，名字叫'伏羲'的部落首领，他经过了对天文、地貌和人身的长期观察与研究，把天、地、人之间的万物存在及其相互之间的关系，简要地归纳为八个类别，再画成由长短横组成的符号，以便应用和记忆，这就是八卦。"

大盛为修涞贵倒酒。

修涞贵习惯地把手拢近酒杯，说了声谢谢，接着说道："从北宋以后，这八卦不论在哪里出现，还都有一个基本不变的规律，那就是它总要围绕在两条鱼的四周。因为人们都把这两条一黑一白，大头小尾的鱼叫作阴阳鱼，这样一来，八卦也就常常被说成是阴阳八卦了。"

对于这个图案，大盛也有感言，他说道："你说起这个有两条阴阳鱼的八卦来，从古到今，几乎人人都说它奥妙无穷，造化无穷。在中国的戏曲舞台上，谁要是穿上带有这个阴阳八卦图案装饰的衣服，不用问，他准是一个既能腾云驾雾，又能呼风唤雨的神仙，至少也都是个半人半神的军事家，谋略家。从神话传说中的太上老君到商周时代的姜子牙、三国时代的诸葛亮、元末明初的刘伯温，几乎个个如此，都穿着'八卦仙衣'。连那个后来才归降蜀国的姜维，因为跟着诸葛亮学了些本事，他在京剧中的脸谱上也有一个阴阳鱼。"

修涞贵道："我们平时说起来，也都说阴阳八卦很奥妙，很神秘。但是，要问上一问它究竟妙在哪里，神在何处，恐怕就没有几个人能够说清楚了。当然，还有的人一听说这阴阳八卦这几个字，马上就和那些站在街头，蹲在墙根招徕过路人相面、算卦的人联系在一起，一言以蔽之曰：迷信！"

大盛问道："那你是怎么认为的？"

修涞贵："我用一个例子来说明。民国初年，中国有几位古钱币的收藏家，在全国各地搜寻珍稀的古代钱币。其中有一枚被凿出四个小眼儿的'大齐通宝'面世，引起不小的轰动。因为这是仅见的一枚古代钱币，就被视为国宝。可你知道上面为什么有四个小眼儿吗？"

大盛摇头。

修涞贵道："那是被原来的主人做'毽子'时候凿的。"

大盛感叹着连连点头："是啊！一枚钱币，在愚人手里做'毽子'，在智者手里就变成国宝。"

修涞贵道："《周易》也是如此。我们都知道，被称作'万世师表'

的孔子是五十而学《易》。应当说，在学《周易》之前，孔子周游列国宣传他的政治主张，屡遭失败，甚至成了'丧家之犬'。后来，他在鲁国教书办学，也只是一个教书先生而已。可是，自从他学习了《周易》，对于人生，对于社会，对于历史的认识都发生了巨大的改变。甚至有人说，孔子学《周易》后产生了'龙变'。就是说，通过学《周易》，他从一个普通的教书先生变成了'至圣先师'。"

大盛感叹道："学了《周易》就能从一个教书先生变成圣人，说明孔子才是最伟大的智者。"

修涞贵纠正道："正确的说法应当是，伟大的《周易》，造就了一个伟大的中国圣人。"

大盛点头。

修涞贵道："我所以说孔子伟大，是说他学了《周易》，并没有去给人家算命、卜卦，占卜吉凶。而是通过像对'损''益'两卦的深入研究，悟出了'满招损，谦受益'这样许多的真理。他的理论和学说，直到两千年后的今天，还让我们受益匪浅。"

大盛感慨道："可惜，'文化大革命'时候，把孔子和林彪绑在一块批，到现在也没让他在人们心里翻过身来。"

修涞贵道："那是'四人帮'别有用心。你知道，从夏、商、周、秦到宋、元、明、清，所有的皇帝，都希望自己的江山万年常在。可惜，没有一个人能做到这点。而在中国光耀千秋的唯有孔子一人，古人说过，孔子的著作，让'乱臣贼子惧'。'四人帮'要篡党夺权，正是不折不扣的'乱臣贼子'，他们大搞'批孔'，不正是恐惧的表现吗？"

大盛夸赞道："说得好，这个说法太精准了！"接着，他叹了口气，"可惜，十有八九的人，包括现在那些什么《周易》大师，还是把《周易》弄到算卦的地步，去推算女排能不能赢，长江发不发大水……"

修涞贵摆了摆手："这当然是一种愚昧，应当说，有许多人把《周易》这个中华民族的瑰宝，误用了几千年。这当然也像中国人发明了火药，没有用到战争上，而是用到制造鞭炮和礼花上一样。我看，所谓的那些《周易》大师，根本就没学懂《周易》，甚至说，连门儿都没摸着。"

大盛一脸困惑："这……有点那个了吧？那些大师也是满口'乾坎艮震……'"

修涞贵用肯定的语气说道："他们要是真的学懂了《周易》，就应当知道一句话：'善为《易》者不占'。"

大盛一脸懵懂："善为《易》者不占？这是什么意思？"

修涞贵道："这句话出自古代大学者荀子之口，也是中国许多研究《周易》的学者对《周易》的正确理解。'善为《易》'就是真正学懂了《周易》的人。只要你真正学懂了《周易》，你再看任何问题都会高屋建瓴，胸有成竹。不论是战争还是军事，不论是人间万象，还是世事变迁，你都会了然于胸，计出万全。那你还占什么卜、算什么卦？"

大盛缓缓摇头："这真是怪了，明明写着六十四卦，却说'善为《易》者不占'。"

修涞贵道："这就是《周易》辩证法，这就是《周易》哲学观点。我赞成马克思说的那句话。他说：'哲学，最初是在宗教意识中形成的。'但我反对把《周易》说成是朴素的唯物主义、朴素的辩证法。人家在两千年前提出的物质构成和辩证思想，就是唯物主义的，就是不折不扣的辩证法，就找到了物质构成和事物运行的本质规律，这是多么伟大的发现！"

大盛连忙倒酒："来，喝口，接着讲，我有点入门儿了。"

修涞贵喝了一口酒，沉吟片刻道："所幸的是，中国也有无数的聪明人和智者，通过学习《周易》，利用《周易》成就事业，推动中华民族的文明和历史向前发展。在中国历史上，有数不清的军事家、哲学家、思想家、阴阳家和各式各样的学派。不论他们的观点有多大分歧，也不论他们的学术产生过多少争论，唯有一点是大家共通的，那就是对于世界物质的构成和事物的正反转化，都没有异议，你知道为什么吗？"

大盛摇头。

"原因只有一个，就是大家都认同《周易》的核心价值观念。像《孙子兵法》中的胜和败，进和退，攻和守，无不是从《周易》的哲学观点演化而来。你知道吗？《孙子兵法》直到今天还是各国军事家和带兵将领的必读课本。"

大盛边倒酒边说："当然知道。"

修涞贵问："孙子在兵法里讲过占卜吗？说过让你怎么算卦，得到什么卦象，再去发兵打仗吗？"

大盛点头："那当然没有。要是有那些算卦的东西，《孙子兵法》在当今世界还能站住脚吗？"

修涞贵道："所以一个有头脑的人要学习《周易》，就得学习它的精华，它的合理内核。这几年，传统文化有点热，有人跟我说，想要学习中国传统文化，却不知道从哪里下手。"

大盛道："我何尝不是如此？这就叫'老虎吃天，没处下口'啊。"

修涞贵用肯定的语气说道："就从《周易》开始，它就是中国传统文化的源头、活水。学通了《周易》，再学习儒家、道家、佛家的理论和学说，就可以达到提纲挈领，势如破竹，一通百通。"

大盛："那我今天就是上的第一课。"

修涞贵咂了咂嘴道："那——我就来一把'好为人师'了。"

大盛两手抱拳道："老师在上，受弟子一拜。"

修涞贵也把双手一拱："那我就领受了。"边说，他拿起桌上的纸和笔边画着，"如果你先在一张纸上画上一个工整的圆，再从中间画上一个反S。"

大盛伸头看着。

"这样,就画出了两条大头小尾,模样相同的鱼来。再把两条鱼分别涂上两种不同的颜色,不过,还不要忘了给每条鱼都画上眼睛。这画眼睛还有点说道,就是说,这条鱼的眼睛要涂那条鱼的颜色,那条鱼的眼睛要涂这条鱼的颜色,这么一来二去,一个太极图就画成了。"他一边说着,一边真就在纸上画出了一个工整、逼真的阴阳鱼来。

大盛猜想,他平时一定画过不少这样的图形。

"画出这两条不同颜色的鱼能告诉我们一些什么呢?"修涞贵既像发问,又像自语地说道,"它告诉我们整个人类生存的客观世界发生、发展的过程,也在讲述着地球和一切辉煌生命的由来。"

大盛皱起眉头,他无法理解,这样说,是不是有点离谱?两条鱼怎么能跟地球和生命科学扯到一起?

修涞贵摆了摆手说道:"少安毋躁,且听我继续讲下去,你就会明白这两条鱼告诉人们的还不只是这些。中国古代的学者,经过几千年对天、地、人的观察与研究,发现世界上一切的一切,都是由阴阳两种物质组成的。于是,他们就选用了最常见的两条鱼,来表示这个深奥的原理。"边说,他抬头望着大盛,期待他的反应。

大盛想了想说道:"当年,读初中的时候,老师上物理课就讲过,世界上的一切物质都是由正负分子构成的。老师还讲过,这些理论都是在近代由西方科学家研究出来的。"

修涞贵道:"对了,是正和负的分子组成了每个不同的物质。有谁知道,我们中国人在很早以前,就已经发现了这个真理,并且画出这样简练而又准确的图案来表示?还有,我在前面讲的时候就强调过,说是要用这一条鱼的颜色去画那一条鱼的眼睛,它究竟有什么意义呢?现在,我可以告诉你,这两个圆圆的,和鱼的本身不是一个颜色的眼睛在告诉人们，世界上没有绝对纯粹的物质，总是阴中有阳，阳中还有阴。"

大盛惊奇地瞪大了眼睛，望着修涞贵："这……可能吗？在古代？"

修涞贵道："你以为是现代人在牵强附会吗？"

大盛怯生生地点了点头："我觉得……有点……"

修涞贵道："当年，是意大利的传教士利玛窦把《周易》和太极图带到了欧洲。据说，一位学者看到以后就说，这是一个最简练，最准确的表现世界一切物质组成的模式图。"

大盛只能连连点头："有的书上说，是黑格尔。"

修涞贵道："当人类进入了电子时代的时候，用航天技术为眼睛，用人造卫星来验证这些理论，发现它竟是那样精确无误的时候，我们不能不对我们祖先的高度智慧表示由衷的敬佩。比如：曾在太空遨游过的宇航员说，他们在宇宙飞船上看地球，圆圆的地球，总是一半黑，一半亮。所以，航天科学家和天文学家说，太极图表现的是最精确的宇宙天体形象图。"

大盛眯起眼睛仔细听着，他入神了。

"其实，值得敬佩的还不只这些。它不仅仅告诉我们世界物质的组成，还告诉了我们物质运动的规律。"

大盛又抬起眼睛望着他。"是不是又说玄了？"这是他未能说出口的潜台词。

修涞贵接着说道："还是请看那两条鱼。那两条鱼眼睛圆睁，尾巴弯曲摇摆，显然是两条活鱼，活鱼的最大特征就是动。这两条活泼的鱼，就是在告诉我们，世界上的一切事物，一切物质都是运动的。"

大盛只能连连点头。

"如果你认为这种说法有些牵强附会的话，那我还可以告诉你一个更让人感到意外的论点，它不仅仅只说运动两个字，请注意两条鱼之间那条弯曲的反 S 线，那是它在告诉我们一切事物运动的规律都是曲折的。用古人的话说，叫'万事曲成'。此外，它还告诫着人们，世界上一切错误只有两个，一是过分，二是不及。为了对应，我说一是过，二是欠。"

大盛又抬眼望了望他。"好像玄得没边了。"这当然还是他的心里话。

修涞贵用笔指着两条鱼说："我们还来看这两条鱼。用一个反 S 画出的两条鱼是头尾相接的。就是说，阳鱼的尾巴是搭在阴鱼头上的。同样，阴鱼的尾巴也搭在阳鱼的头上。"

大盛看了看，点头。

"这样的搭配又能说明什么问题？它说明着一切事物发生、发展到没落直至灭亡的规律。"修涞贵不顾大盛的反应继续说道，"我们举一个企业发展的例子来说明。一个企业在草创阶段一定规模很小，它的起步一定在阳鱼的鱼尾。它一定会遇到诸多困难，因为它此时此刻的位置还搭在阴鱼的头上。待它逐步壮大起来，便会摆脱阴鱼的制约，沿着阳鱼的鱼身向上奔向更广阔的鱼头部分。当这个企业发展到鱼头顶点的时候，也刚好搭上了阴鱼的尾巴。请注意！现在事物快要向反面转化了。"

"这就是事物发展中'物极必反'的规律？"大盛问。

修涞贵点头："是的。也许你还没弄懂。我再举一个气候的例子来说明。用太极图来划分 24 个节气，夏至所处的位置正是在阳鱼的头顶部分，它告诉我们，夏至这个季节，是一年之中最为炎热的时候，同时，它也告诉我们，因为它位处于阳鱼的头顶，阴鱼的尾巴已经搭在那里，炎热的反面，寒冷尽管还很小，但已经开始在孕育了。"

对于中国的节气，大盛知道的不多，但，他似乎又明白了许多，可总觉得有些道理好像都你挤我压地堆砌到了一起，让他一时难以逐条理解。现在要做的就是多听，等有了时间，再去思考。

"同样的事实是，冬至是一年中最冷的时候，它恰好位于阴鱼的头顶，也是搭在阳鱼的尾部，它也在告诉我们，就在一年中最阴，最冷的时候，它的反面，阳和热已经在孕育和发生了。"

大盛连连点头，表示他已经理解。

"你看过《周易》这本书，一定已经知道，古人在研究这个太极图的时候，曾经总结出一段很著名的话。这就是：'无极生太极，太极生两仪，两仪生四象，四象生八卦……'自古以来，对这一段话曾有多种解释，其中有这样的一种解释值得我们重视。这种解释说，'无极'就是地球生成之前的浑沌，当它产生了'两仪'，也就是产生了第一个既有阴又有阳的物质之后，它就变成了太极。有了阴和阳这'两仪'，也就有了春、夏、秋、冬的'四象'，也有的说是东、西、南、北。'四象'的变化又产生了'八卦'。"

大盛觉得他似乎明白了许多，但又觉得一切都是懵懵懂懂。

修涞贵老半天没喝酒了，大盛端起杯，跟他碰杯："来，喝口。"

修涞贵端起酒杯，在唇边抿了一下，放下杯说道："理解太极图，我觉得有一个'悟'的过程。譬如，用了好长时间，我才意识到，世界上，绝不只是我们讲的这一个太极图，整个宇宙和大千世界是由无数个太极图构成的。我们每个人也是无数个太极图，甚至应当是，一动一静一太极，一颦一笑一太极。这样你才能理解矛盾是怎样产生的，相互关系是怎样依存的。你做某一件事情的时候，什么叫'过犹不及'，什么叫'物极必反'。"

大盛道："这就让我有点开窍了。原来世界是无数个太极关系组成的世界。从'物极必反'的理论来说，做事太快了不行，容易过激。那太慢了也是不行的，那要怎么样才能把握到最好的境界呢？"

修涞贵道："你正好说到了一个重要命题，这个命题就是对《周易》

在实际生活中应用方面的研究。就拿管理企业来说，现在有几个亿年收入的企业并不少。要说大发展，都可以去搞房地产，都可以去搞旅游业，也都可以去搞交通运输……其实，各级政府为了自己的政绩，千方百计'圈拢'企业家到处投资。甚至有的企业有十多个跨行业投资。可反过来我要问，这样搞行吗？"

大盛摇头。

"这么多下属企业你管得过来吗？有人说，下属企业多了没关系，要学会'弹钢琴'嘛。什么叫站着说话不腰疼？这就是。只要你立项了，投资了，他的政绩到手了，剩下来你是赚是赔，是死是活，跟他毫无关系。"

大盛道："有些地方的行政长官就是这样，像南方有一个做服装的企业，就是这样弄垮的。"

修涞贵道："说到弹钢琴，舞台上的钢琴可以会弹，一个企业下边要有那么多的'琴键'，谁能弹得了？

大盛点头。

修涞贵用反问的口气说道："搞企业也来个浪漫风格行吗？要是弹走了调，轻者，赔个底儿掉，重者，那就是倾家荡产呐！谁受得了？没有谁能用十个指头都去管事，世界上没有谁是'高大全'。这就是说，发展太快是不行的。那么不发展行不行？拿我来说，如果我至今还窝在通化，就能变大吗？想想看，那里毕竟是山区，交通不便，当然会制约发展。要迈出发展这一步，脚迈到哪里就有过几次争论。有人说去北京，有人说去上海，有人说故土难离。我说，根据我们企业目前这个太极图，不走出通化，为'不及'，为欠。跨到北京、上海，为之'过'。我认为，最好的地方是吉林省省会长春，所以就在这里的高新开发区盖了楼。现在看，这个决策是正确的。"

大盛赞叹道："要说正确，你自从接管了那个小厂到今天，几乎步步正确。是不是你每一步都在考虑'过'和'欠'的问题呢？"

修涞贵点头："你说对了，这已经变成了我一种习惯性的决策方式。在作出任何决定之前，我都会考虑每一件事情的'过分'和'不及'之后，才下决心的，所以，企业这些年的发展，可以说是得益于《周易》。"

大盛已经完全被修涞贵的高谈阔论所吸引，他全神贯注地听着，可偏偏就在这个时候，传来了咚咚的敲门声。

修涞贵不得不停止讲述，大盛只好站起来开门。

秘书走进来，低声道："广西省总来电话，说有重要事情找您。"

修涞贵只得站起，无奈地把手一摊："只好改日了。"

大盛点头，他忙伸手拿过那张画着阴阳鱼的纸："这个我得留着，回去好好琢磨琢磨。"

修涞贵点头，转身走了出去……

十一 《周易》——中华哲学宝库

> 非为《周易》而说《周易》，只
> 因《周易》是他思维中的源头活水。

大盛回到住处，迫不及待地掏出那张纸，坐在桌前看了起来。

原来，这看似简单的两条鱼，却包含了那么多的意义。当然还有修涞贵没有说到的阴阳五行和由它而衍生的中医理论。

《周易》并不完全是宣扬占卜的书，也不完全是宣扬迷信的书，而是充满唯物辩证法的哲学教科书。这是修涞贵的观点。大盛桌上的一本介绍《周易》的书上，就明确地说，《周易》是古代用以占卜的书。大概，不少现代研究《周易》的人，也都是这样说的。

那么，修涞贵为什么与众不同？这是大盛急切想要弄明白的问题。

"时间，就像海绵里的水，要挤，总会有的。"大盛真是佩服说出这样名言的人。修涞贵尽管再忙，还是挤出时间，在第二天要吃晚饭的时候，领着大盛登上了修正大厦的顶楼。大厦的电梯只到15层，上16层得沿着楼梯走上去。整个16层是一个健身房。

房中的窗户高大宽敞，充满阳光，四周摆放着不少高档的热带花木。几台跑步机，乒乓球桌，一个安装在墙上的篮球架，这是企业高层员工休闲的地方。

走出健身房，立刻感到晚风劲吹，原来是走上了楼顶。楼顶还有一个更高的平台，那里应该是第十七层。站在这个平台上，极目远望，足可俯瞰半个长春市。

时值春夏之交，傍晚的风习习生凉，站在高处，感到阵阵寒意，两个人又回到健身房。一张桌上已经摆好了酒菜，两个人相对而坐，两个人还是以"三不"为约，继续把酒纵谈。

据大盛观察，修涞贵的酒量不大，但是少许喝点酒，会大增谈兴。这次的酒还是散装茅台，当然让大盛暗自窃喜。说实话，大盛的酒量也不行，但是，在这样环境下"把酒临风"，心旷神怡，如沐春风，再加上顶级好酒，倒也可以多喝上几杯。谈话是以大盛发问开始的，他急切想要修涞贵解释，不少人都说《周易》是本占卜的书，为什么修涞贵的观点与众不同？

修涞贵呷了口酒，略作沉吟道："你问这个问题，我又得从头说起。其实，我当初和大家一样，毫不怀疑地认为《周易》就是一本占卜的书。学会了算卦之后，也常给别人，甚至主动给人家算卦。算对了，沾沾自喜，可也有错的时候。我弄不明白为什么错、错在哪里。等到几年以后，我读了《周易·系辞》，有人说，这是孔子的学《周易》心得。从中并没有找到他如何指导人们算卦的理论。我们都读过《论语》，那是他的学生们记录他生前的语录。在那里，也找不到孔子关于算卦的说法。"

大盛没有读过《周易·系辞》，只能恭听。

修涞贵道："你知道，孔子在世的时候，距离文王演《周易》的年代是很近的，大约相距五百年吧。为什么孔子能留下那样著名的名言：'五十以学《易》，可以无大过矣'而不去讲占卜呢？连司马迁也说：'孔子晚而喜《易》……读《易》韦编三绝。'就是说孔子反反复复地读《周易》，连穿竹简的皮条绳都断了三回。如果孔子这样刻苦地研读《周易》是为了算卦，他一定要大讲特讲，因为孔子是非常尊崇'周礼'的，'克己复礼'是他一生的政治主张。'复礼'，不就是要复'周礼'吗？要是《周易》是占卜之书，他能不大力推行吗？我们知道，他不但很少算卦，甚至我认为他可能很厌恶算卦，从他从不讲'怪力乱神'的话，就说明了这一点。"

大盛道："有人说孔子是个无神论者，这可能吗？"

修涞贵道："不是可能，而是完全正确，他的确是个具有无神论思想的学者。"

大盛想了想说道："从考古发现看，商代占卜很普遍，有很多的龟甲。"

修涞贵点头："是的。可问题是，商代占卜多，未必周朝占卜就会多。因为周对商是革命是维新。《诗经》中有两句话，很值得注意，它是这样评价殷商与周朝区别的：'周虽旧邦，其命维新。'"

大盛道："考古发现的龟甲，主要是殷商时期，到了周代就很少见了。"

修涞贵道："准确地说，《周易》是一部可以用来占卜的书，请注意这'可以'两个字。但是，它反映的哲理和思想，才是中华民族的瑰宝。20 世纪 70 年代从长沙马王堆的考古发现，写于汉文帝初年的手抄帛书，完全可以证明，孔子是注释过《周易》的。上面还有这样的话：子贡问：'夫子亦信其筮乎？'就是问孔子，你信不信占卜？孔子答道：'我观其德义耳''吾与史巫同途而殊归。'就是说，孔子是看其中的德和义，跟占卜之人看同样的书，但目的和归宿不一样。"

大盛感叹道："不愧为至圣先师，确实有高于常人之处。"

修涞贵道："可悲的是，在两千多年以后的今天，还有那么多的'大师'在课堂上，在电脑前面摇唇鼓舌，大谈特谈占卜的灵验，真是可悲至极。"

大盛道:"别去管他们,还是谈你的见解。"

修涞贵长吁了一口气,似要吐出胸中的块垒:"方才我们说了孔子的态度,还有一点更为重要,司马迁在《史记》里,写到一个事实是,《周易》的六十四卦的爻辞,是周文王被纣王囚在羑里时作的。"

大盛点头:"羑里,在河南。"

修涞贵道:"说到文王以演《周易》,不能不说到中国近代研究历史的一个流派,就是被称为'疑古派'的那帮人。他们出于要中国'全盘西化'的目的,坐在书斋里,就凭着从古书里寻章摘句,就能说,经过考证,传说中治水的大禹不是人,是一条虫子。我们说中国有五千年历史,而他们说商朝才是中国历史的开头,什么三皇五帝,什么夏王朝,都是司马迁等一帮汉代文人编造出来的。一下子把中国历史砍去两千多年。"

大盛:"我一向不关心历史,但是我听说这样的事情,也是一腔愤怒,我想,用'数典忘祖'四个字来形容他们,是再恰当不过了。"

修涞贵道:"为了说明中国一切都不如西方,他们极力抹黑中国传统文化,把《周易》说成是占卜的书,里面没有什么哲学思想,《周易》也不是周文王作的,孔子和《周易》没有任何关系,进而说明中国历史上根本没有哲学。"

大盛道:"我知道,国家用了很长的时间,搞了一个'夏商周断代工程',肯定了夏朝的存在,把中国历史向前推进了一千多年,我想这些什么'疑古派'该闭嘴了吧。"

修涞贵道:"前年,我见到了一位参与其中的科学家。我问他,司马迁写的《史记·夏本纪》里对夏王朝的记述准确吗?他说大致准确。我又问,对商王朝的记述呢?他说基本准确。我又问,司马迁对孔子和《周易》之间关系的记述呢?他说,根据马王堆出土的帛书看,司马迁的记述，完全准确。"

大盛感叹道："真得佩服司马迁，在两千多年以前，就能做到这样。"

修涞贵道："我又问他，那司马迁在《史记》里说，'西伯（周文王）囚羑里而演《周易》'，是不是也是准确的？"

大盛问："他怎么回答？"

修涞贵道："他说，从马王堆出土的帛书《要》里有句话：'文王作，讳而避咎，然后《易》始兴也。'这就可以佐证司马迁的记述是准确的。"

大盛道："想不到围绕《周易》，还有这么多的曲折跟争议。"

修涞贵道："这也可以理解，因为《周易》对于中国人来说太重要了，所以有人就极力诋毁它、抹黑它。"

大盛道："你的推断正是基于'文王囚羑里以演《周易》'这个史实？"

修涞贵道："是的。基于这个史实你就可以想象，作为一个随时都可能丢掉性命的囚徒，周文王的所作所为，以杀人为乐的纣王都会知道得一清二楚。周文王要是想写爻辞，我想，他一定是根据纣王喜欢占卜的迷信心理，得到允许，才能动手。"

大盛："那是完全可能的。好像什么故事里说，纣王把周文王的儿子杀了，做成包子让他吃。"

修涞贵道："事实上，我们都知道，文王是一个很有雄心和韬略的大政治家，可以想象，那个时候，身陷囹圄的文王所最关心的是什么？我敢肯定不会是占卜，不会是问鬼神，而是西歧的安危与发展。在随时随地都会丢掉性命的环境中，他必然要急切地表达他的政治思想和观点。"

大盛抬手拍了下脑门："对呀！借爻辞来传达自己的政治遗嘱，

再披上占卜的外衣，才能让纣王不生疑心，真是一个巧妙办法！"

修涞贵道："所以，我以为《周易》就是文王在被囚禁的时候，用占卜作为掩护，写给西歧周族子孙们的政治遗嘱。"

大盛道："噫——这一定是个新观点吧？"

修涞贵点头道："不少站在唯物主义观点研究《周易》的学者，有近似的看法，甚至有的就隔着一层窗户纸。"

大盛感叹道："就这一层窗户纸，把多少哲人大贤挡在外面三千年。"

修涞贵道："我其实也是'无心插柳'。就是在那年参观羑里的时候，站在'演易台'前，看着成片的蓍草和百夷考的坟墓，你才能揣摩到一个政治家在被囚禁时候的心理。你才会想到，周文王所作的《周易》如此神秘莫测，会不会是在这扑朔迷离的占卜外衣下面，传达某种信息？"

大盛道："于是，你想到了政治遗嘱？"

修涞贵道："是的，正有了这个想法，再回头看六十四卦的爻辞，就觉得是豁然贯通。"

大盛道："验证了你的想法？"

修涞贵道："是的。如果先从六十四卦的第一卦'乾卦'说起，这一卦就是告诫姬发和子弟们，如何才能成王。比如，乾卦的九三爻说：'君子终日乾乾，夕惕若厉，无咎。'这样的高度警惕和自省，正是在那种严酷的环境下，保存和发展自己的最好办法。包括文王自己，不也是'因其时而惕，虽危无咎'，最后得到释放吗？第二卦是'坤卦'，就是告诫辅臣和周族的家属如何为王和百姓服务，他们应当知道'履霜，坚冰至'的严峻形势，而'如履薄冰'。第三卦'屯卦'和后面六十几卦，就是告诉百姓如何休养生息。以及他对天地万物和自然法则的认识和感受，包括许多做人、做事、军事、生产、教育等诸多方面的哲理，有的甚至是规定。我想，他用占卜的形式去表现这些思想，就像古今中外都有人用寓言来解释人生一样，用的都是极其聪明而又隐晦的办法，不然，文王早就得让纣王给'炮烙'了。"

大盛点头："借用占卜的形式，述说西歧生存和求变的哲理，你讲的似乎是有点道理。"

修涞贵道："还要注意，就是《周易·系辞》里有两句话，我觉得非常重要。一句是：'君子所居而安者，易之序也。所乐而玩者，爻之辞也。'翻译过来就是说，做人行为要安分，是《周易》的规矩。高兴时候应当玩的，就是六十四卦的爻辞。接着又说：'君子居观其象，而玩其辞，动则观其变而玩其占'。翻译过来就是说，为了观察事物的现象，可以玩爻辞，为了观察变化，可以玩占卜。这里已经明确地告诉人们，描写事物现象的爻辞和占卜，都是一种'玩'法。所以。古来就有'玩《易》'的说法。如果《周易》要是像商朝时期用烧龟甲一样，来占卜重大军事活动和政治取舍的话，没有谁敢把它当成'玩'的东西。我认为，魏晋时期的王弼所说的'得意忘言'是有道理的。就是通过研究爻与爻之间的关系，去理解其中深层的含义。这是与孔子通过研究'损''益'两卦，发现'满招损，谦受益'如出一辙。"

大盛忽然问道："哎！不对呀，如果说《周易》是周文王的政治遗嘱，那后人也会说明呀，至少孔子该说明吧？"

修涞贵道："这个问题我也想过，似乎用你说的这一个问号就可以推翻我的这些观点。但是，经过一番思索和考虑之后，我还是坚持我的看法。"

大盛想刨根问底："你坚持的理由是什么？"

修涞贵道："我想，既然《周易》是一个寓于卜筮，又隐晦难懂的政治遗嘱，在西歧周族所知其中奥秘之人，一定是少之又少。据说周文王被囚的时间长达七年，有的说是十年，不管具体几年，反正时间很长，在这段时间里，周族的人肯定不会向外透露半字。"

大盛点头："那对，泄露了这个秘密，就等于要了那位还被囚在羑里的'老爷子'的命。"

修涞贵道："我们也应当想到，周文王的继承人，武王姬发也是一个聪明人。也许个中奥秘只有他才知道。他非但不能透露，他还会大力宣扬用六十四卦来占卜，是如何方便、灵验，以进一步掩盖其真实内容。"

大盛点头："这似乎有点道理，聪明人会这样做。"

修涞贵道："如果说，几年间，用六十四卦占卜已经被百姓奉为神明，已经变成了神道设教的思想支柱，武王伐纣成功后，还有必要告诉天下百姓说，这六十四卦只是个政治遗嘱的保护伞吗？"

大盛点头："要说出六十四卦是蒙骗纣王的障眼法，是'老爷子'玩的一道把戏，可能一下子就天下大哗了"

修涞贵："是呀。这也就是从未有人破解出政治遗嘱的主要原因。"

大盛："你说，孔老夫子知不知道其中的奥秘？"

修涞贵道："至少，他已经有所揣测。"

大盛问："何以见得？"

修涞贵道："他不算卦，只求其中的哲理，似懂得其中深意。再一个是从《周易·系辞》中说'作《易》者其有忧患'的话中，也可以看出一点端倪。"

大盛道："他为什么不深究下去？"

修涞贵道："如果说《周易》已经成为一个统驭人们思想的工具，出于维护统治者的利益，他也不会揭开这层面纱。"

大盛道："有道理。那到底是什么时候，中国人把《周易》当成了真正用以占卜的书呢？"

修涞贵道："周初、春秋、战国都有用《周易》占卜的记载。但是，据学者们考证，是自汉武帝时代，'谶纬'盛行，加上一个叫京房的人，创出一套'纳甲''八宫''卦气'等，一代代相传。到了宋代以后，朱熹注释《周易》，邵雍搞出《梅花易数》，把它弄得更加偏离轨道，等到了清代，更是愈演愈烈。当然，朱熹和邵雍也有贡献，据说，太极图就是他们弄出来的。"

大盛还是有些不解："要是《周易》抛开占卜，还能告诉我们什么？"

修涞贵道："它告诉我们的东西太多了，在《周易·系辞》中开宗明义的第一句话就说道：'天尊地卑，乾坤定矣。'这八个字，便成了中国延续了两千多年的'天道观'出发点。"

大盛点头。

修涞贵接着说："《周易·系辞》的第二句话：'卑高以陈，贵贱位矣。'这八个字是说人与人之间的关系，也是中华文化中'人道观'的理论基石。正是有了《周易》天道观和人道观作为支柱，才会有儒、道、墨、阴阳家在历史上的'百家争鸣'，才能撑得起中华民族两千多年的思想大厦。"

大盛问："除了思想理论，在科学艺术方面还能有启示吗？"

修涞贵道："在中国本土，《周易》一直没有被很好地发掘。等到了明末清初，外国传教士进入中国，才发生了一些变化。不论是意大利的利马窦，法国的金尼阁、白晋，还是比利时的柏应理，他们见到了《周易》都是如获至宝，纷纷翻译成自己国家的文字，向本国学者介绍。德国古典哲学大师黑格尔从《周易》中得到启发，发现了著名的正反合辩证逻辑定理。我们都知道，马克思学说继承了黑格尔哲学中的合理内核。不言而喻，那些合理的唯物主义思想内核也不可避免地受了中国《周易》的影响。写过《中国科学技术史》的英国著名科学家李约瑟博士，你知道吗？"

大盛："知道，他娶了一位中国夫人。"

"李约瑟说：'辩证唯物主义渊源于中国，由耶稣会士介绍到西欧。经过马克思主义者们一番科学化，又回到中国。'我相信李约瑟的话，绝不是乱说的。所以这几年有一个说法。说马克思主义源于中国，也不是没有根据。"

大盛："又是一个'墙里开花墙外香'。"

修涞贵道："这是一个让人感到悲哀的事实，而改革开放这么多年，并没有多少改变。随着市场经济的发展和社会竞争越来越激烈，人们越来越关心个人的前途和命运，占卜之风又兴盛起来。令人遗憾的是，这些年勃然兴起的《周易》热，并没有摆脱历史的束缚，依然在算命、占卦中打转。一些出版部门大量发行一些什么'预测大师'的得意之作，那些大师也无不把自己说成是神机妙算，有的甚至说可以预测体育比赛的胜负，至于给你算算啥时发财，啥时当官儿，更是家常便饭……一时间，又是一阵沉渣泛起。"说完，他端起酒杯一仰头，把酒干了。

大盛看出他心中的郁闷，便说道："我认为，你对《周易》的研究已经进入一个层次，我希望你能为改变这种现状，作出一些努力。"

修涞贵点头："面对《周易》这样博大精深的文化遗产，让古今哲人感到困惑的是，至今没有谁把中国哲学的精神及其价值理想，转化成为一种适应现代需要的操作程序，使之落实到现实生活层面。至少，我在这几年的企业管理和市场竞争中，不断地用《周易》的科学思想指导来改变我的思维方式，取得了一些成绩。其实，我正在思考，怎么样把《周易》的传统哲学思想带进企业管理之中，让它变成一个可以用以操作的规则和程序。"

大盛不由得一怔，他用审视的眼光看着修涞贵道："原来，你研究《周易》是醉翁之意不在酒，志在于山水之间呐。修董，以我作为资深经济杂志记者的所知，中国乃至世界的企业管理，只有系统管理和科学管理，还没有谁提出哲学管理的思想，你要是能提出一个哲学管理思想，落实到现实生活层面，运用于实际操作之中，可能……"他沉吟片刻，大概是在寻找恰当的词汇，接着便用坚定的语气说道："可能会是——石破天惊！在中国和世界的企业管理领域，引爆一颗原子弹！"

修涞贵冷静地摆了摆手："未必。"

大盛盯着他问："怎么？你没有信心？"

修涞贵道："不是我没有信心，是因为我根本没想把它宣扬到全国，更没想到把它宣扬到世界上去。"

大盛诧异地："那你想……"

修涞贵道："我只想在自己的企业里推行这个想法，让我的员工都用辩证的观点去看待问题分析问题。至少让我的产业主管和营销主管在决策的时候，能够把握什么叫'过分'，什么叫'不及'。这样，就可以让企业在发展进程中少犯错误，或不犯错误，至少，不犯大的错误。"

大盛道："达者应当兼济天下，你这种想法肯定是太保守了，用《周易》的话说，这就叫'不及'。"

修涞贵摆手道："岂敢枉称'达者'？如果一个想法能够'独善其身'，也就应当满足。今年是 2002 年，也许，今后两三年的发展，能够验证哲学思想在企业管理中的作用，到时候，你可以再来看看。"

大盛道："那是当然。你说《周易》当初不是占卜之书，让我顿开茅塞。我日后也想继续摸索下去，不懂之处，再来请教。"

修涞贵点头："共同切磋。"

大盛又说："本来，我想问的问题，是关于企业的问题。可是，因为那一个条幅，把我们引到了《周易》的讨论上，倒把主题给冲淡了。"

修涞贵摆了摆手："不一定是冲淡，也许我们正在探讨的是经营企业的无价之宝。"

大盛点头道："是，我也觉得大有收获，至少在看待事物的变化和发展方面，有了新的见解。既然这样，我就再问一个人们普遍关心的问题——你说说，算卦到底灵不灵？"

十二　算卦到底灵不灵？

"概率"，灵不灵各占50%。"善为《易》者不占。"

修涞贵笑了："我们就《周易》谈了这么多，就知道你一定会关切这个问题，其实，这才是真正的千古难题。"

大盛说："说得对。据我观察，有绝大多数人认为算卦是'灵'的，只要你心诚。有些卦算得简直就是神乎其神。你说，算卦真的能够预测未来吗？"

修涞贵问："有人说'灵'，甚至神乎其神，难道说个个都灵吗？个个都神吗？"

大盛说："那当然不是，有不少也是拿算卦来骗人的。"

修涞贵道："其实，给这个事情下定义，是需要一个前提的。那就是你到底是'有神论者'，还是'无神论者'？"

大盛说："你要我说实话吗？"

修涞贵点头："当然。"

大盛道："我一生都在困惑，也可以说，我一直是在'有神论'和'无神论'之间徘徊。"

修涞贵道："我想，许多人也都是这样。当然，人人都知道，客观上的鬼和神都是不存在的。基督教说天上有上帝，佛教说西天有极乐世界，道教说天上有玉皇、天兵天将……通过现代科技的发展，人造卫星、航天飞机都能证明，这些都是不存在的。通过勘测地球，人们也都相信，地下也没有十八层地狱。"

大盛点头："是啊，我也纳闷。"

修涞贵接着说道："但是，人们为什么还是要烧香，顶礼，叩拜？因为从严格的意义上说，宗教和信仰，完全是人类共有的一种精神需求。许多年来，我们没有重视人们的精神需求，把宗教和许多民俗活动当成迷信，加以批判，加以贬斥。同时，又无限制地夸大精神力量，以为'人定胜天'，'人有多大胆，地有多大产'……这些年，通过观察、学习、研究，我得出的结论是：人类的精神需求和人类的物质需求同样重要，缺一不可。在许多时候，人们对精神的需求，往往大于对物质的需求，特别是在物质需求已经不难满足的今天。在市场经济的环境下，社会竞争日趋激烈，每个人都在关心个人的前途和命运，所以，想去算卦的人越来越多。据我观察，除了少数人坚信不疑外，绝大多数还是把它当成一种参考。这种参考，其实就是'玩《易》'的心态。'玩《易》'，就是让你别把算卦当成太认真的事情。"

大盛说："你说是'玩'也好，不必认真也好，似乎是在说明算卦没有大用，可你知道不，有些卦算得那可真是神了！"

修涞贵道：《周易》后来被当作一部可用于占卜的书，它本身就规定了一些占卜的规则。只要按照它规定的程序用蓍草、用大钱儿、或说出一个字，都可以'起卦'。然后，再去对照那些与之相关的爻辞，就可以给你说出个吉凶祸福。我看过那位著名作家柯云路写的有关《周易》的书，他也说到了算卦，他说灵。我急着找他说灵的理由，翻开一看，让人大失所望。他说算卦灵，是因为有神明暗中相助。这个观点我绝不同意。"

大盛:"你是彻底的'无神论'者吗?"

修涞贵:"当然不是。"

大盛问:"你既不是'无神论'者,又不承认神的客观存在,那你……是不是也在两者间徘徊?"

修涞贵道:"当年,的确也徘徊过。现在,我是一个知道神在什么地方的'无神论者'。"

大盛端起酒杯,不解地望着他:"这样的话,要不是从你嘴里说出来,我肯定会把它当成奇谈怪论。"

修涞贵道:"请听我的解释。也许,你听完之后,今后也能像我一样,做一个清醒的'有神论'者。"

大盛点头:"我愿恭听高论。"

修涞贵呷了一口酒:"我们都知道,天地山川和万千物质,以及亿万众生的你来我往,组成了一个实实在在的客观世界。如果说只有这一个世界,那就不是一个完整的世界。还有一个属于人们思想意识、素养品德、精神追求的主观世界。这两者之间的相互依存,相互作用,才组成了一个完整的世界。我们大家所共同承认的神,就是在每个人的主观世界里。"

大盛:"你是说,神只是存在于人的脑海里?"

修涞贵道:"不错。每个人都是从宗教传播、小说、戏剧和爷爷、奶奶的故事里了解到神佛和鬼蜮世界,并打下深深烙印的。"

大盛:"这个烙印往往会影响人的一生。"

修涞贵道:"这个烙印同样也在影响着我。但是,当我们用唯物的观点,分清了主观和客观世界以后,才能承认神在精神世界的存在,这也是一个无法改变和否定的客观事实。因为神只是存在于头脑中。所以,你必须知道,任何虔诚都不会得到神外在的帮助。就像历史上那些怀着万分虔诚修建佛窟的人，照样也会被塌方砸死砸伤一样，因为头上的那块石头松动了，并没有神和佛因为你的虔诚和信仰，就会把它固定住，以免死伤。"

大盛点头："你承认精神世界的作用和力量吗？"

修涞贵道："我当然承认精神作用和力量，它可以改变人的理想和信仰以及善恶观念，从而改变人的生命轨迹。它也可能激发人的潜能和创造力……但它绝不是法力无边。"

大盛道："我同意你的看法。那你说算卦，到底是主观意念还是客观行为呢？"

修涞贵道："所以在解释算卦灵不灵的问题之前，我讲了这么多的'有神论'和'无神论'的原因。因为算卦正是主观意念要向客观求证的一个典型例子。"

大盛点头："所有想要算卦的人，都寄希望于冥冥之中能有神灵佑护。"

修涞贵道："因为客观世界既没有神，也没有佛，当然也就不会得到佑护。"

大盛摇了摇头："可你要是说它一点都不灵，也不符合实际情况，因为有的人算的卦确实很准、很灵，这是怎么回事？

修涞贵："正确回答这个问题是这样的——要对未来将要发生的事物作出估计，你不必算卦，每个人都能凭着自己一定的经验作出预测。大致说来，成和败、对和错、输和赢的概率也都是各占50%。也可以说，任何事物发展的前景也只有这两种，这也是那两条代表阴阳的鱼，老早就告诉我们的道理。这也许就是'善为《易》者不占'的理论根据。现实是，好多人都总是记得那些算得灵的，常常被传说得神乎其神。可惜的是，许多人往往忘记那些算得不灵的，咱们都听说过，不少贪官感到不妙的时候，都去求神、问卦，其结果无不是逢凶化吉。可到了最后，还是扛枷戴镣进牢房。"

大盛倾身听着。

修涞贵继续道："我给你举一个破案的例子来说明：比如说，一位老板的私人汽车被盗，他急于想要知道自己的汽车还能不能找回来，便去找人算卦，岂不知，无论算卦先生说可以找到，还是说不能找到，算卦的人都已经赢了你 50%。在这种场合下，多数算卦的先生都会说有贵人相助，准能够找到，以讨你欢心。当然，他还是为了多得赏钱。假如不去算卦，任何人（包括自己）对未来的结果也都可以作出两种推论，一、能找回来；二、找不回来。这两个可能性各占一半。接下来再看，假如偷汽车的贼手段拙劣，留下了一些可供查找的蛛丝马迹，那就可以在找回来的方面增加 10% 的可能性。假如，在破案的过程中，你遇到了一个极其负责任的警探，我看又可以在找回来的方面再增加 15% 的可能性。推论结果：找回的可能性占 75%。找不回的可能性占 25%。"

大盛点头道："是啊！仅此而已，岂有他哉？"

修涞贵道："那说明你已经理解了我讲的话。我说过，在学《周易》之初，刚刚学会占卜的方法，心里总是跃跃欲试，便到处找熟悉的人去算卦，有的算得准了，心中着实高兴一阵，算错了，也只能暗自沮丧。也就是在我为别人占卜兴头正浓的时候，却又看到了古人一句名言：'善为《易》者不占'。"

大盛重复着："'善为《易》者不占'。这句话着实让人深思。"

修涞贵道："原来，自古就有有识之士悟出了学习《周易》的真谛。这句话的意思是，只要你掌握了那两条鱼辩证的运动法则，懂得了'动'与'变'是世界万事、万物的普遍规律，一切事物的发展趋向，便都在你的视野之中，何必再去问卜、问卦、问鬼神？"

大盛恍然大悟似的说道："修董，听你一席话，我弄明白了，占卜、算卦这个行当，之所以能在中国维系几千年，靠的就是事物概率的两个 50% 支撑着。"

修涞贵笑道："用你的话说就是，仅此而已，岂有他哉？"

十三 从"康威"到"修正"的"龙变"

稀里糊涂好几年，修涞贵忽然发现，"康威"不属于自己。

就在 2000 年春，大盛第一次到通化和北京电视台的朋友共同采访修涞贵的时候，企业正酝酿着一场重大的变化。

当时，谁都难以预料，这场变化，给企业会带来什么样的后果。这个变化是由康威商标的注册引起的。按照有关规定，企业名称由地方工商局登记、省工商局备案，而商标必须在国家工商局登记。

1996 年初秋，原来的小药厂经过股份制改造，顺理成章地要变成一个股份有限公司，起个什么名字，几乎全厂的人都表示了极大的关心。诸如宏运、吉祥、广发等一百多个向往平安发展的名字，相继提到厂部候选。修涞贵始终没拿定主意。他希望找到一个能够代表内心深层想法的名字，这个想法就是——喊出去，听起来豁亮，讲起来，有点意义。

那年，奥运会正在汉城（今首尔）举办，在这次奥运会上，中国运动员遭遇滑铁卢，无论是田赛、径赛，还是球类比赛，中国运动员无不落在人后，有人写文章的题目就是《兵败汉城》。看了这一切，修涞贵深感痛心疾首，他认为中国所以"兵败汉城"，是体质太差，威猛不足。

于是，他就选定了一个寓意深长的名字：康威。他希望中国人吃了他的药，治好病，当然最好是不生病，能够既健康又威猛。

于是，康威制药股份有限公司的名字，在地方工商局顺利注册。至于产品商标的名字，他没太在意（也许是那时对商标的认识不足），便注册了一个可以满足大多数股东和员工愿望的名字：红利牌。谁知，就是这个疏忽，让他付出了巨大的代价。

当康威药业的商品在市场上占有一定份额的时候，修涞贵逐渐意识到"商标"这两个字有很大的作用。原来，人们买东西的时候，不光注意是什么厂子生产的，还注意是什么牌子的。牌子，创名牌和创品牌不都得靠牌子吗？这牌子不就是商标吗？

当时，他对"红利牌"的商标觉得不满意，毕竟企业不能只追求利润，有人建议把商标和厂名注册成一个，都叫"康威"多好，既好记，又好叫。

这是个好办法，他马上让人到国家工商局去登记。孰料，结果让人惊讶："康威"这两个字的商标早就有人注册了。注册单位是山东一家药厂，无独有偶，这家药厂的名字也叫康威制药厂。

面对这个现实情况，修涞贵做了全面的思索：省事、省力的办法是继续沿用原来的商标。可是，你康威药业打得广告再多，也只能让人记住厂名。一旦人家借你的广告加一句话：请认准"康威牌"，一下子就夺了你的市场。给人家做嫁衣裳，让人家借力打力，四两拨千斤，是商家大忌。

剩下的办法，就是怎样才能把"康威"这个商标，弄到自己手中。这种事情，既不能抢，也不能夺，只有一条，那就是买，花大价钱买。

他派人到山东进行实地调查，看看这家也叫康威的药厂境况如何，进而探讨一下他们有没有转让商标权的打算。被派人员到了山东，找到了这家制药厂。药厂不大，比当年通化的袖珍药厂大不了多少，只是厂房是新建的而已，康威制药厂的牌子就挂在门前，在周边县市的药店里还能买到他们出产的药品。

当修涞贵得知这家药厂的老板是东北人，便向派去的人讲：找到他们的领导问一下，给他三四百万元，能不能把康威商标卖给咱们？

人们几经辗转，终于在黑龙江找到了这个厂的实际负责人。这位负责人得知来意，既没有点头也没有摇头，而是反问：你们那个康威药厂有多少资产？不就是个把亿吗？卖给我吧。

听听这口气，大得惊人。你想买人家的商标？人家连你的厂子都想买，这话还有法谈吗？

无奈之下，派去的人垂头丧气地回到通化，把情况原原本本向修涞贵做了汇报，这回，修涞贵真的犯了难。

在20世纪90年代末，修涞贵旗下有1.6亿元的资产，这当然不是个小数字。他甚至认为哪怕拿出五千万元，也要把康威这个商标拿到手。

可是，事情的发展还是事与愿违，不管数字大小，也不管人家比袖珍小厂大多少，张口就要吞你，这里有两种可能，一是人家根本就不想卖商标，反过来说要买你的厂子，算是一种"以攻为守"的策略；二是人家的确有这个弯弯"肚子"，就想吞你这个镰刀头。不管是一还是二，反正想买康威商标的想法，算是彻底泡了汤。

一连几天，修涞贵心情烦躁，吃不香，睡不熟，遇事连连发脾气。这里，既有对自己失策的自责，也有找寻解决办法的困惑。

经过几天痛苦的煎熬，他终于作出一个震惊全厂的决定：更换厂名。

此言一出，全厂哗然！

董事会的董事们、监事会的成员们、主管生产和主管营销的领导们，个个都是一脸茫然，有的人甚至公开反对："康威"这个名字已经叫了整整三年，这就像一个孩子，从小起的名字，叫惯了，顺口了，说改就改，这不是胡闹吗？有人说：连续几年的广告，康威药业刚刚被大家认识，那是多少金钱和功夫换来的上亿元的无形资产，说扔就扔了，市场往后还有法做吗？有人的比喻很形象，你就是改个电话号码，得多长时间才能顺溜过来，更不要说一个厂名了，轻易可动不得！

再说，我们是"康威人"，这个称呼叫了好几年。在通化、在市场都已经深入人心。说起这几个字，员工都是拍着胸脯，多自豪！你这一改，"康威人"不是自消自灭了吗？你让员工怎么想？他们泄不泄气？

面对反对的汹涌浪潮，修涞贵只能自艾自怨。由于当初自己对品牌的忽略，致使大家对品牌的重要性，都缺乏足够的认识。都以为现在"康威"的药卖得火，品牌不品牌也无所谓，至少，目前看不出什么危机来，何必大动干戈？

既改厂名，又改品牌？这一切都不能责怪别人，大家对"康威"两个字，有了一定的感情，想要一笔勾销，当然牵动着大家的神经。

当时，主管营销的副总名叫韦兴阳，陕西人，大家都习惯地称他为"韦总"。也许是长年与市场打交道，他对品牌有一定的了解和认识。他经过一番思索，下定了与"康威"两个字割袍断交的决心。在又一次讨论更名的会议上，他最先表示，董事长的意见是对的。现在，要不能及时改弦更张，将来必定给别人做嫁衣裳，会造成更大损失。

所有人都看得出，尽管有那么多的反对意见，修涞贵还在会上让大家讨论更名的事情，看来，董事长决心已定。说到对"康威"两个字的感情，修涞贵的感情比谁都重，这个名字是他当年先提出来的。

三年来，为了在市场上把这个名字叫得更响，他付出了比旁人更多的心血。可是，今天却提出了要舍弃它，要是没有非改不可的理由，他决不会面对众多人等的反对，一意孤行。既如此，许多人不得不把问题转向新的方向——不叫"康威"叫什么？

修涞贵明确答复：叫"修正"。

修正药业？有人念起这个名字，还行，不咬嘴，挺顺溜。有人即刻发言表示坚决反对："修正"就是修正主义，打倒修正主义！喊了多少年？明明是贬义词，怎么能用到厂名上？这样的说法让修涞贵感叹不已。"文化大革命"已经过去多少年了，可它的影响，在一些人心里依然不减。

修涞贵不得不做详细解释：修正不是贬义词，中华人民共和国的宪法就有几次"修正案"。为了防止发射的导弹偏离轨道，还有"修正值"。"文化大革命"喊的口号，有几个是正确的？不应当让它的阴魂继续影响我们。

他不得不强调：我们更改厂名，就是为了"断臂求生"，大家对这一点，要有清醒认识。

断臂求生！

这几个字似乎有着极大的震撼力，所有与会领导好像突然意识到，原来，工厂的发展已经面临严重的危机。一个与人家重复的厂名，买不到手的商标，会让企业不知不觉就滑到死胡同里。大家也许还没有看到这个危险的前景，可是，修涞贵已经感到危机重重了。有人担心：咱们在电视台做的广告，是不是也得重新来？那可是没少花钱呐。

修涞贵说：宁可受损失，也要重新来。我想好了，在打出修正药业时，注上原"康威药业"。估计要损失两千多万，加上无形资产，也得上亿，认了！

又有人问：现在，康威的名气已经不小了，你打修正药业的广告，得打多长时间才能达到今天"康威"的知名度？

修涞贵答道：最长半年，最短三个月。

董事会、监事会最终同意，将厂名更改为"修正药业"。

修涞贵当晚找来厂里几个"秀才"，大家共同挖掘"修正"两个字的内涵。

"秀才"们连夜查字典，翻《辞源》，从修查到正，还真是颇有收获。

原来，"修"字的来源很早。据汉代《风俗通义·祀典》中说：在远古，水神共工的儿子就叫"修"，是掌管道路的神，也称"道神"，又称"祖神"。按现代的说法就是主管道路和旅游之神。他性情温和，为人善良，深受天上人间的喜爱。因而，后人就把"修"字与完美、精进、整治结合在一起。譬如，修身、修养、修德、修理……"正"字应用比较广泛，在中医理论中就经常提到"祛邪扶正"。"邪"，就是病，"正"，就是健康。把"修"和"正"组合到一起，便产生了新意。因为世界上没有永远正确的理论，只有经过不断地"修正"，理论才有生命的力量。

修涞贵抓住了"修正"的根本观点，提出了以"修元正本，造福苍生"这八个字为企业核心理念。以"修德正心，开创无限"为企业精神。

与此同时，修正药业在国家工商局及时注册了"修正牌"商标。

标识还是那两把斧子。

2000年6月1日，一份《修正药业报》的内部刊物正式创刊。

在创刊号的头版头条，全文刊登了修涞贵于2000年5月26日在集团公司更名大会上的讲话。他在大会上说：经过董事会和集团公司领导长期酝酿，慎重研究，广泛征求意见，决定将康威药业集团公司更名为修正药业集团公司。

与会员工一阵愕然。

修涞贵接着说道：听到这个决定大家可能感到意外。我希望大家能够懂得这样一个道理，世界上的一切事物都是在变化的。变，是永恒的，不变是暂时的。我们原来的厂名就变过很多次，从通化工业研究所制药厂，变为通化康威制药厂，后来改为通化康威制药有限公司，又改为吉林康威集团股份有限公司。

同志们都有亲身感受，我们每改一次名称，就是表明我们的企业进入了一个新的阶段。每改一次名称，我们的企业就经历一次蜕变……

同志们：市场是无情的，是不以人们的意志为转移的。我们修正药业就是要不断地创新求变，以适应时代的变化和市场的需求。

有人注意到，修涞贵在讲话时，语气沉重。显然，他对跟随大家长达三年之久的"康威"两个字，心中有说不出的眷恋。

从此，人们在电视广告中，在市场上发现了一个出人意料的名字：修正药业。人们对它的接受，最先出于惊愕。

"修正"两个字怎么也能当厂名用？

为什么不能？

没有人能提出反对的理由，只是觉得有点意外。因为意外，才让更多的人能够记得住它。

修正药业的广告仅仅打出不到三个月，其知名度，就远远超过打了近两年广告的"康威"。

大盛是在采访企业的副总王志广的时候，了解到这一情况的。

原来，修正药业在成长过程中还有这样一段痛苦的经历。王志广就是当年经历从"康威"到"修正"变革的企业领导之一。王副总为大盛找来了当年的《修正药业报》创刊号的报纸。

大盛看到在第二版有修涞贵的一篇文章——《关于品牌经营的思考》。

文章说：成功的企业大都拥有成功的品牌，成功的品牌要靠不断地积累。因此我们要明确地树立修正"百年品牌"的意识和观念……

品牌就是企业的无形资产，一旦打响了，获得市场的广泛认同，建设"百年修正"就有了坚实的基础。

这是一篇写于 2000 年 6 月的文章，距今已经有五六个年头。从那时的字里行间可以看出，修涞贵当时对企业品牌的认识是超前的，准确的。结合从"康威"到"修正"的演变经历，也可以认为，这篇文章是修涞贵对品牌认识的一个反思。

大盛了解到，几年过去了，大多数修正员工对当年的"康威"已经淡忘了。一些人只知道这个企业从前曾经叫过那个名字。至于为什么改成"修正"，更没有多少人说得清楚，反正大家都感到"修正"比"康威"要强得多，好得多。

但是，许多人还是对修涞贵当年力排众议，果断舍弃"康威"改为"修正"的智慧和勇气大加赞赏。有人说，要不变成"修正"，当年打的那些广告都是给人家打的，企业肯定到不了今天。

大盛想起一句叫"蝮蛇一螫手，壮士即解腕"的古话。

修涞贵是一个壮士。

还是在 2000 年年底，这个时候距离用"修正"替代"康威"仅仅半年的时间，以"修正牌"为商标的药品——斯达舒，迅速占领全国的胃药市场，修正药业全年的营销收入达到了十二个亿！

大盛的手里有不少数据，其中就有全国百强制药企业的排行榜。1999 年（兔年）那个时候还叫"康威"药业，它在全国排行是 40 几名，而到了第二年，也就是由康威变成修正的第一年，它的名次就上升到了第九名。名正言顺地步入了全国十大制药企业的行列。

从摈弃"康威"到更名为"修正"，修正药业集团的确发生了"龙变"!

也许是出于好奇，大盛很想知道山东的那家"康威药业"怎么样了。

问了几个人，都说不清楚，这些年，没有人再关心它，也许依然在卖"康威牌"的药品吧。

十四 "三感一心"是什么？

是谜语？还是口诀？

在集团公司副总裁王志广的办公室，大盛看到一条挂在墙上的标语："做有'三感一心'的修正人"。

这条标语不光是在这间办公室，在通化、在长春，凡是修正药业的办公室里，都能看到这样一条标语，大盛一直没有在意，企业里有些东西，外人常常看不懂，也摸不透。

直到王副总裁说出，"三感一心"是修正人的一个重要标志这句话，大盛才觉得"三感一心"这四个字里，可能大有文章。

"请问这个'三感一心'到底是什么意思？"大盛试探着问道，那感觉就像要揭开一条谜语似的。

王副总裁略作思索答道：要想说清"三感一心"，应当从自身说起。

王志广四十出头，举止沉稳，谈吐儒雅，人长得也很帅气，是中国制药行业中颇有名气的管理专家。在国家创新基金评审的专家组里，他的态度也有举足轻重的分量。他当过兵，在恢复高考后，考入东北师大本科。毕业后，长期从事医药研究和制药工业的管理工作。他的父亲、哥哥都是省厅级干部，是名副其实的干部子弟。可是，在他身上看不出一点自傲和跋扈，有的只是平易近人的和气和刻苦敬业的精神。

在大盛看来，不论是家庭环境、学历出身、处事风格乃至生活经历，他与修涞贵都有极大的反差。可偏偏就是这样两个来自不同社会层面的人，从相识到合作，一次次成功地撞击出耀眼的火花。

那是1996年的春天，在吉林省一个研究所工作了十多个年头的王志广，被改革开放的汹涌大潮所吸引，他决心扔掉铁饭碗，要找一个能够大展宏图的地方，一展身手。

恰巧，当时的"三株药业"已经火遍了全国，正在收编几个大型药厂，苦于缺少管理人员，有人怂恿他去应聘。既然要登山下海，他要完全靠自身能力去拼搏。他以一个普通应聘者的身份来到济南，在"三株"总部面试的时候，他的资历和风度大受赏识，旋即被安排为中级领导，做一个刚被收购药厂的副厂长。

第二年便被调到东北另一家大型药厂担任厂长。这个级别在军事化管理的"三株药业"，那可是副军级领导。

但是，勤于思索的王志广在一年后就发现被上级领导一再推崇的"扩张政策"，几乎要把这个企业拖进死胡同。在他连一个厂子还没整顿好的时候，上级还会有新收购的工厂等待他去接收。接收过来的药厂一个比一个狼狈，有些是早就开不出工资的亏损企业，凭着"三株"的收购就能起死回生，这是高层领导坚信不疑的信念，其实，就是把自己当成了万能的救世主。

看到这样盲目扩张，不光是王志广，连和他在一起疲于奔命的高级财务主管高百顺也看到了危机。但是，他们两个人都有点中国"士"的精神，明知大厦将倾，还在新接收的厂里撑着。直到有一天，"三株"药业这座大厦在轰轰烈烈一番之后，又轰然倒塌，两个人才相继离开。

这次下海,就这样无果而终,让王志广感到心里憋屈。说实在话,在"三株"这两年,不要说当接收大员疲于奔命,连工作的地方也是屁股没等坐稳,就来了调令。"三株"的调令就是军令,今天令到,立即准备,立即出发,片刻不能耽搁。从济南调到北京、从北京调到大连、又从大连调到本溪……一晃,快两年了,几乎成了一个走马灯。自己想要做的药品开发工作一项也没有做,自己想开展的技术创新一项也没搞,不能不让人大失所望。

这时,听一个朋友讲,听说在通化的山沟里,有一个叫修涞贵的人,办起一个小药厂,经过几年发展就颇具规模,那里急需高级管理人才。

当年投身"三株"是为了找一个能够一展身手的地方,投身其中,有些贸然,事事无成。

这次,王志广要带着冷静的头脑,进行一番观察,再做定夺。

为此,他专程来到通化。

当时,修涞贵实施的工厂易地改造正在进行,办公和厂区大楼刚刚盖成。在尚未平整的院子里,他见到了正在指挥工人拉土垫厂院的修涞贵。

听到王志广自报家门,修涞贵以相见恨晚的热情欢迎他。在办公室里,两个人做了一次促膝长谈。在交谈中,王志广对修涞贵对自己的了解感到惊讶。

修涞贵说:"我知道,你在省医药研究所干了十多年,还在'三株'担任过高层领导,是一位管理制药企业的行家,我老早就想见见你。"

初次见面,修涞贵给王志广留下很好的印象,憨厚的笑容、相见恨晚的热情态度,都让他产生了见到知音的感觉。

接下来,修涞贵领着他去看新建起的厂房。厂房和办公大楼是建在山坡上,整个一面山坡削出了四个平台,每个平台建两幢楼房。"这是取'四平八稳'的意思。"修涞贵边说边指着远处的高山说道:"远处的山叫元宝岭,前面流进浑江的河叫金厂河,厂部所在的镇,就叫金厂镇。当年不少人在这条河里淘金,所以得名。"

原来,这里本来就是一个生金出宝的"风水宝地"。

"这里的厂房初建,机器刚刚安装,搞制药设备,我是个外行,你要是能来,我就把这些指挥权全都交给你。"修涞贵语气诚恳地说。

说实在话,这句话对于王志广是最具有吸引力的,这里不就是他应当大展身手的地方吗?

"哪里,董事长做得相当好。"出于谨慎,王志广没有明确表态。

"我要按国际标准来修建厂房,买最先进的机器设备,争取在全省第一个达到 GMP 标准。"说这些话,修涞贵的语气格外坚定。

搞制药的人都知道,GMP 认证,是对药厂建设的最高要求,通过国家监管部门的 GMP 认证,就等于拿到了药品走向国际的通行证。

吉林省那时还没有一家药厂整体通过 GMP 认证。一个药厂要想达到 GMP 认证标准,极为困难。它不仅仅要求生产厂房和车间必须标准化,连机器设备也有严格的标准要求。同时,对员工的知识培训,产品的质量检验,要求也都极为苛刻。

反过来说,一个制药的技术管理人员,要能把一个新建的药厂规范到 GMP 的标准并通过国家认证,既是个人能力的展示,也是人生的一种荣耀。也许就是这个向往吸引了他,王志广爽快答应,他同意来厂工作。

当晚,修涞贵在综合楼宴请王志广,厂部的有关领导都来做陪。酒,一直喝到半夜,才尽欢而散。

隔了几天,王志广带着一个拉杆箱,从长春坐火车又来到通化,出了站台,却没有人接站,这是为什么?昨天临上车之前是打了电话的呀,厂里说好了要派车来接的。直到下车的人都已经走尽,还是没见来接站的人，王志广只好打出租车，直奔工厂。

到了厂里，才发现，院子里挤满了人，原来，今天要搞集团公司成立庆典，相声大师马季带着弟子们前来助兴演出。

修涞贵见到他，喜出望外，听说没人接站，他来了气，立刻把车队队长找来。车队长向王志广连声道歉，说是董事长昨天晚上就吩咐了，今早晨一忙乎，他把这件事给忘了。

大会即将开始，修涞贵把王志广领到主席台就座，并向周边的人介绍：这位就是集团公司主管生产的副总裁。

当天晚上，修涞贵把那个车队队长给撤了。

从此，王志广接手了全场的生产管理和指挥工作。在企业飞速发展的1999年，他一边指挥工人加班加点生产，以满足市场的大量需求，一边根据国家的GMP标准，对企业施行生产工艺和操作程序的改造。

历时一年多的努力，于2000年1月下旬，经过国家有关部门专家历时三天的严格检验，在151个项目的检查中，没有发现关键缺陷，全部合格，修正药业在吉林省首家通过了GMP认证。

"我从第一次与董事长交谈，就被他的诚恳和热情所吸引。"王志广感慨地说，"加之来到企业所承担的任务，都让我感到前所未有的振奋，对董事长的认同，对事业的认同，是修正药业留住人才留住能人的关键所在。所以大家说，要想做一个合格的修正人，先要有对修正药业的'认同感'，这就是'三感一心'的第一条。"

大盛连连点头："您说得有道理，一个民营企业要想留住人才，对董事长、对企业的'认同感'是很关键。"

"在搞GMP改造的时候，我对董事长的聪明和悟性有了进一步的了解。在进行设备和工艺改造的时候，他跟我们一起摸爬滚打。没等到半年的时间，他对所有新型机械设备和工艺流程的认识和理解，已经达到专业水准。等到结束认证，他已经变成了指挥生产和管理现代工艺的行家。"

大盛："他是一个有钻研精神的人。"

王志广用赞叹的口气说："正因为这样，董事长一直直接参与对选料、化验和加工过程的监督，各职能部门和车间小组对生产管理的力度从未松懈，修正的药品的质量合格率，才能近乎达到百分之百，所以修正药业才能在社会上获得广泛的美誉和好评。正是因为有这样的好评，修正的每个员工，都有一种发自内心的'自豪感'。"

大盛点头："自豪感，这是'三感'之二？"

王志广点头："正是因为有了认同感和自豪感，许多修正的员工把终生的归宿都安放到了这里。"

大盛道："这归宿感，是落脚点？"

王志广点头："拿我来说，从1998年到现在，我在修正药业已经工作了七八个年头。这仅仅是开始，我想，我会终生为修正药业全心效力。"

大盛问："你把修正药业当作一生的归宿吗？"

王志广道："正像董事长说的那样，修正药业是感情留人，事业留人。我们要建'百年修正'，只怕我舍此一生也干不完。"

大盛问："一个有了认同感、自豪感、归宿感的修正员工，会怎样对待修正大业呢？"

王志广道："这就是'三感一心'的最后一个字，责任心。我觉得每个有了'三感'的修正员工，都会把修正药业当作生命的一部分，它的兴衰成败和自己一生息息相关，也必然会有一颗强烈的责任心。"

大盛道："我明白了。认同感、自豪感、归宿感和责任心，简称为'三感一心'，它是修正企业文化的核心内涵。"

王志广深有感触地说："说到企业文化，我希望你能找更多的员工谈一谈,可能他们每个人都有深切的感受。"

说到这里,王志广特别推荐了一个人,让大盛一定要和他谈谈。"他叫李中敏,是位大学毕业生,他来到这个企业的原因很有意思。他刚好在长春。"王志广说。

在大厦10楼招待所一个明亮的房间里,大盛见到了他。他很年轻,30岁出头,可以叫他小李。小李一派书生气,说话慢条斯理,待人接物也挺热情。当大盛问起他来到修正药业的过程,他忍不住笑了。

大学毕业后,小李在山东一家制药厂当销售员。干的时间不长,因为有文化,人又聪明,业绩显著,很快就被提拔,成为营销的副主管。

有一次坐火车,正巧和两个"康威"的销售员坐到了一起。同座还有另一家东北大药厂的人。

大家都是搞药品销售的,上了火车能坐到一起,也算是个缘分。大家一起到餐车吃饭,喝酒。几杯下肚,各自说起自己的企业。

那几个大药厂的人,开口就骂自己的老板,心黑手狠,光顾自己捞钱,根本不管他们底下的人累成什么样、能不能挣到钱。李中敏对自己的老板也是牢骚满腹,认为他干工作没魄力,说话磨磨叽叽,像个女人。对待营销是该放手的不放手,正经事儿管不了,平时报销个费用,难死了,别提多抠门儿了。

可是,出乎李中敏意外的是,两个"康威"的销售员和他们不一样,开口就夸赞他们的董事长好,待人宽厚,又有能力,才两年多的工夫,就把一个负债400多万元的袖珍小厂,办成了一个大型企业。将来,这个企业肯定有大发展。

"你们董事长叫什么名字?"李中敏问。

"修涞贵。"

李中敏记住了这个名字。

回到住处,李中敏犯了寻思,搞营销的,长年在外,没有谁不背后骂老板的。怎么"康威"的营销员偏夸他们的老板好呢？待人宽厚，又有能力，这两句话对小李产生了吸引力，这个老板什么样？能不能亲眼见一见？隔了不久恰好有一个要他到东北出差的机会，他顺道拐到通化。

那是1998年冬天。那年秋天，修涞贵正在组建营销市场。当时，关内市场刚刚铺开，还是急需人手。就在这个节骨眼上，李中敏来到了通化，他要亲眼见一见，这个人人都夸的董事长修涞贵先生。

在董事长办公室里，修涞贵听到门卫报告，说有一个从山东来的年轻人要见他，便立马告诉门卫，送他到我的办公室来。

修涞贵是在董事长办公室门外迎接的他。

寒暄过后，李中敏谈了自己的想法："我是慕名而来，想要听听你对药品市场销售的看法。"

修涞贵坦诚相告："现在药品营销有几种模式，有的靠广告促销；有的搞大批发，让中间商去卖；我们采取的是第三种办法，把药品卖到药店去，'终端'是我们的目标。"

李中敏所在的药厂搞的是第二种，就是把药转手给中间商，厂方从中赚差价。他曾经向领导建议，把药卖到药店去，领导没同意。

修涞贵的做法，与自己想的竟然不谋而合。李中敏心中暗喜，他当即提出要求，要在修涞贵麾下当一名销售员。

修涞贵也看得出，李中敏是一个有头脑的年轻人，也是他要大力网罗的人才。两个人一拍即合。

良禽择木而栖，李中敏在人生道路上作出了重要抉择。

最初，他被派到山东的时候，是做一名最基层的销售员，继而被提升为"地总"，当大盛见到他的时候，他已经成为山东省的"省总"。几年间，他的年收入已经接近百万。

当大盛问他，这几年从销售员到"地总"再到"省总"的经历感受时，李中敏笑着说："从走进这个门槛，不论是当什么，都是越来越看好，感觉是一天比一天好。"

有人还记得，在2000年7月，就在修涞贵提出修正员工要有"三感一心"不久，已经在山东担任"省总"的李中敏，在《修正药业报》发表一篇文章，题目是：《"三感一心"之管见》。

他在文章中首先提出，在修正全体员工中进行"三感一心"教育，有非常重要的现实意义。是为搞好修正员工的队伍建设，提出了具体的目标和要求，必须认真学习努力贯彻……

他在文章中批评有些人有"打工仔"思想，抱着干一天混一天的"混日子"思想。

他认为，只有破除这两种思想，"三感一心"才能在每个员工的感情和行动中建立起来，到那个时候，你就能骄傲地说："我是修正人！"文章生动、简洁，体现了一个员工对企业的忠诚。

要结束谈话的时候，李中敏说到了董事长修涞贵对他的关爱和培养。在他工作遇到困难的时候，董事长多次到山东来，和他促膝谈心，手把手地教他怎样开展工作。

在山东，董事长亲自召开过山东的营销人员大会。在会上，董事长号召大家"相信李总，支持李总"，这种鼎力支持，让山东的销售额连连翻番。

每说起这些，李中敏总是有些激动，他说："要建'百年修正'，我这辈子干不完，还有我的儿子、孙子，我李家世世代代要为修正大业出力！"

在采访中，大盛还遇到一个人，他叫刘诗财，在辽宁担任"省总"。

他说："我是个汽车司机，只会开车，从来没接触过营销这个行当。1998年来到这里，一切从零开始。是董事长把我领到市场，一个步骤一个步骤地教我，怎么进药店，怎么和经理打交道，怎么和营业员交朋友……有了困难，他总是风尘仆仆地赶来，帮你解决……"

大盛问他，你对这个企业认同吗？

刘诗财笑着回答："这是我和董事长有缘分，才能进修正。我跟修正，就是生死与共了。"

大盛还采访了一位叫张宏深的"省总"。

张宏深说："每年春节过后的正月初七，不论是家在外地还是通化的，凡是'地总'以上的营销人员，都要赶来通化，参加一年一度的'修正营销大会'。千余人欢聚一堂。开会前，董事长带领我们举行升国旗仪式，在大礼堂里听他讲市场变化，总结去年的经验，研究今年的新策略。他带头表演文艺节目，亲自给大家颁奖，和我们促膝谈心，大家同吃一顿团圆饭……让我感到，修正就是一个团结友爱的大家庭。人人都有一种'自豪感'和'归宿感'。每年开完营销大会，我们都急忙赶回自己的市场。个个铆足了劲，要大干一场。这一年要是干不好，明年过年，真是没脸回来见董事长……"

大盛觉得，他已经找到了修正药业飞速发展的真实原因。

十五　修正企业文化＝"修涞贵文化"

最终，他承认了，但有点羞羞答答。

在与企业几位领导交谈中，大盛不时听到他们谈到一个人，就是集团常务副总裁李竹生。说此人是修正药业最年轻、最有学问的领导。

大盛来通化几次，都没见到他。

原来，他不光是常务副总裁，还兼任"高新"制药的总经理、"新药"公司的总经理，忙两个公司的业务。整年整月在外面奔波，所以难得一见。

这一次，总算"堵"着了他。

身挑重担的李竹生年近不惑，看上去比实际年龄更年轻些。他是浙江人，中等身材，面容清秀，戴着细边眼镜，一副学者模样。

听他讲着一大串学历，大盛暗自给他下了一个结论——书呆子。

让大盛产生这样想法不是没有根据的。

1982—1986 年，李竹生在北京大学哲学系读书，得到的是学士学位；1994—1997 年，他在上海复旦大学法律系读硕士；1999 年来到修正药业，担任副总裁。一年之后，他向修涞贵提出，他要到复旦大学经济系去读博士。当然，这对修涞贵来说并非好事，可是李竹生去意坚决，甚至甘愿放弃修涞贵让他带薪读书的优厚待遇，又回到上海，坐到课堂里。

修涞贵一向重视有学问的人，尽管李竹生学的哲学知识和法律知识，在企业里用处不大。那个时候，修涞贵不懂营销，也没有管理企业的经验。但是，经他手签订和审定的合同，都是天衣无缝。这不能不让人佩服他的学问根底。通过一年的接触，他认为李竹生为人机敏，但却很耿直，对于不认同的事情他从不苟同。甚至连文件、报告、讲话稿、报纸上的错别字，用词不当和标点符号的错误他都不肯放过。也常常为一个词语的用法和人家争论不休。有的员工背后叫他"纠错总裁"。尽管这样，他毕竟是企业的高层领导，年薪也不低，可他偏偏要放弃这一切，再去上学，那大盛认为他是"书呆子"，有什么错？

可是，修涞贵却善解人意。并对李竹生的作为油生敬意，他知道李竹生要去上学，是有其深意的。经过在企业一年来的实践，李竹生已经意识到他学到的哲学和法律，在企业难有大的作为，他攻读经济学，是想带着一年多的企业实践，到课堂上、到书本里去寻找契合点。

尽管想得通，也最终同意了他的要求。可是，在送走李竹生那天晚上，修涞贵心中还是觉得怅然若失。他独自坐在屋中想了很久。他几次责问自己，是不是自己哪里做得不对，委屈了这个有学问的人？想来想去，自己虽无大错，但是，论年龄，比他大十来岁，论身份，毕竟自己是企业一把手，没能让他把学到的知识和企业实践相结合，还是自己做得不好。

转眼两个月过去了，到了2000年年底，修涞贵到江苏检查工作，工作一结束，他独自一人到了上海。

他知道李竹生住在徐家汇，便在他家附近找了一个小旅店住了下来。

傍晚，李竹生下课刚回到家里，修涞贵给他打了个电话。

听说董事长就住在附近，李竹生非常惊讶，他连忙跑了过去。

两人一见面，除了寒暄天气，半晌没说出话来。

其实，两个人都有话要说，这一时还真不知从何说起了。终于，还是修涞贵先开了口，问他学习怎样？环境怎样？吃不吃力？

李竹生也问起企业状况，几位领导的身体和工作情况……

因为董事长的到来，完全出乎意外，李竹生的情绪有些激动，倒是他先谈到由于自己缺乏经验，这一年来，有很多工作没有做好，给企业添了不少麻烦。这反倒让修涞贵感到有些意外。

修涞贵诚恳地对他说："是我没带好自己的小兄弟，责任在我。这次我来就是问你什么时候毕业？"

"还有三年。"李竹生答道。

修涞贵道："那我就和你定一个'三年之约'。"

"三年之约？"

修涞贵点头道："就是你三年毕业后，再回到修正来。"

几句话，道出了修涞贵待人的诚意。

李竹生被感动了，他用诚恳的语气说道："如果董事长不嫌弃，三年毕业后，我如期回到修正。"

这是一个没有牛皮合同的"君子之约"。

在余下的几年时光里，李竹生学习更加刻苦。他觉得，必须尽快地提高自己的实战水平，不然无法面对修涞贵的厚望。为了进一步历练自己，他在几家约请他去担任要职的公司里，选择了一家医药公司去担任总经理。他要在这家企业检验和实践自己的操作能力。

2003 年 5 月，正是"非典"肆虐的时候，李竹生以优异成绩从复旦大学经济系毕业，并且获取了博士学位。在他离开学校的时候，同时辞掉了那家公司总经理的职务，转道沈阳来到通化。

修涞贵亲自到火车站迎接他。

李竹生实践了"三年之约"。

修涞贵在欢迎会上，委任他为修正药业集团公司的常务副总裁。

修涞贵履行了"三年之约"。

两个男人，用人间的诚实和信任，兑现着一个没有签字、没有画押的"三年之约"。

如果说，"士隔三日，当刮目相看"，李竹生一别三年，更应另眼相看。

李竹生大变样了。

他再不是对市场、对营销一窍不通的门外汉，而是一个对全国医药市场了如指掌的营销专家。他先大刀阔斧地整顿了几年来业绩平平的"新药"公司。接着又担任了"高新"制药的总经理。在两条战线上，他指挥着近千名营销人员，在全国各地开展了促销攻势，仅用了不到一年的时间，就扭转了销量下滑的局面。从持平，到盈利，两个单位双翼齐飞，创造了突出的营销业绩。

真是应了那句话，叫"人各有志"。李竹生最大的爱好就是读书，2006年5月，他又考取了武汉大学法学系，又在攻读博士后。这一次，他是一边忙于各种业务，一边学习，过不了几年，修正药业的常务副总裁将由博士后来担任了。

有一天，修涞贵和他打趣说："竹生，我对你有一个发现。"

李竹生有点"丈二和尚摸不着头脑"。

修涞贵笑着说道："我发现，你跟马克思学的学科是一样的。"

李竹生感到惊异，可又一想，他的发现是对的，马克思的确是先学哲学，再学法律，又攻读经济学。

修涞贵道："希望你，在这三个方面都有新的建树。"

是的，一位掌握着哲学、法学、经济学高深学识，又有一定营销经验的常务副总裁，对修正药业的推动力是显而易见的。在他的带领下，企业的各种规章制度得到进一步完善，一批法律文书、合同样本做得更加规范。他成为修正药业与各方客户谈判的首席代表，在创建修正管理模式和企业文化方面，他的作用更为显著。

在大盛又提到企业文化这个老话题的时候，李竹生用自身经历解读了"三感一心"的感人至深的内涵。同样，也是根据他自身的体验，他又提出了新的见解，他认为："修正药业的企业文化，其实就是修涞贵文化。"

这话颇有道理，这句话也提醒了大盛。研究一个企业的企业文化，最先要研究这个企业的董事长。

与王志广、李竹生交谈后，大盛想起一句古话，大意是说，天下熙熙，皆为利来，天下攘攘，皆为利往。

有了"三感一心"的修正药业员工，难道就不是为了这个"利"字而来吗？他想要修涞贵明确解释这个问题。

"也是一样。"修涞贵的回答不但明确，而且简洁。

大盛一脸困惑："不都说修正员工有了'三感一心'，就把企业当成自己的家，可以把'利'字扔掉了？"

修涞贵连连摆手："别把修正人都当成不食人间烟火的神仙，没有利，员工怎么养家糊口？怎么发财致富？既不能养家又不能致富，谁还跟着你？"

大盛："既要致富，又要'三感一心'，这里面有没有冲突？"

修涞贵听完这句问话，眯起眼睛看着他："是我没听明白，还是你糊涂了？这里面怎么会有冲突？"

大盛急忙解释："我是说……"

修涞贵打断了他的话："如果我要把修正企业文化创建思路讲给你，也许你会理解这两者之间的关系。"

大盛连忙说道:"这正是我所要听的。"

修涞贵道:"当年,在我开始接手那个袖珍药厂的时候,奋斗的目标只有两个:一、偿还外债;二、给工人开工资。其实这两个目标只是一个愿望,就是能够生存下去。"

大盛点头:"这个目标早已实现。"

修涞贵道:"正是在实现这两个目标之后,心里又有了新的目标,怎么能把企业做得更大些?不光是为了开支,还能让跟着我的员工能够发财致富,当然也包括我自己也能富起来。所以,我开始施行易地改造,成立集团公司,在全国设立营销网络。"

大盛道:"这个目的也已经达到了。"

修涞贵:"通过一年多的销售实践,许多销售人员从销售'斯达舒'的提成里获得利益。到了世纪之交的时候,有的"省总""地总"一年多的可以挣到几十万元,少的也有十几万元。你知道,在那个时候,几十万元、十几万元、甚至上百万元,可不是一个小数。这一下子,不得了啦,有的人说我真的发财了!连做梦也没梦见能挣这么多的钱!"

大盛:"你这个目标也达到了。"

修涞贵:"是的,连我也挣了不少的钱。这个时候又让我想起一个问题,人挣了钱,挣到了很多钱,下一步该干什么?"

大盛:"想不到,有了钱倒茫然了。"

修涞贵:"是的,有点茫然。有人说,你这个时候可以把厂子一卖,拿着钱到美国去当寓公,享受一辈子。"

大盛:"你有这个念头吗?"

修涞贵摇头:"我反问那个人,你觉得那样活着有意思吗?"

大盛点头:"当寓公,就是坐吃等死,是没啥意思。"

修涞贵道:"当有钱的时候,心里一定会高兴一阵子。有了钱,就去吃好的、买好衣服、买房子、留出钱来给儿子……当这一切都过去了，还干什么？再好吃的东西也有吃腻的时候，再好的衣服有几套就够了，不是吗？当我茫然的时候，我就想到，那些挣到钱的"省总""地总"们也同样茫然。"

大盛："小富即安，是中国一种传统心理倾向。"

修涞贵："我心里清楚，克服这种倾向，是我的一个进步。所以，有一天，我终于想通了，我要把未来的目标定在发展二字上，这样我们挣到的钱，就可以用以扩大再生产，继续壮大企业规模。"

大盛："企业壮大了，再挣更多的钱？"

修涞贵摇头："更多的钱，还是要挣，只有这样雪球才可以越滚越大。可这个时候，'企业文化'这四个字启发了我。"

大盛："你是什么时候接触企业文化的？"

修涞贵："20世纪90年代中期，那个时候，仅仅是知道了'企业文化'这个名词。自以为企业文化是企业员工加起来的平均学历。"

大盛："这不奇怪，别说那个时候，就算现在，也未必有几位企业的老总真正懂得什么是企业文化。"

修涞贵道："不管别人懂不懂，我是要弄懂它。到了20世纪90年代末，对企业文化的研讨越来越多，我开始研究，才发现，原来企业文化是企业生命的灵魂。"

大盛："这是对企业文化准确的理解。"

修涞贵："在2000年春节后第一次营销人员大会上，我请我的大哥讲了一堂企业文化课。他把企业文化归纳为三个层次：表层、深层、核心层。他把核心层提到了企业价值观念的高度。这次讲话对全体员工起到了启蒙作用。大家知道了，企业文化对一个企业发展会有这么大的作用。"

大盛点头："这是对企业文化的准确阐述。"

修涞贵："后来，我在企业更名为修正药业之后的一次会议上，向各地的"省总"和厂部的高层领导发出一个提问，我们挣了很多钱，目的是什么？"

大盛问："大家怎么回答？"

修涞贵答："各式各样，有的说，让老婆孩子享福；有的说，显示人生价值；也有的说，钱挣多了，能对社会做更大的贡献。"

大盛："这最后一个说法比较准确。"

修涞贵："是的。也就是在这个会上，我提出了一个观点，我们不管赚多少钱，不论有多少钱，都要努力把企业做大，做大的目的都是为了四个字。"

大盛："哪四个字？"

"'造福苍生'。"

大盛道："这句话便成了企业的理念，也就是核心价值观？"

修涞贵："是的，后来又经过'秀才'的润色，成为了'修元正本，造福苍生'，还有一句是'修德正心，开创无限'。"

大盛："后一句讲的是企业精神。"

修涞贵道："修正药业的经营思想是：生存第一，发展第二；稳健经营，追求永续。"

大盛："这四句话说得好，只有生存才能发展。不过，这前两个环节你都通过了。现在的问题是，如何稳健经营和追求永续的问题了。"

修涞贵："说到这里，我想起一件事情。最近，通化市要修建一条环城高速路，想要在浑江上再建一座大桥，想建一个单塔斜拉式的大桥，全长600多米，一百多根斜拉索，单塔高80多米，市领导找我看了图纸，十分壮观，建筑规模在东北是数一数二的。"

大盛问："找你看图纸？让你给提意见？"

修涞贵道："提意见是一方面，另一方面是想要集资，造一个普通的桥，资金没问题，造一个斜拉桥，还缺钱。"

大盛："我明白了，市领导肯定是问你，是想造一座普通的桥，还是造一座壮观的桥？"

修涞贵道："说对了。"

大盛问："你怎么回答的？"

修涞贵道："我说，不能再造千篇一律老式的桥，城市要进步，肯定要造一座壮观的桥、美丽的桥。"

大盛道："那领导一定会问，资金缺口怎么办？"

修涞贵："是啊，问了。我说，缺多少？领导说，缺一千万元。"

"一千万元？"大盛的惊讶不仅仅表现在脸上，连声音也有点变调。

修涞贵平静地问："你怎么啦？我跟领导说，我父亲修文彬在解放初期，就独自承包，修建过玉皇山下的浑江大桥，一桥飞架，为通化市老百姓造福十几年。不就是缺一千万吗？这也算是子承父业，今天，该轮到我为通化百姓造福了，我拿。"

大盛忽然觉得鼻子发酸，两眼湿润，他激动地抓着修涞贵的手说道："我要是通化的老百姓也要感谢你，不光是为这一千万元，是为你们父一辈、子一辈，为通化百姓造福的精神。"

修涞贵道："我对领导说这个话的时候，我就想，我父亲在天之灵要是有知，会是什么样子？他一定会高兴，自豪，他搞了一辈子土木建筑，全东北最漂亮的大桥，是他的儿子出资修建的。我甚至想到了他那满脸皱纹的笑容。"

大盛依然有些激动："我懂了，这就是你修涞贵要把修正药业想要做大、做强的原因。"

修涞贵依然用平静的口气说："老百姓认为修正的药是好药，纷纷买我们的药，我们拿了老百姓的钱，干什么？这就是企业的价值观念的问题了。"

大盛："你是言行如一的兑现着'造福苍生'的企业理念。"

修涞贵道："我说过，财富来自社会，我一定会回报给社会。如果我不做大，我上哪里拿出一千万元来？"

大盛道："我想，懂得了这个企业为什么要做大的理由，修正的员工更会对企业的未来发展目标充满信心。"

修涞贵："是的，我们批驳了'小富即安'的思想，提出了创建'百年修正'的目标，企业的凝聚力，员工的向心力，都得到极大的加强。这是企业这些年来，一直保持强劲发展势头的关键所在。"

大盛："不少企业，把企业文化当成可有可无，甚至不屑一顾。"

修涞贵道："猪往前拱，鸡往后蹬，各有各的活法。"

大盛："一天早上，我看见全体员工在举行升国旗仪式，感到很振奋，我也站到队伍中间，想感受一下当一个修正员工的感觉。"

修涞贵："每周一早晨，要举行升旗仪式，那旗帜中，有国旗，也有企业的旗帜，这是我们多年来一直坚持做的。每年春节，员工回来参加营销大会，也是我们的传统，那时，开大会前的第一个项目，就是全体参加升旗仪式。"

大盛赞叹道："不能小看这个仪式，站到队伍之中，听着激昂的国歌，看着冉冉升起的旗帜，的确感受到一种昂扬向上的气势。"

修涞贵："每个站在队列中的人，自然会萌发出'认同感'、'自豪感'和'归宿感'。"

大盛："修董，我有一个问题弄不懂，我在修正挺长时间了，有一个现象，我不知道为什么？"

"什么现象？"

大盛："在修正药业的任何地方，不论是车间、办公室还是宿舍，也不论是节假日，还是午间、晚间休息，我看不到打麻将的员工，也看不到打扑克的员工。这是为什么？是有明文禁令吗？"

修涞贵摇头："没有，从来没有。"

大盛疑惑地问："这是为什么？"

修涞贵用肯定的语气说道："上行下效。"

大盛问："你们当领导的从来都不玩？打个小麻将，甩甩扑克？"

修涞贵道："是我自己不玩。不是不想玩，是没时间。我真是羡慕那些退休的老人，什么都不想，坐在小区花园里晒太阳，下下棋，聊聊天。可我现在没那个福分，我每天至少有 14 个小时在工作。"

大盛摇头："一个有钱的人，何必那么累？"

修涞贵摇头："你想错了，我不是有钱的人。销售盈利的钱，都在企业里流动着。我常常是身无分文。"

大盛感慨地说："至少，可以不这么累吧。"

修涞贵："干企业的，干得大了，就像骑上了老虎背，只能一个劲地朝前跑，停也停不住，下也下不来。"他叹了口气道："按工作量来说，在销售旺季，我至少要每天工作 14 到 16 个小时，才能全方位地指挥全国的市场。"

大盛："可以让你的助手多干一些嘛。"

修涞贵道："幸亏有他们协助和分担，可要是到了销售旺季，他们每天也得工作至少 12 个小时。许多副总的手机话费都是四五千元，有的甚至上万元。你想想这是多大的工作量？"

大盛："修正的企业文化里，看来是没有玩的内容了。"

修涞贵："不是有没有玩的内容，而是没有玩的时间。就拿普通的生产工人来说，每到旺季，车间生产忙不过来，都是两班倒、三班倒。你下班了，可能宿舍里有人在睡觉，况且你自己也得抓紧时间休息，哪有玩的心思？"

大盛问："这些年，你确实感到企业文化带来的效果了吗？"

修涞贵："这是显而易见的事情。我在讲企业文化的时候，提出一个'三律'的观点。"

大盛："我在修正听到不少新词汇，而且都是你们所独创的、独有的。外人听了都是一头雾水。"

修涞贵："这不奇怪，不进那家门儿，不认那家人儿嘛。"

大盛："这'三律'是指什么？"

修涞贵："'三律'就是修正的员工必须'自律'、必须执行'纪律'、必须遵守'法律'。像你说的，在修正药业看不到打麻将的、打扑克的，更不要说是赌博了。我说过，企业没有明令说过不准，这完全是出于员工的'自律'。"

大盛："这都是你以身作则的结果。"

修涞贵摇头道："此言差矣。一个企业的文化现象生成后，它就会产生一种惯性的推动力量。久而久之，人们逐渐习惯了它，适应了它，就会自然地按部就班去做。所以，无须督促也无须谁去带头。"

大盛："我很奇怪，也让我纳闷，为什么你回答问题的答案，总是和我想象的不大一样。"

修涞贵："这有什么奇怪的？你的思维还是在机关里、书斋里，我的思维是在企业里。"

大盛："那好，我也把思维放到企业里，我想问你，一个企业真正的企业文化，可不可以说，就是'董事长文化'？"

修涞贵："你怎么能这样想？什么叫真正的企业文化？"

大盛："说实在的，我采访过许多企业的董事长和老总，也都谈过企业文化，我觉得他们其中一大部分人，谈的都是'伪文化'。"

修涞贵："何以称伪？"

大盛："这几年，大大小小的企业为了表现自己'有文化'，纷纷装扮自己的企业文化。但是，我发现，这些企业的企业文化，都是文人'秀才'编出来的。上海有一个很大的公司，它的董事长为了表现企业'有文化'，一见面，就送给我一套装订精美的 150 多万字的关于企业文化的书。"

"150 万字？写一个企业的企业文化？"修涞贵感到惊讶。

大盛："是，150 万字，整整五大本！可我和他一谈话，发现他回答的东西和企业文化都是风马牛不相及。比如说，原来企业的员工平均只有高中二年级的文化，经过他的努力和培训，包括进修，现在已经达到大学二年级的水平了。还有，他组建了文艺宣传队，演出了几百场……

修涞贵道："原来他是在说知识结构和文艺活动。"

大盛："后来我才知道，原来，这五大本书，是他花钱雇了七八个文人，用了两年时间给他写出来的。"

修涞贵："董事长本人看过吗？"

大盛："我想他肯定没看过，不然，怎么能跟我胡扯。你说说，这不是'伪文化'是什么？"

修涞贵叹息道："真是难为这些文人了，能把一个单位的企业文化写出 150 多万字来，这得胡编乱造到什么程度？"

大盛："对呀！我看，修正药业的企业文化落实到实际当中，也不过是一百多个字。"

修涞贵："足矣。"

大盛："所以，我刚来到修正药业一直感到奇怪，我们谈了那么长时间，你也没谈企业文化方面的问题，我暗自以为，修正的企业文化还没创建起来，或是正在创建之中。"

修涞贵问："企业文化是可以谈论的吗？"

大盛哑了哑嘴："没错，严格地说，一个企业的企业文化是谈不清楚的。"

修涞贵："文化是一种氛围，是一种习惯，是一种环境，你怎么说得清楚？我们正是创造了这样一个条件，让修正的员工就在这样的氛围中工作，从严格的生产规程、'三律'的自我约束，到'三感一心'的口号，人人整天忙于工作……这一切都变成了修正员工的一种习惯，变成了一种环境，变成了员工的一种生活方式。除了这些，你还要求什么？"

大盛："用你的话说——足矣。"

修涞贵："也许用一个比方，能形象一点。青藏高原是黄河、长江的源头。在它没有汇集的时候，水是散乱的，无序的。一旦汇聚在一起，就会是汹涌澎湃奔流向前，是难以逆转的。企业文化就是这样，一旦形成，几千、几万人的习惯势力，就是一股洪流，也是无法逆转的。"

大盛："是的，哪怕是新来的员工，不管你是什么心态，就算你再愿意打麻将，再愿意玩扑克，一旦涉进这条洪流，你也玩不成，因为你找不到伙伴。"

修涞贵："一个企业的企业文化的形成是渐进的、缓慢的。一个代表蓬勃向上精神的企业文化一旦形成，就会产生不可小视的力量。"

大盛："我感到，修正的企业文化和你的性格极其相像，甚至可以说是你的缩影，所以我说，修正的企业文化就是你——'修涞贵文化'。"

修涞贵："我从没这样想过，你这么一说，我觉得也有道理。我创建了这个企业，它就像我的孩子，当然我要它按照我的意愿去发展。这也可以说修正的企业文化是一个'修涞贵文化'吧。"

大盛："企业文化形成后，虽然不可逆转，但是，它可以被腐蚀、被污染，以至于变形，甚至归于毁灭。你想过吗？"

修涞贵："想过，唯一的办法就是防微杜渐。"

大盛："这话说来容易，具体该怎么做呢？"

修涞贵："有一天，我和几位老总在厂区里'溜达'，发现办公大楼的墙角，有谁扔了一个垃圾袋。'这太不像话！'有人要把它捡走。我说，别动，再看几天后会是什么样子？"

大盛："看到了吗？"

修涞贵道："大家都看到了，那里扔的垃圾更多了，再下去，墙角就变成垃圾站了。"

大盛："怎么办呢？"

修涞贵："一天，企业的中层干部开完会，我把大家领到那个墙角，王志广说前几天看到的是一个垃圾袋，现在，眼看变成垃圾站了。大家看到的是一个垃圾逐渐增多的现象。"

大盛插嘴道："想的是其中的道理。"

修涞贵："是的。每个在场的人，都懂得的一个道理，这就是一个腐蚀和演变的过程。再好的地方，再好的企业，要是不能及时捡走第一袋垃圾，也会慢慢变成垃圾站，甚至是垃圾场。"

大盛道："我明白了，你所说的捡走第一袋垃圾，就是制止企业由盛转衰的防微杜渐。"

谈话快结束的时候，修涞贵建议大盛到山里转一转，那里有修正药业的中草药栽培基地，再吃顿农家饭。

大盛点头。

第二天一早，一辆车子来接他。大盛到车上一看，同行的是两位女同志。年纪大一点的自我介绍："我叫高芦，这位是医药报的记者，小王。"遇到了同行，大盛很高兴。高芦这个名字他也听到过，她是修正药业的总工程师，一位医药专家。

原来，位于长白山的通化市，被国家定为"北药基地"，这位记者就是来采访"基地"建设情况的。

越野车先是沿着国道奔驰，接着转入一条山路，山路蜿蜒，越走越高，接着又是下坡，走了一个多小时，停到一个山坡下。

高芦第一个下了车，几个人跟着她站在路旁，向山坡上望去。面前是一望无际的绿色。一种半尺多高、枝叶翠绿的草本植物，在风中轻轻摇曳。高芦介绍道，这里就是修正集团的 GAP 中药材示范基地，眼前的这种植物是东北特有的地道药材，名叫"返魂草"。

"返魂草"？这个名字好奇特。按照中国民间说法，人一死，灵魂就要出窍。要是能让灵魂再返回来，人就可以复生。

大盛问："它能让人把魂返回来吗？"

高芦笑着说道："当然不能，这只是民间传说而已。但是，经过化验和研究，发现'返魂草'具有很强的抗菌作用，对治疗肺炎、肺病和哮喘，疗效很突出。是修正药业研制的独家产品'返魂草冲剂'的主要原料。这个药的原名叫'肺宁颗粒'。由于在制作过程中使用高科技的提取技术，一包药用水一冲，全部溶化掉，一点残渣都没有。"

大盛忽然感到有印象，他一时想不起在哪里见过这种原名叫"肺宁颗粒"的"返魂草颗粒"。

"是不是大盒，绿色的，字儿是斜的？里面装着好几包？"大盛问。

高芦道："对呀，你吃过吗？"

大盛摇头："我家老太太买过，吃了说好，也说是一点渣子都没有。"

小王也插嘴道："这个药市场销路很好，我还吃过呢，感冒了，吃一粒'可泰舒'，再喝一包"返魂草颗粒"，立马就好。"

高芦说，"返魂草"的生长条件很特殊，主要分布在长白山海拔500 米—900 米的山沟里、湿草甸子里。生长地域狭小，长期供不应求。董事长召集技术中心开了几次会，决定要下大力气解决"返魂草"的人工大面积栽培问题。现在的"育苗定植"和"野生家植"的成活率已达到百分之百。她还说，为了从根本上保证药品的质量，修正药业计划再投资 5000 万元，建一个年产中药材 5000 吨、产值过亿元的吉林省最大的中药材示范基地。

眼看到了中午，高芦领着几个人走进一个农家院里。这一家是"返魂草"的栽培户，每年秋天，高芦都带着人到这一带来收购"返魂草"。她跟这些农户都非常熟悉。也许是早已经知道他们要来，刚坐到桌前，两个大炖菜就端了上来。一个是"小鸡炖蘑菇"，另一个是"鲇鱼炖茄子"。

"小鸡炖蘑菇"是东北名菜，大盛在饭店吃过，可从未吃过这么香的鸡肉，这么嫩的蘑菇。至于"鲇鱼炖茄子"是他平生第一次吃到。

小王也是一边吃一边喊好吃，两个斯斯文文的记者，都露出了饕餮相。两盆菜吃了大半，大盛有点不好意思，连说"露怯"。

小王倒是不在乎：这有什么？好吃就多吃，你没听说"鲇鱼炖茄子，撑死老爷子"吗？

大盛道："要是有这样的鲇鱼吃，我连熊掌都不想'兼得'了。"

在回来的路上，高芦在车中继续介绍情况。

当然，她主要是对小王说的。小王拿着笔在本子上不停地写着。

高芦说："通化境内土壤肥沃，水量充足，生长着野生经济植物百余科、千余种，是一个得天独厚的中药材宝库。通化作为国家确认的'北药基地'，每年需要供应中药材 100 多个品种 5 万多吨，而目前全市地产药材仅 1.7 万吨，差得多了。除供应本市外，还需远销全国和国外，远远满足不了需求。在认真考察了市场需求和自身条件之后，修正药业将建立 GAP 药材示范基地正式列入了集团重大发展规划，在'十五'期间建成 1100 公顷的 GAP 中药材示范基地，计划从根本上解决集团中药材原料供应问题。"

高芦举止稳重，说话慢声慢语，是个典型的知识分子形象。她说起修正的中草药栽培，可以说是如数家珍，娓娓道来。

大盛对这些情况的介绍不是太感兴趣，也许，他这个时候还在回味那盆鲇鱼的味道。但是，高芦的介绍还是在认真地进行，小王的本子已经记了两篇了。

"其实，早在 1999 年，修正药业就已开始进行中药材种子筛选和种菌培植。我们建立了 60 余亩种子试验田，还跟当地乡镇政府签订了中药材基地协议。以后，集团组建了 GAP 办公室，又以中国农科院特产研究所、吉林农业大学、通化园艺研究所为技术依托，对长白山地道中药材的栽培、育种、土肥、植保等生产管理成型配套技术进行了深入研究。"

小王打断她的话："第三个单位是哪儿？"她的记录没跟上。

高芦立刻放慢了语速说道："是通化园艺研究所。我们跟这三家共同制定了技术操作规程和品种的选育、提纯、复壮的标准，还有农药残留、重金属检测标准。并总结推广了人参、西洋参等农药低残留栽培技术，不仅提高了中药材质量，降低了重金属残留，而且产量也有大幅度提高，像'平贝母'就比传统栽培方式产量提高了 1 倍以上。"

也许是因为吃得太饱，加上车的颠簸，大盛觉得有点昏昏欲睡……

十六　大盛和总编的分歧

> 有学问，未必有眼力。就是有眼不识金镶玉，你能怎么办？

　　从 2000 年夏初，随着北京电视台来通化采访修正药业之后，2002 年大盛又单独来到通化。这一次，他辗转于通化和长春之间，时间将近两周。这次采访，他和修涞贵进行了多次长谈，他们谈到了企业的发展过程——从袖珍药厂到康威药业，再到修正药业的成长历程……

　　当然还有他采访王志广、李中敏等人，弄通了像谜语似的"三感一心""三律"等修正药业所独有的企业语言……还有企业和企业文化的关系……

　　其中，让大盛感到受益最大的事情，要算是和修涞贵探讨《周易》的那两次谈话。

　　正因为得知《周易》是唯物主义的，所以大盛暗下决心，回到北京，他要认真地读一读《周易》这本书。

　　要是按照修涞贵的观点，谁要是把《周易》说成是朴素的唯物主义，都有贬低古人之嫌。这个观点，尽管当面没有直接反驳，但大盛心里一直不敢苟同，一切等他学明白了再说。可以说，大盛带着满脑袋的想法，算是兴冲冲地回到了北京。

杂志社一切还是老样子，编辑们为下一期稿件在忙碌着。大家看见他，热情地打着招呼，有人问他半个来月在山沟里的收获，他拍了拍脑袋："都装满了。"

总编办公室的门半开着，这是总编在办公的信息。他轻敲了下门，听到应声，大盛便推门走了进去。

总编姓冯，五十岁开外，平素两人关系不错，常以兄弟相称。作为老弟，大盛一切都听冯总的。

总编正在看一份稿件，不用抬头，他就知道走进来的是谁。

大盛等了片刻，总编放下稿件，抬眼看了看他："在山里吃不到海味，山珍没少吃吧？"

大盛撇了撇嘴："这次是吃得最普通的一回。"说着，他突然压低了声音说，"喝到好酒了。"

冯总抬眼看着他："好酒？山里自己酿的？"

大盛神秘地："茅台，散装茅台，比瓶装的好多了。"

冯总好喝酒，可就是对酒的好坏从不挑剔，什么酒在他嘴里都是辣的。

"别说酒啦，说说收获如何？"

大盛拍了拍脑袋："收获不小。"

冯总点头："能发连载吗？"

大盛信心十足："没问题。"

"说说提纲。"

大盛兴冲冲地从袖珍药厂说起，再说到康威药业，说到断臂求生，改名为修正药业……

冯总忽然抬起两手，做了一个"暂停"的手势。

大盛急忙住口。

冯总用手轻轻敲着桌面："你走了以后，我叫他们查了查其他经济刊物上对修正药业的报道，我看，大致也就是你说的这些内容，你再写，内容也是重复，有什么意思？谁还愿意看？"

没想到，冯总给他兜头泼了一盆冷水。

大盛认为冯总一定是误解了他，尽管有些内容在其他刊物上有过报道，可他相信，由于他和修董多次进行过非常深入的谈话，他可以写出别人没有写出来的东西。

"有什么新的东西可写？"冯总对大盛的能力还是相信的，既然他这样坚持，也许有可以超过别人的素材。

"修正药业的企业文化很有特色，他提出的'三律'和'三感一心'都很有凝聚力。"大盛道。

冯总蹙着眉头问道："什么'三律'和'三感'……这叫企业文化吗？这是猜谜语。"

大盛想要全面解释，冯总摆了下手："这个企业有没有什么'奇闻'？可以吸引读者眼球的东西？"

"奇闻？"大盛一时懵住了。

冯总又问："他的股票行情怎么样？"

大盛："他家没有上市。"

冯总奇怪地望着他："这么大的企业，股票为什么不上市？"

大盛："这个问题我没有做专门了解，但是，我能理解，他们不上市，肯定是因为不缺钱。"

冯总摇了摇头："这个修涞贵就是个缺乏经济头脑的人，股票上市，像他这样信誉好的企业，肯定能圈来大笔的钱。"

大盛："不光是股票没上市，他们也没从银行贷过款。"

冯总撇了下嘴："这就更不聪明了。拿着国家的钱，发展自己的企业生产，何乐而不为？"

大盛道："修董在当初接管那个袖珍药厂的时候，去找过银行，银行开始答应了，到了去取的时候，银行又变卦了，弄得他很被动。所以他下过决心，只要有口气儿，就不去贷款。"

"这是干吗？这不是'治气'吗？这就有点犯傻了。"看来，冯总对于修涞贵已经有了看法。

大盛不得不对冯总进行反驳："我不同意你的看法，作为一个企业家，他不搞股票不去贷款，恰恰是他的可贵之处。"

冯总笑了笑："你夸他可贵，我也不反对。可我们不是评委会，不是人事局，评价他，不是我们的事情。我们是办杂志的，我要的是有轰动效应的文章，不管他上不上市，贷不贷款，只要他的消息能吸引人，我就认可。"

大盛无奈地耸了耸肩膀，他不知道这是为什么，好几年在一起的兄弟，爱好和兴趣大家都了如指掌，怎么突然之间合不上拍了呢？

忽然，大盛想起他和修涞贵关于《周易》的谈话，忙说道："修涞贵对《周易》有很深的研究，也有不少独到的见解。"

冯总果然来了兴趣："那太好了，哪天见到他，让他给咱们都算几卦，看看前程如何？这也是'把握未来'嘛。"

大盛把手一摊："他说《周易》不是为了算卦的。"

冯总立即沉下脸："瞎说，不算卦，叫什么《周易》？这几年，有些'骨灰级'的人物鼓吹什么'国学热'，他当老板的也赶这个时髦，凑这个热闹……"

冯总这样说，是有点根源的。他是"文化大革命"前的"老高三"。"造反"、下乡、返城、高考、留学、回国……共和国半个世纪的风雨都泼浇到他们这一代人身上。他出国留学是在20世纪80年代，那个时候到了美国，就像从穷乡僻壤到了大城市一样，资本主义的一切都让他感到震惊。

他无法想象，世界还有这么富足、繁华的地方。他本来在大学是学新闻的，到了国外改学西方艺术史。对西方学术的崇拜，让他在回国后成了一个激进派。因为众所周知的原因，1989年底，被调离领导岗位，在某编辑部做责任编辑。在默默工作了十年，磨光了激进的棱角之后，编辑部要办一个新的经济类杂志，他被任命为主编。

棱角不论怎么磨，在一起共事的几年，大盛还是看得出，冯总还是个民族虚无主义者。每当说起国内的发展，他总要加一句：这都是跟西方学的。在他的眼里，中国的传统是最为腐朽、最为落后的，一切都是绊脚石，必须彻底摈弃。受他的影响，大盛也认为，冯总私下里谈的这些观点，不无道理。

自从见到修涞贵，大盛的观点开始产生变化。

原来，《周易》里有那么多的辩证法。世界上的两河文明、希腊文明、尼罗河文明、恒河文明都是和华夏文明一样源远流长。可惜，他们在经过一番辉煌之后，纷纷夭折。唯有华夏文明保持一枝独秀，五千年长盛不衰。原来是有《周易》这样一根擎天柱似的脊梁在支撑着。

尽管"文化大革命"已经过去了四十多年，"孔老二"这个蔑称，一直留在大盛的脑海里，他对孔子的评价，还没跳出封建、愚昧、保守这个圈子。

听了修涞贵的讲述，他对孔子的看法还真有所扭转。两千多年前，孔子就提出"中庸""和谐"的社会观，一个教书先生，学《周易》而不搞占卜，也不讲乱、力、怪、神，还真有点唯物主义的态度。但是，不管大盛有多大的改变，目前还无法改变别人的态度。

冯总叹了口气："你把那个'可贵的'修涞贵先扔一边，放一放。前两天，福建一个民企老总叫人给杀害了，你去采访一下。"

大盛想要推辞："我想把采访修正药业的东西，先整理一下。"

冯总有些不耐烦："叫你放一放你就放一放，福建这个事情很有挖头，各方面的记者已经去不少了。"

大盛咂了咂嘴："现在去是不是有点晚了？"

冯总急忙摇头："不晚，一点也不晚。我已经通过关系找到当地公安局一位副局长，保证他会给你独家新闻，让你爆出猛料。"

大盛不得不点头答应。

临走时冯总还嘱咐他："最好能挖出点'桃色'的内幕来，到那个时候，杂志的销量准能翻番。"

大盛带着满肚子的不明白，走出了总编室。

中国有句古话说是"士隔三日，当刮目相看"。跟冯总分手半个月不到，他怎么就变成这样？要写"奇闻"，要爆"猛料"，要挖"桃色"，真是让人百思不得其解。

后来，他才知道，他走后，主管部门的领导把冯总找去两次，说以前杂志的文章太古板，没有一点市场意识，再这样下去，冯总只好走人。

怪不得。

尽管这样，大盛对修正药业的兴趣始终不减。他似乎有点感觉，尽管还有些朦胧，一个企业有那么坚定的目标和方针，不上市，不贷款，凭着销售员在全国各地一盒一盒地卖药，把企业做得这么大，这是不是在具有中国特色的市场经济条件下，一个独立自主经营企业的榜样？他有那么多对修正有"三感一心"的"副总"、"省总"、"地总"和员工，他有那么严格的"三律"管理，修正，应不应该成为中国企业的一个样板？对中国传统文化的扬弃，对"洋管理"的合理吸收，从而建构起"造福苍生"的修正企业文化，可不可以称作中国企业的典范？

尽管大盛思索了这么多的问题，可惜，因为没有"奇闻"，杂志还是没有发表多少有关修正药业的文章。也别说一点没发，发是发过，有的是半张"干豆皮"，有的干脆就是一块"豆腐干"。

大盛时常叹息，这半个多月的采访，基本上可以说是无果而终……

十七　应对突发危机

企业危机，事关成败，且看修涞贵如何应对。

修正药业的一位叫汪晓龙的"省总"路过北京，找到大盛，给他带来一些药。这个药的名字叫"肺宁颗粒"，原名叫"返魂草颗粒"，是一种止咳化痰、专治气管病的特效药，扁盒，每盒里有 10 小包。

汪晓龙说，这是他临行前，董事长让他带到北京来的，还特地嘱咐，一定要当面交给大盛。

大盛有点奇怪："我气管没毛病，不咳嗽。"

汪晓龙弄了一头雾水，这就怪了，明明是让交给你的嘛。

大盛忽然拍了下脑袋，他想起来了：他记不得是和哪位厂领导交谈时说过，他的母亲抽烟多年，气管有毛病，天一冷，就犯咳嗽病，她在市场上买过"肺宁颗粒"，吃了几盒，挺管用。老太太说是拿水一冲，化得一点剩渣子都没有，中草药提炼到这个份上，真不容易。不知道这话怎么让修涞贵知道了。

大盛要掏钱，想给个成本价。

汪晓龙连连摆手，那不可能，董事长说了，这药都是自己家地里

"种"的，绝对不能收钱。

大盛只好作罢，他问：修董事长最近忙什么？

汪晓龙叹了口气："应对一场危机。"

大盛一惊："出了什么事儿？"

汪晓龙道："打假！"

大盛问："出假药了？"

汪晓龙点头。

"什么药？"

"斯达舒。"

"量大吗？"

"不少，董事长正在指挥企业的法务中心，配合公安机关和工商、药监部门寻找造假的窝点。"

"有效果吗？"

汪晓龙摇头："我是江苏的"省总"，不分管这方面工作，不太清楚。"

企业危机，其实就是指危害企业信誉和生存的突发事件。各式各样的危机和突发事件，对于一个知名企业来说，都会是经常发生的。一种突发事件在刚刚露出苗头的时候，可能只是风吹涟漪，看似平常。可是解决得不好，一旦事态扩大，就会危及企业的信誉和生存。就拿赫赫有名的"三株药业"来说，不就因为是湖南常德有一个老头喝了"三株口服液"死了，家属把"三株药业"告上法庭，经过媒体宣传，殃及全国，导致"三株药业"旗倒兵散，全军覆没吗？

大盛意识到，应对企业危机这个话题，是他在通化采访时候，还没有提及的一个问题。

出于对修正药业的感情和关切，他很想知道，修涞贵在经历企业危机的时候，是怎样处置的。

汪晓龙道："董事长应对危机的态度是指挥若定，几乎每次都能变祸为利，甚至是因祸得福，十分高明。"

记者的职业特征是刨根问底，听到这样的答复，大盛不能不问："能说得具体点儿吗？"

汪晓龙想了想："那我就说一个我亲身经历的事情。我记得非常清楚，那是2001年的正月初八。因为修正药业有一个惯例，每年的正月初七到初八两天，全体修正员工，不论是家在通化的，还是家住外省的"省总"和"地总"，都要赶到通化去参加一年一度的营销大会。"

大盛点头，这个惯例他听说过。

汪晓龙接着说："就在初八那天，大家正在食堂吃午饭，中央电视台午间的《新闻30分》，忽然播出了一条令人震惊的消息，说是修正药业的名牌产品'斯达舒'，假冒了国家药监局的广告文本批号，在某个省电视台非法播出。故国家药监局决定，撤销修正药业的广告批准文号。"

大盛关切地听着，他知道，撤销广告文本批号，这对任何企业，都是一件非同小可的大事。因为这意味着，今后你将永远，或是在一个长时间内，丧失在国家药监局申请广告文本的权利，这不论是对一个产品还是对一个企业，都意味着遭到封杀。

"我和不少"省总"一听说，当时一下子就懵了。因为胃药当时在市场上的竞争非常激烈，不少厂家平时就没少采取不正当的手段，这回有了这个消息，要不炒翻天才怪呢。"

大盛道："当时'斯达舒'也是刚刚站稳脚跟。"

汪晓龙："是啊，所以当时不管吃没吃饱，都纷纷撂下饭碗，就往董事长的屋里跑。当时，董事长的屋里已经来了不少老总，有人在研究对策，有几个人在打电话，分别跟国家药监局和中央电视台、省电视台了解情况，董事长一直稳坐在沙发上，与几个人在轻声交谈。

看到他那个沉稳劲，尽管我头一次遇到这样的突发事件，我的心，顿时就放下不少。我相信，这一定是场误会，修正药业决不会搞什么假冒广本文号。"

大盛悉心听着。

"不大会儿，屋里就坐满了人。董事长迅速地归纳了几个方面汇总来的情况，便对大家说，初步得到的情况是这样的，我们在国家药监局申请了广本文号，同时也在各省申请到了地方药监局的广本文号。这个省的电视台在上播出带的时候，错把国家药监局的广本文号上到了省级的播出带上。国家药监局在监察药品广告时，发现国家药监局没有批过这个版本的广告，所以就说是假冒。请大家放心，我们一定能够把问题弄清楚。下午，大会照开不误。"

大盛问："国家药监局的广告和地方的版本不一样吗？"

汪晓龙道："那哪能一样？国家药监局批的是在中央电视台用的，那里发一条广告多贵呀，用的只能是三五秒钟的时间广告。而在地方就可以用十几秒或是几十秒的广告。"

大盛点头。

汪晓龙道："董事长这样一说，大家也就放了心。"

大盛放心地点头道："看来，错误是电视台犯的，向药监局做一个说明，也就可以了。"

汪晓龙摆手："董事长处理问题，可不是这样简单。他当即派出两个小组，分别由营销副总和负责广告的媒介部长带队，一个组去那个省，要他们用书面形式写出报告，上报省药监局和国家药监局。一组去北京，向药监局说明情况。当天下午，大会果然照开不误。尽管事情还没有结果，但是，董事长照样高高兴兴，丝毫看不出这起事件的影响。"

大盛道："一个企业出现突发事件并不可怕，问题是出现了危机，该是怎样对待，怎样化解，这才是对一个企业智慧的考验。"

汪晓龙道："是这样的。大会过后，我们相继离开通化。听说等到两组在北京会合，董事长立即赶到了北京。在药监局的支持下，召开了一个有中央众多媒体参加的新闻发布会。会上，宣读了那家省广电局和电视台的信件，信中对操作失误表示歉意，愿为给修正药业造成的影响承担责任。董事长也借机介绍了修正药业的企业规模和发展形势，还介绍了'斯达舒'的特点和疗效。第二天，不少媒体都以'省电视台认错'和'为"斯达舒"正名'为题发表了这个消息。"

大盛道："这样一来，不但澄清了错误，还扩大了修正药业和'斯达舒'的影响，可谓一箭双雕。"

汪晓龙道："就是嘛。有些竞争对手，想要拿这件事炒作，还未等上班，事情已经平息了。看到带着国家药监局广本批文的那个广告，还在中央电视台照播不误，他们也就'歇菜'了。"

大盛对修正药业处理突发事件的做法产生了兴趣，也许，在危机面前的表现更能体现人的素质。他问道："企业还遇到过别的意外吗？"

汪晓龙道："有。那一年，国家药监局忽然发布通告，说中美史克药业出品的治感冒药'康泰克'里面含有PPA，说是有了这种东西能够引发心脏病，还说是根据美国的标准。查了'康泰克'，接着就查修正药业生产的治感冒药品'康威双效'。检查结果说是含量平均为0.1毫克，也定为不合格产品，再也不准在市场销售。"

大盛摇头："0.1毫克，微不足道嘛。"

汪晓龙："放着医药市场那么多假药、劣药不管，一个国家药监部门，却盯着这0.1毫克不放，我一直想不通。"

大盛不愧是深谙官场之道，他笑着说："这是典型的'政绩工程'。到市场清理和检查假药、劣药，尽管是实实在在，可是太费力气，也不容易造成多大反响。抓住点把柄，大张旗鼓地处理像中美史克和修正药业这样大型医药企业，再加上拿出来炒作的是大众需要量极大的感冒药，这该有多大影响？"

汪晓龙道："有想法发牢骚的是我们下边人，而董事长却一言未发。他就是下令把所有的'康威双效'统统收回，一共收回一万多件。"

大盛："怎么办了？"

汪晓龙："在通化药监局监督下点火焚烧。大火整整烧了两天两夜，估算损失上亿元。在焚烧现场，董事长和不少员工都哭了。"

大盛感叹道："在中国，办企业真是太难了。"

好像遇到了知音，汪晓龙的话也开了头："难，不光是这些，像'三株药业'遇到的情况，我们也遇到过。"

大盛惊讶地："吃药吃死人了？"

汪晓龙道："是的。事情发生在西部地区。一个老头的家属把我们告上法庭。说老头吃了'斯达舒'死了，让我们赔偿一百万元。"

大盛："呵，要价不小。"

汪晓龙道："是的。当时，企业立即派法务中心的律师赶到当地。一边应诉，一边调查老头的死因。"

大盛："调查结果怎么样？"

汪晓龙："肯定死因和我们没有关系，因为'斯达舒'这种药根本不能吃死人嘛。结果一查，这个老头是因为癌症死的，是胃癌，修正的"斯达舒"可从来没说能够治疗胃癌。"

大盛道："官司赢了？"

汪晓龙："那是毫无疑问的。可是，董事长还是让当地的销售员，去到他家表示慰问，因为他毕竟是我们的一个顾客。"

大盛欣慰地点头，同样是死人事件，同样是告上法庭，可是，修正和'三株药业'得到的结果却大相径庭，修正药业的经营智慧，不能不让人刮目相看。

汪晓龙走后，隔了一段时间，大盛果然见到修正药业派来北京的打假人员。据企业法务中心的一位章主任和杨部长介绍：北京发现了一批假"斯达舒"药品，他们正配合北京市公安局开展侦查。

因为"斯达舒"的疗效确切，成为许多胃病患者的首选药物，在全国的销售也越来越火，甚至一段时间出现供不应求的局面。一批假药也就应运而生。假药，既害患者，也害企业。为了保护企业的信誉和患者健康，修正药业对假药的出现极为重视。从刚露苗头的时候，就开始全力以赴地追查。他们专门聘请了十几位退休的老公安，组成"打假"工作组，长年配合公安、药监、工商部门开展"打假"工作。

几年来，由于打击得及时，许多假药在交易过程中就被缴获，避免了流入市场的危害。

以北京的这起假药为例：造假的犯罪嫌疑人，制订了一个具有相当规模的造假计划。他们购置了先进的设备，为了让造假的药品逼真，甚至不惜花30多万元购买了和修正药业一模一样的打码机，造出的药品几乎可以以假乱真。

但是，由于修正药业的销售网络管理十分先进和严密，一旦有假药流入，立即就可以被发现。这个造假团伙造出的第一批假药刚运进北京，销售假药的人还没有找到合适的销售对象，就已经被修正药业的销售员发现。接到报告后，修正药业立即向北京市公安局报案，公安机关立即对几个销售假药的人进行严密监控。一连几天的监控，公安机关基本上掌握了这伙人的行踪和具体交货时间。就在这伙人把假药运到交货地点的时候，埋伏的公安人员一拥而上，把他们连赃带人抓了个正着。

公安机关一边对犯罪嫌疑人进行审讯，一边对缴获的药品进行化验，发现胶囊里装的全是劣质淀粉，遂确定是假药无疑。

通过审讯，公安机关得知，原来，这是一起内外勾结的制贩假药的犯罪团伙。同时也掌握了制造假药的地点，就设在内蒙古的赤峰市。公安人员连夜赶往赤峰，一举摧毁了这个造假团伙，缴获了价值将近六十万元的设备和原材料。致使这个团伙，想要到年底打造一千箱假药投放市场的打算彻底落空。

面对完整的制造假药的设备和原材料，北京市公安局的侦查人员十分惊讶。他们说，像这样针对一个品种，准备这样齐备的造假设备，极为罕见。

假药，一旦泛滥，足可以毁掉一种药品，哪怕是最优秀的药品。试想，如果让假药充斥市场，人们买了装着淀粉的"斯达舒"，吃到肚子里，不但不能治病还会耽误治疗，这该是何等严重的后果？

让人感到欣慰的是，修正药业的"打假工作组"，严格遵照修涞贵董事长"防微杜渐"的指示精神，注重清除"第一袋垃圾"，在大多数假药还未扩散的时候，甚至是在没有落地的时候，就把它全部缴获，从而保证了"斯达舒"在市场的健康有序的销售。

在修正药业的"打假工作组"凯旋离京的时候，大盛又见到了他们。

大盛夸赞道："京城'打假'，让人们看到了修正药业对患者负责和对市场负责的责任心。也让人们看到了修正药业的员工的实力。你们堪称'武林高手'，假药刚刚出炉，你们就配合公安机关在半空把它截获，几十万元购置的设备刚刚运转，就被你们连老窝一举端掉，实在是企业大幸，也是患者大幸。"

章主任一席话说出了"修正人"的心声："不把假药彻底打掉，怎么能谈得上'造福苍生'？"

大盛点头，看来"造福苍生"这个企业的核心价值观，一直在支配着"修正人"的所有行为。

十八　传统文化对现代企业还有用吗？

> 你说有用，他说无用，有用没用，不管用不用，且看效果说话。

　　第二年春天，修涞贵到北京参加"全国民营企业发展百强大会"。在全国一百家高速发展的民营企业中，内蒙古的"蒙牛"排名第一，修正药业排名第二。大盛参加了这次盛会。

　　会后，两个人坐到了修涞贵在北京的新居。这幢靠近东二环的新居，位于22层，站在窗前，可以俯瞰大半个北京。

　　由于和总编的意见相左，大盛采访的许多材料，一直没有付诸文字，可是，想要探索中国当代民营企业发展道路的想法，一直未曾泯灭。

　　修涞贵是个实践者，他带领企业每前进一步，也都在认真地思索和总结，想从中领悟些什么。

　　从通化到长春再到北京，两个人的想法可以说一直是不谋而合。今天一见面，两个人都认为机会难得，一场更为深刻的谈话，一直持续到后半夜。

　　大盛从水果盘里拿起一个橘子，一边剥皮一边道："修董，借此机会，我想和你探讨一个较深层次的问题。"

修涞贵平时不太喜欢吃水果，但他愿意闻剥开橘皮发出的那种淡淡的橘香味道，便应道："我们探讨的问题什么都有，唯一没有浅薄。"

大盛边吃边问："我们探讨过，说'洋管理'不完全适合中国的国情。"

修涞贵点头："说过。"

大盛："那你认为，中国古老的传统文化和中国现代化的企业管理，能结合到一起吗？"

修涞贵："有的能，有的不能，这要看你如何选择。"

大盛："就拿你所推崇的《周易》来说吧，我就看不出来，它跟现代化管理有什么联系。"

修涞贵："是的，你说得很正确，别说是《周易》，几千年的传统文化里面也没有'现代化'这几个字。"

大盛："我不是这个意思。我不是硬要从古典里去找现代化这个词汇，就是想找到和现代化的联系。"

修涞贵道："二十多年前，有人写过一本书，书里说，中国人愚昧、无知、'窝里斗'。说中国传统文化是'酱缸文化'……他说得都有道理，谁都不能否认，在中国传统文化中，的的确确存在这些问题。也有一些人在报刊上发表言论，认为中国人的传统文化是最落后的文化，应当彻底抛弃。"

大盛道："你是什么观点？中国的传统文化是财富还是包袱？是应当全部抛弃，还是应当全面继承？是堆在那里不管不问，还是有选择地扬弃？"

修涞贵道："说到传统文化，我们不能不想到在中国流传了几千年的《周易》和儒家、佛家、道家的那些学说。还有包括民风、民俗、宗法观念、属相、风水等约定俗成的那些规矩。正是这些学说的理论

153

和观点，像一个固定的模具一样，塑造着一代又一代中国人。如果说我们是鱼，几千年传统文化就是水。水可能有活水，也可能有浑水，还可能有死水，不论你是在什么样的水里，有一个道理是铁定的，那就是从死水跳到活水是可以的，但，谁也不可能离开水。传统文化的影响，对每个人都是生死相随。如果谁要想彻底抛弃中国传统文化，那就像要揪着自己的头发离开地球一样，绝不可能。"

大盛："你先别说得那么肯定。我偏就要说，我就是要把中国的传统文化统统抛弃，我就是要学习西方，我就要变成外国人行不行？"

修涞贵："这样做的人绝对是要失败的。"

大盛问："你根据什么说得这样武断？"

修涞贵："有这样想法的人不少，甚至有一个国家也想这样做。"

大盛问："哪个国家？"

修涞贵道："我们的邻居——日本呐。"

大盛点头："是……我也听说过。"

修涞贵道："他们是亚洲人，深受中国传统文化影响。但是，到了18世纪，发现西方国家各个都有坚船利炮，喝咖啡、吃牛排、穿西装，比亚洲人强多了，所以，他们提出要'脱亚入欧'。这就是一个要摆脱自身文化，学习别人文化的典型例子。"

大盛："这让我想起了古代故事——邯郸学步。"

修涞贵："不错，是有点相像。日本学了二百多年，结果是亚不亚，欧不欧，成了个典型的半吊子。"

大盛道："也许，当年'五四'时期，不少人抨击传统文化，主张全盘西化，可能受到日本人的影响。"

修涞贵点头道："'五四'时期的许多人都曾留学日本，这种影响也是必然的，也是可以理解的。"

大盛："那我们对于中国传统文化，到底应当持一个什么态度？"

修涞贵道："谁也不能否认，中国传统文化延续几千年之久，要理出其中的弊端，也许不只是十条二十条，有一些甚至是障碍、绊脚石和沉重的包袱，这是不争的事实。但，这并不是中国传统文化所独有的，这样和那样的弊端，在任何一个民族，任何一个西方国家的传统文化中都可以找得出来。"

大盛问："从'五四运动'的打倒'孔老二'开始，再到十年'文化大革命'的'批林批孔批周公'，到现在已经成长起几代人，他们对传统文化可以说所知甚少，关心甚少，甚至是一无所知。还有不少青年学者们认为，中国的传统文化对现代化建设，当然还包括现代的企业管理，根本起不了什么好的作用，你用什么来说服他们？"

修涞贵道："的确，有人把中国传统文化说得一无是处。有的对国内兴起的'国学热'，也极力予以反对，说是谬误流传，误国害民。你说用什么来说服他们？用语言来说服，是不容易的。我想说一个人人皆知的事实，看一看中国古老的传统文化，到底对中国的现代化建设起到什么作用。"

大盛："我愿恭听。"

修涞贵道："中国共产党经过几代人的探索，终于找到了建设具有中国特色的现代化道路。学者们都把邓小平在1979年春天的第一次南巡，称为改革开放的起点。你还能有印象吗？刚刚结束了长达十年'文化大革命'的中国，想要搞现代化建设，最紧迫需要的是什么？"

大盛道："那还用说？缺的就是一个字儿，钱！用现在流行的话说，当初缺的就是真金白银。"

修涞贵道："说得对。那个时候的中国可以说是国敝民穷。要搞现代化，那是需要钱的，真金白银从哪里来？就在邓小平宣布，实行改革开放的市场经济政策，允许外商在国内投资搞建设的那一天起，无数海外侨胞，港、澳同胞纷纷把大量的资金投向国内，建工厂，办企业。还有许多人到大学或回到家乡做无偿捐赠，在短短的时间内，就掀起了一股回国投资的热潮。"

大盛点头："是的，后来台湾当局迫于压力，也允许台湾商人回大陆投资，'台资'也纷纷涌向大陆，成为国内又一股资金来源。"

修涞贵道："早在辛亥革命的时候，孙中山先生就说过：'华侨乃是革命成功之母。'今天，我们也得承认，是海外侨胞，港、澳、台同胞，用真金白银为中国现代化建设铺下了第一块基石。"

大盛再一次点头称是。

修涞贵道："在这些人中，有不少人从上几代就加入了外国的国籍。有许多人的家属、亲友、甚至本人还受过多少年不公平的待遇。尽管是这样，他们也没有一点迟疑，甚至没有一点怨言，还是义无反顾地把在海外辛辛苦苦挣来的血汗钱投向了国内。除了开辟市场，赚取回报，他们大都有一个明确的宗旨，那就是用这样的行动，来报效养育了他们的祖先和本人的祖国。"

大盛道："这一点谁都承认，海外华人的爱国之心，足以感天动地。"

修涞贵道："是啊，没有谁向他们下达过'红头文件'，也没有哪一级政府给过他们什么指令，让他们非得回来投资不可，而他们依然纷纷涌进国门。那个时候，我就常常想，究竟是一种什么力量，在促使着他们这样做呢？我们不能仅仅用获利这一点来看待他们。正确的回答应当是这样，那就是中国传统文化的巨大凝聚力，在感召着他们。千百年来，以仁为本，以忠、孝、信、悌为传统的思想美德，在中国可以说是根深蒂固的。它像一棵老树的根须早已深深地嵌入了中国人的灵魂土壤之中。使得万千中国人不论走到哪里，都深深地眷恋祖国的乡土。"

大盛道："想想这些，是很让人感动的。'洋装虽然穿在身，我的心依然是中国心。'说的就是这份真实的情感。"

修涞贵道："其实，在中国的历史上，不论是晋商还是徽商，都一样。他们赚了钱，最先想到的是家乡的建设，想到的是要改变家乡的贫穷面貌。"

大盛道："中国有句古话叫'富贵不还乡，如锦衣夜行'。"

修涞贵："对。也只有中华文化，才把'光宗耀祖'当成一种殊荣。把'落叶归根'作为终极关怀。我觉得，源远流长的中国传统文化，真像一根扯不断的风筝线，紧紧地拴在每一个中国人的心上，不论你走到哪里，你都会魂牵梦萦地惦念着祖国，思念着家乡，这不就是中国传统文化的魅力吗？"

大盛问："难道说，这是中国传统文化独有的吗？"

修涞贵道："依我看，在整个地球上，也只有以色列民族的'希伯来文化'的凝聚力，可以与之相比，别无其他。"

大盛陷入沉思。

修涞贵谈兴未尽："我再给你举另外一个人所共知的例子。就在黑眼睛、黄皮肤的中国海外华人掀起回国投资热的时候，有六十多年历史的苏联，在一夜之间解体了，取而代之的是俄罗斯。这些年来，俄罗斯的经济一直处于恢复之中，也需要大量的资金投入。我们都知道，从'十月革命'算起，也有大批的俄罗斯人流亡到国外，既有腰缠万贯的王公贵族和皇室成员，也有富甲一方的巨商。但是，已经过了这么多年，却一直没有看到国外的俄罗斯人掀起回国投资的热潮。你发现了吗？"

大盛连连摇头。

修涞贵道："直到现在，俄罗斯的经济要恢复，还得靠向国外卖石油和天然气。这些年，没听说普京不准许外资进入，也不是俄罗斯没有为外资开启大门。其原因也许是多种多样的，但，文化传统的影响，在其中占据重要方面。"

大盛道："也许，在俄罗斯人的传统文化里面，既没有'落叶归根'的愿望，也没有'光宗耀祖'的观念吧。"

修涞贵道："至少，该没有我们海外华人那样强烈吧。"

大盛感叹道："是啊！文化的差异，决定了命运的差异和行为的差异。两相对比，真是大不相同啊。"

修涞贵道："谁都知道，邓小平提出要搞改革开放、搞现代化建设，是在1979年，那个时候真是叫'万事开头难'。十年'文化大革命'把中国的国民经济弄到了崩溃的边缘，尽管经过二十多年的努力，中国的外汇储备已经将近万亿美元，可是，是谁给要搞现代化建设的中国送来了第一桶金？我们总不该忘记吧。"

大盛："没错，那是为了报效祖国的海外华人送来的。"

修涞贵："从1979年到现在，满打满算还不到三十年，怎么有许多的人就把这样的事实给忘了呢？'忘记过去就意味着背叛！'这是外国人的说法。按照中国人的话来说，忘恩，就是负义。"

"这个问题……"大盛边思索边说："我的看法是这样的，到了20世纪八九十年代，许多青年人靠公费或自费，到国外留学深造，接受了西方教育。他们回国后，许多人都在不同的岗位发挥着重要作用。也可以说，他们是中国现代化发展建设中的中流砥柱。这其中，有很多人对那段历史不是很清楚，有不同看法也是可以理解的。"

修涞贵点头："在几年前我听到一个故事让我深有感触。就是在邓小平南方讲话以后，出台了一个以有偿转让土地来吸引外商投资的政策。我们现在都看到了，这个政策，给中国的改革开放带来了多大的推动，起到了多么关键的作用，你知道吗？这个建议，就是香港的霍英东先生向邓小平提出来的。"

大盛："听说过。我还听说一些日本和香港商人在深圳投资买了地，遭到国内不少人强烈反对，有的人说，有偿转让土地，就是'出卖国土''丧权辱国'，好家伙！就差把改革当成卖国了。"

修涞贵道："也许有些人，只看见海外华人的大量投资，却没有看到支撑海外华人投资的心理因素和文化背景。说到底，正是中华民族爱国、爱乡、法天地、敬祖先的文化传统，才驱使着千百万海外华人回国、回乡投资兴业。这种精神才是我们国家实现现代化的主要动力。"

大盛问："可不可以这样理解，中国的传统文化可以说是无处不在。他不仅在厚厚的线装书里，也存在于我们日常生活的民风、民俗里。但是，它给我们每个人打下的烙印，却是隐藏在思想的深层里，甚至是在潜意识之中。所以让许多青年人感到'不识庐山真面目，只缘身在此山中'。"

修涞贵道："我们探讨中国传统文化的孰优孰劣，并没有学术意义，我是希望通过对中国传统文化的正确理解，找到管理好中国企业的办法。比如说，修正药业有两万多员工，如果有一个员工的家属病故了，就有一万九千九百多个员工在看着，你当老板的是怎样对待这件事情。"

大盛悉心地听着。

修涞贵道："要是按照西方'契约'管理的模式，我可以不管不问。因为我是和你本人签订的'契约'，至于你的家属死活，与本企业毫无关系。我也可以下令，不准有关人放下工作去看望。我的理由也很充分，因为你们这样做，会给我的企业造成损失。你说，我这样做，在中国企业里行得通吗？"

大盛连连摇头。

修涞贵接着说："当然行不通。你要是在中国办企业，就得考虑出现这样问题，中国人传统的想法是什么？员工最大的希望，不光是有许多朋友、同事去参加丧礼，企业领导也要参加，去的人越多、级别越高，他就感到风光、体面。反过来说，你要是严格按照'契约'的说法和规定去办，我想，说三道四的就不光是你的员工，还得包括他的亲属以及所有知道这件事情的人。甚至一时还会成为街谈巷议的资料，弄得满城风雨，是吧？"

大盛点头。

修涞贵："再比如，我们把每年集团公司的奖励大会，都是放到春节后的初七、初八来举行，而不是像国企和部队、机关那样，把奖励大会放到每年的十二月末来搞。这里，我就是考虑到了中国文化传统的因素。"

大盛："放到年末有什么不好？我们都是习惯搞年终总结嘛。"

修涞贵道："我的想法可能与众不同。你知道，新年过后是春节。春节，到底在中国人心目中有多么重要的地位，这是许多人未曾认真考虑的。"

大盛道："春节还考虑什么？不就是'一夜连双岁，五更分二年'吗？再就是吃、喝、玩……看电视，看'春晚'……"

修涞贵摆手道："岂止。因为春节是在新年之后才到来，你在新年奖励先进，可能就有很多人不愉快，因为人人都有想当先进的想法，你奖励的毕竟是少数人。也许有不少的人，在春节一见面，就会抱怨，甚至反感。我认为，让员工在春节中不愉快，是一年中最大的不愉快。"

大盛点头："你这一讲，我也想到了，许多中国人还把春节当成'时来运转'的转折点。我记得那是'文化大革命'后的第一个春节，我父亲是从来不放鞭炮的，那年的三十晚上，他就在房间里亲手燃放了一串小鞭儿，一边放还一边说我要崩崩晦气！"

修涞贵道："按照中国某些地方的风俗，过春节的时候，得把祖宗接回家来。供上家谱，上供、烧香、磕头。也许，有人会觉得这一年没当上先进，有点对不起列祖列宗呢。而这个时候，修正员工的心情就跟他们大不一样，因为他们心里都有一个企盼，就是盼着正月里，集团公司在初七初八两天召开的奖励大会上，能得个'销售状元'，董事长能给披红戴花，全场掌声雷动，那不就是'出门见喜'了吗？"

大盛道："'出门见喜''抬头见喜''心想事成'，要是真能在正月里遇上，可以想象，这一年，员工的心情就会大不一样。"

修涞贵道："当然，这就叫开门红，碰头好，一年之计在于春嘛。有的员工得了先进，披红戴花，心花怒放，精神十足。有的'营销状元'开完大会，就跟我道别，他当天晚上就出发，奔赴关内的工作岗位。没当先进的也不逊色，也要跟着出发，要争取明年当先进。历年都是这样，在全国营销市场上，不用等到正月十五，其他厂家的销售人员还在家里'耍正月，闹二月'呢，修正的员工已经奔波在大江南北，长城内外了。"

大盛点头夸赞道："我真没想到，你能把中国传统的春节，演化成为一个激发员工工作热情的舞台，看来，你的确是一个匠心独具的'有心人'。"

修涞贵道："有心也好，无心也罢，关键在于你对中国文化传统的认识和尊重。最近，报纸上说，中国有一种叫古琴的古老乐器，正在申报世界文化遗产。当初，俞伯牙可以用这种乐器为钟子期弹奏'高山''流水'。而今，它也可以为电影'英雄'伴奏，成为一代绝响。可要是反过来说，你根本不懂音律，也不会弹奏，甚至根本不认识它为何物，你如何能发挥它的长处？我不担心谁把它束之高阁，我最担心的是有人会嫌弃它，扔掉它。"

大盛连忙摆手插嘴道："千万别扔掉，据说，有一架宋代的古琴，在拍卖行拍出两三百万元的高价呢。"

修涞贵接着说:"同样,你要是把春节也当成一个陈规陋习,如果你只把春节当成一个大吃大喝的日子,像'文化大革命'期间,有的人提出要过'革命化'的春节,甚至有的提出要取消春节,你说,这些人能像我似的想到这些吗?"

大盛道:"未必是要取消春节的人想不到,就算是对春节很重视的人,也未必想得到。"

修涞贵道:"那就要看个人悟性了。"他说着,看了看墙上的挂钟,时针已经指向午夜。接着,他又看了大盛一眼。

大盛明白了修涞贵的意思,便说道:"我不困,明天也可以不到班上去。不知你是不是困了?"

修涞贵摆手道:"你要是不困,咱们就继续谈,这半年多,我真还有了些新想法,也一直想跟你交流。"

大盛道:"困倒是不困,就是肚子有点饿了。"

修涞贵立刻打发司机,到小区外面一家餐馆去买夜宵。

司机走了。两个人相继从沙发上站起,活动着腿脚。坐了几个小时,谈了几个小时,都有点累了。

修涞贵一边活动一边说:"这段时间,我觉得好像想到了什么,却又抓不着。有时候会莫名地兴奋起来,觉得有了发现,但又不知道发现了什么!"

大盛道:"有时候灵感会突然光顾,又会突然跑掉。"

十九　善度人者无弃人

夜宵没有酒，吃得很快。吃罢，两个人又坐了下来。

大盛道："听你说了这么多，我不得不认同这一点，流传了几千年的中国优秀的传统文化，有许多理论、方法可以很好地和现代化建设、企业管理相结合。那么，我想再问一问，你认为中国传统文化的弊端是什么？"

修涞贵道："这个问题我思考过，中国传统文化有许多弊端，有的可能是沉重的包袱，有的甚至是难以逾越的绊脚石，很难一一列举。但是，我要说的是其中最为严重的弊端，那就是对'民主和法治'的危害。"

大盛赞佩地连连点头："修董，尽管我不想当面恭维你，也从来没有当面恭维过你。但我必须说，这句话可谓'一语中的'。"

修涞贵道："把'民主与法治'说成是中国传统文化中最大的包袱和绊脚石，是从历史和现实两个方面来考虑的。从历史上说，中国几千年的封建统治，是产生封建专制的土壤。'天父、地母、子万民'。不论是放牛的，还是当兵的，不管是谁，一旦当了皇帝，就成了'真龙天子'，就是'金口玉牙'，说一不二，哪里有民主可言？同时，他还是法律的制定者，只有'真龙天子'才有生杀予夺的最后决定权。无论多么严格的法律，对于'真龙天子'都起不到任何监督和制约的作用。不管干了多大的错事和坏事，只要发布一个说几句自责话的'罪己诏'，也就万事大吉。"

大盛点头："这种'皇权神授'和'刑不上大夫'的'官本位'的文化传统一直到今天，还在影响着我们。"

修涞贵道："是的。正是受这个传统的影响，中国历朝历代的老百姓也都变得十分麻木，'自我从属''自我臣服'，变成了一种信条。从这个问题来说，西方有不少'民主与法制'的制度，值得我们学习。我看过一位英国人写的书叫《政府论》，其中有句话说'天赋人权'，和我们传统观点正好相反。因为他们较早地进入了资本主义，加上文艺复兴的影响，法制制度相对比较完善。尽管这些年，我们国家的法制建设也有了长足的进步，但与西方相比，仍然存在不小的差距。有人总结说，西方的司法制度是：法、理、情。中国目前还是情、理、法。"

大盛道："情，大于理和法。"

修涞贵："正是由于情大于法和理，所以就有了'关系网'，就有了'官比法大'的'人治'现象。这是亟待克服的。"

大盛道："我认为，中国封建专制和'以情代法'的传统影响，不仅仅只是在政府机构和'官场'，它也渗透和浸润在中国社会的各个阶层。作为一个企业家，你感觉到这一点了吗？"

修涞贵道："你问得好。我们是搞企业的，探讨问题、研究问题，最好还是三句话别离开本行。"

大盛道："我想听听您的感受。"

修涞贵："说起我的感受，应当说是十分深刻的。起初，我指挥那个袖珍药厂打翻身仗的时候，基本上是靠我发号施令来完成任务的。等到成立集团公司，这个习惯没有改变。好多事情，甚至是事无巨细，还是我一个人说了算。那时候，我在企业里，不说是一言九鼎，也得有七八个'鼎'。"

大盛道："你累不累？"

修涞贵道："别提了。随着企业的扩大和发展，我发觉整个企业里，就我一个人最累。累也不怕，厂子大了，人多了，你喊得嗓门再大，还有不少人听不见，毛病照样出。这时，我才意识到，企业大了，再靠个人力量是无法驾驭的。有效的办法就是建章立制。"

大盛道："其实，制度建立后的执行才是关键。"

修涞贵道："建章立制，必须根据企业主旨和发展方向来制定。制度要管什么？就是管好人、财、物。这三者之间，当然人是最主要的，员工是执行者，必然是第一位的。制度就是要给员工创造出一个激励环境。因为有人说，人被激励后的能量以倍数增加。其实，人的一切行为都是受激励而产生的。你信不信？"

大盛点头："我信。"

修涞贵道："要实施激励，不是光靠多给钱、给荣誉就解决得了的，你必须了解人的内心需求。依我看，人的内心需求还真不少。"

大盛问："你认为主要必须满足哪些？"

修涞贵道："对任何一个员工来说，第一是对稳定的要求。"

大盛问："稳定那么重要吗？我以为你要说钱是第一位的呢。你知道吗？有些人一年就跳几回槽？"

修涞贵道："那只是个别人。对绝大多数员工来说，他们最需要的就是企业的稳定，岗位的稳定。我们提出建'百年修正'的口号，就是想要起到稳定军心的作用。修正药业要建百年企业，就是告诉每个员工，连你的儿子、孙子加入进来也不够，你还有什么可担心的？"

大盛点头："稳定军心是第一条，还有什么？"

修涞贵道："接下来，就是要满足员工对金钱的要求。"

大盛道："这是无止境的，你给多少是多？多少是少？"

修涞贵道："这个好办，以地方工资标准为基准。还有一条，就是按月开工资，从不拖欠。有许多工人就是靠这点工资养家糊口的。"

大盛道："这一条也很重要，不少单位，特别是有些民营企业，经常拖欠工人工资，倒不是因为没有钱，而是……"

修涞贵打断他的话："不管什么原因，不管拖欠工资对老板有多大的利益，我是从不拖欠。我认为，拖欠员工的工资，是一个企业的耻辱。"

大盛道："但愿天下所有的老板都这么想。"

修涞贵不屑地摆了下手道："要是修正药业连员工的那点利益都算计，还提什么'造福苍生'？"

大盛点头道："怪不得的，你把拖欠工资说成是耻辱。原来，你是把这件事提高到了企业价值观的高度来看待的。"

修涞贵道："我必须这样看，因为员工也是天下的苍生啊。"

大盛称赞他："说得好。你觉得还要满足员工什么要求？"

修涞贵道："第二是自我实现的需求，也就是职业成就的需求。"

大盛："这些要求连我也有，你怎么满足呢？"

修涞贵道："委以重任。"

大盛问："怎么解释？"

修涞贵道："无需解释，不委重任，何来成就？我给你举一个例子。我们有一位'省总'，从辽宁做到广东，一直都很优秀。他本人对领导一个省的营销工作来说，已经是驾轻就熟。前年，我决定把他撤下来，让他去开辟一个全国的'外用药'市场。他无法理解我的意图，为什么已经轻车熟路的工作，不让他干，却交给他一个前景莫测的工作？很长时间他转不过劲来，整天愁眉不展。我只是告诉他，外用药肯定是一块有前途的市场，只要你努力，肯定能打开局面。这个时候，外用药品已经生产出来了，逼着他去组建队伍，开辟市场。实践中，他的能力再一次得到展现，经过一年多的奋斗，终于打开了市场的销路，在不到两年的时间里，'外用药'的销售额已经达到两亿一千万元，到2007年将要突破三个亿。"

大盛道："他成功了？"

修涞贵道："是的。最近，我又把河北一个"省总"调了回来，让他在全国开辟另一个药品市场，他开始也不理解，但是有外用药的成功在先，他当然也不会示弱。现在，他的队伍已经开始占领全国市场，正在起势发展。"

大盛道："我认为，先开辟外用药的老总，应该最有成就感。"

修涞贵道："委以重任，就是让他们从一个省的老总到开辟全国市场，成为统辖一个品种并覆盖全国的'方面军'，这是一大飞跃。我想，每个成功者都应当有理所当然的成就感。所以，我决定在修正药业设一个最高奖项。"

大盛问："什么奖？"

修涞贵道："修正优秀企业家奖。"

大盛自语道："修正优秀企业家奖？感觉不是很顺溜。"

修涞贵道："先说明一点，企业家不仅仅是各个企业的董事长，总经理，在修正药业还有自己所属单位的企业家。"

大盛依然不解："所属单位还有企业家？这是什么概念？"

修涞贵道："修正优秀企业家，是经过评选、评议确定的，是修正药业给予员工的最高奖赏。"

大盛："奖赏可以多种多样，为什么偏要冠以企业家这个称号？"

修涞贵道："我们要先弄清楚企业家的特质，也就是说，什么人才能称得上是企业家？"

大盛道："以我的理解，企业家，就是能够驾驭市场，使企业获得利益的人。"

修涞贵道："对呀，我们选的这些人，个个如此。

大盛问道："具体来说，在修正药业，什么人可以获得这个最高奖赏呢？"

修涞贵道："一是能够开辟和驾驭市场，二是有突出业绩。"

大盛："你能举个例子吗？"

修涞贵道："不用举例子，一共三个人获此殊荣，我一个一个给你说。第一个就是常务副总裁李竹升，他在2003年5月回到修正药业后，就承担了两个事业部的领导职务。这对他绝不是一个轻松的任务，可是，在打硬仗的时候，我们看到了这位博士后的真本领。他首先通过人员调整，建章立制，遏制了两个单位销量下滑的势头。接着从2004年把这两个单位从持平带到了盈利，到年底就获得了近亿元的收入。沧海横流方显英雄本色，只有在最困难的情况下，把商品从滞销推向畅销的人，才配得上获得修正企业家的称号。"

大盛点头："把两个销售下滑的单位都变成盈利单位，算是有真本事。"

修涞贵道："第二位就是开辟外用药品市场的刘诗财。他从'斯达舒'的广东"省总"改行回到总部来，开辟一个修正尚无涉猎的新市场，这不仅仅需要开拓精神，还得有独创精神。他现在领导着近千人的队伍，把一个'外药'市场从无到有地创建起来，三年拿回两亿一千多万元的收入，算不算驾驭了市场？"

大盛点头："从零做起，三年的收入，就已超过两亿元，堪称市场精英一族。"

修涞贵道："第三个有点特殊，怕是不符合你所说的企业家条件，因为他不是做市场的。"

大盛摆手："这不对。不做市场的人，怎么能当企业家？"

修涞贵道："可他是一个企业的领导，修正柳河制药厂的厂长，名叫杨顺和。"

大盛问："他的产品自产自销吗？"

修涞贵道："他只生产，从不销售。"

大盛道："那他应当说是一个优秀的企业管理人才。"

修涞贵道："我告诉你一个底细，他这个厂是修正的原料生产基地。它的任务，是给'斯达舒'等品种提供高质量的原料药。"

大盛还是摇头："主管提炼原料的，怎么也成了企业家？还是优秀的？"

修涞贵道："严格地说，评定他为优秀企业家，不是集团公司的意思。"

大盛接着摇头："没有集团公司的意见，他能当得上吗？"

修涞贵道："问题就在这里，最先向我发难的是营销公司，他们听说企业要评最高奖，于是就提出，不管叫什么奖，一定得把老杨评上。"

大盛问："这为什么？是谁敢向董事长发难？"

修涞贵："理由很简单，这几年来，老杨给各生产部门提炼了成百吨的原料，年年的合格率都在百分之九十九以上。这些年在市场上，经常遇见药监部门搞突然抽查，每次抽查的结果都是修正药业名列前茅。你知道，营销人员不参加产品生产，对药品质量他们只能相信产业公司，可每次抽查都得到好评，他们必然对产业公司产生敬意。老杨，就成了他们最为敬重的人。接着，产业公司也提出要求，要评最高奖，非老杨莫属。他们说，没有老杨提炼的优质原料，看你们谁在市场上能卖得火？"

大盛点头："说得也有道理，关键还是你这最高两个字闹的。"

修涞贵笑着说道："所以，老杨也成了修正的优秀企业家。"

大盛道："修董，通过这十来年的磨炼，你对人才的使用和激励，可以说是深谙其道，也可以说，已经到了炉火纯青的程度。"

修涞贵说了声"谢谢夸奖"，忽然陷入沉思。接着，他站起身来，走到窗前。

大盛不解地望着。

窗外，夜色正浓。深夜的北京并不平静，每条街道依然是华灯闪烁。无数辆汽车亮着车灯，在大街上飞快地穿行。北京已经变成一个"不夜城"。

伫立片刻，他又走回座前，面色凝重地说道："这些年来，我们的国企、民企，还有大大小小的单位，都在争抢人才。大学毕业生、硕士生、'海归'、博士，甚至博士后，都很抢手。到处都在大讲特讲如何使用人才……"

大盛道："没错，人才是企业之宝嘛。"

修涞贵道："你知道，人才，能在企业员工中占多大比例？"

大盛想了想说道："从大学本科学历算起，能占百分之十？"

修涞贵摇头："占不到，我看顶多能占百分之五六。在修正药业，把学历较高的、有实践经验的、职称很高的人统统加在一起，只有百分之六多一点，何况是其他企业？"

大盛道："你能把这百分之六点多调动起来，也就很了不起了。"

修涞贵面色依然凝重："这两年，让我忧心的，不是如何调动人才，而是那些年龄偏大，既没有学历、也没有职称的普通员工。"

大盛道："这个数量也不小。"

修涞贵道："粗略一算，至少有千把人，属于这个范畴。"

大盛道："这些员工，只能在辅助工种劳动，也许能够完成本职工作，但他们也只能按劳取酬。"

修涞贵道："这些人的年龄，大致在四十岁到五十岁。他们无一例外都是在'文化大革命'期间长大的，别看学历上写的不是初中就是高中，实际上，不少人，只有初小文化。"

大盛道："尤其是农村出来的，有的可能只会写自己的名字。"

修涞贵道："这样一批人来到企业，只能干搬运、烧锅炉、运垃圾……一句话，靠出力气挣钱。他们普遍的心理是自愧不如，矮人三分。万一再受到什么不平等待遇，更会产生自卑感。"

大盛道："企业里不平等的事情很多，从工资差别，到居住条件、办公条件……不胜枚举。"

修涞贵道："那就是说，他们会长期处在一种自卑有压力的环境下生活。你说，他们会有"三感一心"里的自豪感吗？"

大盛点头："很难。"

修涞贵道："如何让这些人摆脱这种自卑的心理，让他们也能感到，他们虽然干的是辅助工种，但是，地位并不低下，他们当然也是企业不可或缺的一部分。让他们产生唯有在修正药业才能获得的尊重感和自豪感，是我这几年反复思考的事情。"

大盛道："能关心这些底层的人，我觉得这就是'达者兼济天下'。"

修涞贵摆手道："就企业来说，仅是'独善其身'而已。我不过是想让他们感到，虽然，他们不是这条巨龙的眼睛和双角，而只是一片鳞甲，而这鳞甲，也是龙的组成部分，也是不可残缺的。"

大盛点头道："比喻得很恰当。"

修涞贵道："我们到处可以看到'人才激励机制'，却一直没有谁去关心那些大量'无能'的，不称其为人才的人，这是不公平的。"

大盛道:"其实,这也是社会的不公平。"

修涞贵道:"事实上,改变这种不公平的状况是有很多困难的。因为他们除了力气,没有任何技能,怎样激励他们,的确是一个难题。"

大声问道:"你是用了什么办法?"

修涞贵道:"我在企业的产业公司里,设置了一个奖项,想了好久才定下名字,就叫'企业能人奖'。第一次评奖,就评出二十八个'企业能人'。"

大盛道:"本来一向被称为'无能'的人,成为了'企业能人',这本身就是一种价值的肯定。"

修涞贵道:"其实,他们都是有价值的人,他们付出的体力,付出的辛苦,高于他人多少倍,却常常不被别人看重,我就是想要改变这样的氛围,让大家都来尊重他们。"

大盛道:"中国有句古话叫:'善救物者无弃物,善救人者无弃人'。"

修涞贵道:"产业公司有一个工人叫吉春,今年40多岁。他的父亲是位老铁路工人,早已去世。他刚懂事的时候,就赶上'文化大革命',基本上没上过学。他的母亲有病,生活难以自理。爱人没工作,还有个十来岁正在上学的孩子。"

大盛叹道:"中国城市里典型的困难家庭。"

修涞贵道:"他来到企业,先是当装卸工,由于体力不如人家,干得不好,被调到锅炉房,在那里干得也不行,本来想辞退他,但又考虑到他的家庭困难,就把他调去当厂院的清扫工。"

大盛问:"这回干得怎么样?"

修涞贵道:"临调动之前,产业老总找他谈了一次话。希望他为家庭生活着想,为老母亲着想,珍惜这次机会。再要干不好,就得再次下岗。"

大盛问:"谈话有效果?"

修涞贵道："人，有时候会突然转变，吉春就是一个例子。他原来在铁路下属的一个单位上班，在那工作，没好没坏。那个单位'黄'了，他下岗了，再到修正来，从没有人告诉他该怎样对待工作，他还是照样出工不出力。"

大盛道："这就是国企的通病。"

修涞贵道："通过那次谈话，吉春当了清扫工，他的工作热情一下子涌现出来，整个变了一个人。厂区里所有死角旮旯里的陈年垃圾，都被他清扫得一干二净，不论是道路，还是花坛，没有一点脏的地方。在他的带动下，所有的清扫工都变了样，楼梯、走廊到处干干净净。吉春说，他把厂区当成自己的家，有了脏、乱、差的地方，看着就难受。"

大盛赞叹道："鳞片也能闪光。"

修涞贵道："产业公司的领导，看他大热天在太阳下干活，专门给他买了个大草帽，还发给他劳保手套。这不，这次评奖，他就成了'企业能人'，还给他涨了一级工资。"

大盛道："我们今晚的谈话，涉及一个重要问题。就是党提出的关于和谐与公平的问题。"

修涞贵道："是的。没有对普通员工的关爱，企业就无法得到和谐，同样，社会也不能和谐。还有一件小事，让我很有感触。有一年过端午节，厂里决定要放半天假。那天下午，车队长忘了车间还有临时加班生产的工人，给开通勤大客车的司机放了假。到了五点多种，加班的工人下了班，却没有通勤车送。人们集聚在那里，时间一长，难免有人叽叽喳喳发牢骚。"

大盛道："赶紧把司机找回来。"

修涞贵道："我看见工人等在那里，都很着急。要是过去，我一定要把车队长大骂一气，然后派人去找司机。那天，我真就没骂人，而是进了车库，把通勤车开了出来，把工人挨个送到家。许多工人下了车，才知道是董事长开车送她们，都很感动。"

大盛道："既然是修正的员工，大家就是兄弟姐妹。"

修涞贵用肯定的语气道："当然，你既然要做'百年修正'，这些年轻人，很可能一辈子都要跟你在一起工作，想想这些，心里自然就会产生感情。通过我开车送员工这件事儿，在不少工人眼中，我的形象也有所改善。有的工人说，平时看着董事长，觉得他总是那么严肃，挺吓人的，现在看，他挺关心我们，挺通情达理。瞧瞧，干一点小事儿，换来个好评，这趟车，没白开。"

大盛道："从小事做起，从细节做起，有了和工人的这种感情，每项制度的建立都一定会是公平、公正的。"

修涞贵道："你说得对。最初的制度建立，就是先从产业公司的生产班、组做起。结合 GMP 认证，多次召开工人座谈会，商定每天生产的定额是多少，定多少最合理，我们结合平时生产的考察，广泛征求生产工人的意见。还有像原材料进厂的检验程序，原材料的消耗比该是多少……凡是涉及生产的十几个可以量化的部门，都确定了合理的定额。这些年，有些定额已经被突破，有些定额到现在还保持着，说明我们当初确定的定额，既是民主的也是合理的。"

大盛问："制度有了，定额定了，执行起来呢？"

修涞贵道："一个字：严！整个产业公司的管理，由我的三哥修涞富负责。他深谙企业生产的管理之道，几千名工人的操作，百余种产品的生产，都管得井井有条。他唯一的业余爱好是收藏从古到今的秤砣，他的处事和为人，也像他家里摆的那些秤砣和老式天平一样，既准确，又公平。"

大盛问："整个集团公司的规章制度怎么样？对于董事长和高层管理人员有没有约束力？"

修涞贵道："当然有。集团公司研究建章立制，也是由上而下，再由下而上反复几次才敲定的。修正药业赋予高层领导，除了权利，还有责任和服务。制度公布后，这些年基本上无人违反。作为董事长，我就要更加自觉。比如，每周一的升旗仪式，只要我在家，不论头一天忙到多晚，早上，我一定爬起来，站到工人的队列里，参加升旗仪式。"

大盛问："我知道许多民企里的高层领导，都在国企工作过，他们和你在一起，感受如何？"

修涞贵道："许多国企干部到了民企，都有点畏首缩脚，因为钱是老板个人的，他们处理事情，也都十分小心，这有时会妨碍他们才能的发挥。"

大盛道："我想你是会有办法解决的。"

修涞贵道："我的办法很简单，我认为，双方得要经过一个时期的磨合。在这个期间，他们要是做错了，不埋怨，少埋怨。要是做好了，多表扬，多鼓励。度过了这个磨合期，他们就会有所改变，变得敢于负责，敢于做主。现在，修正药业的每个高层领导，都可以独立工作，都可以独当一面。"

大盛点头："相互磨合，看来是个好办法。有没有磨合不到一起的？"

修涞贵道："当然有，你知道，我一直是董事长兼总裁，那一年，我想卸下一副担子，便聘了一个人来做集团公司的总裁。我俩磨合了一年多，越磨合越觉得别扭，有些规章对他就形同虚设，没有约束力。最后，只好让他走人。"

大盛道："我认为，修正药业在企业管理上，既尊重传统文化和民风民俗，又吸收西方文化的先进营养，实现了传统与现代的水乳交融，特别是你对普通员工的关爱，让每个平凡的人都能发出光和热，创造了一个公平和谐的企业氛围，这就是民营企业的现代化管理，你说对吗？"

　　修淶贵点头："我在努力做到这一点。"

　　大盛说完，连打哈欠。

　　天快亮了，他真的困了……

二十　为保护中医中药尽其全力

废除"中医中药"论又沉渣泛起，他挺身而出，用雄辩的口才反击那些数典忘祖的人。

隔了几天，修涞贵离开北京，到南方一个风景区，去参加一个关于改善农村医疗状况的研讨会。

会议是由一个全国性的医疗协会主持召开的。因为是研讨会，参加会议人士的观点有点"五花八门"，两天的会议，大家纷纷都把各自的观点亮了出来。

有一位医学专家的观点，引起了不小的震动。他说，为了保证亿万农民的健康，建议有关部门，要禁止中医、中药进入农村。理由是，科学试验证明，中医、中药根本不能治病，中医、中药尽管流传了几千年，人们对它都是盲目相信。其实，它从历史到现实，根本就没有治好过什么病，有些病好了，那是自身痊愈的。一句话，中医、中药是既误国家，又害百姓。要取消中医的说法，在网上早有所耳闻。但是在会议上，面对面地听到有人讲出来，不仅对于修涞贵，连会议的组织者们也感到意外。

修涞贵的反应先是惊讶，继而便冷静下来，他希望能从这位专家的口中，听到更多的理由。听来听去，无非还是那些老套说法，什么"没有仪器"呀、"没有生理解剖"呀、"不知道病毒和病菌"呀、中药里"重金属超标"呀……

当天晚上，修涞贵见到了大会的主持人。修涞贵说，明天我要发言，希望大会多给一点时间。

这位大会主持人，也持反对取消中医中药的观点。他坚定地点了点头："明天，我们全听你的。"

当晚，他给大盛打了一个电话，让他查一下网上"关于废除中医中药"的帖子，里面有没有说出一些具体道理的观点。

大约过了一个小时，大盛给他回了电话，说他差不多看了所有的留言和帖子，没找到值得反驳的理由。

第二天，会议一开始，不少人对取消中医中药的观点进行反击，那位专家不停地插嘴反驳，一时间，连吵带嚷，会场笼罩着一片浓浓的火药味。轮到修涞贵发言，会场仍然没能平静，主持人连连喊话，几乎没人愿听。在这样乱哄哄的环境下发言，是难以起到应有效果的。

修涞贵不得不动起脑筋，他决定用一个出人意料的小幽默，化解整个会场的紧张气氛。

他从兜里掏出一张写了几行字的白纸，放到面前，看了一眼，便大声说道："各位领导，我的讲话完了，谢谢大家。"

纷乱的会场，一下子静了下来。争论的、反驳的、坐在后边昏昏欲睡的，一起瞪大了眼睛看着他。这个修涞贵肯定是吃错药了，怎么开口第一句就说"我的讲话完了"？看着会场静了下来，修涞贵把桌上的那张纸拿了起来，看了看，一本正经地说道："对不起各位，讲稿看错了，看到最后一行去了。"轰的一声，会场发出一阵笑声。

修涞贵清了清嗓子，开始发言："我们本来是研讨改善农村医疗条件，可是，大家争论得最热烈的是要不要取消中医、中药。其实，想要取消中国的中医、中药，并不是从今天起，也不是从这位先生起，当然也就不是什么新鲜事儿。据我所知，早在公元1912年和1915年，当时的北洋军阀政府，就两次宣布要取消中医和中药。到了1923年，将介石的国民政府，再一次宣布取消中医、中药。这就是近代史里的三废中医、中药。"

与会人员倾心听着。

因为尚未听出修涞贵对取消中医中药的态度，那位专家也是屏吸静气，专心地听着。

"大家都知道，中医、中药是发源于中国，如果从传说中的神农尝百草说起，至今至少有四五千年的历史了。要是从扁鹊和华佗的医道成熟时期说起，直到今天，我们的中医中药可以说救人无数。哪怕是从张仲景到孙思邈悬壶济世的时候说起，也许不少发达国家的祖先，不知是不是还在树上。"

那位专家从这一句话，听出了修涞贵的态度，他立即喊了起来："我反对用这样污辱性的语言讲话！"

修涞贵立刻反问："你是不是相信达尔文的'进化论'？我们所有人的祖先都曾经在树上，这怎么能是污辱性的语言？"

"对呀，你的祖先难道不是从树上下来的吗？"

"崇尚西医的人，怎么能反对'进化论'呢？"

不少人跟着随声附和。专家一时哑言。

修涞贵接着说道："其实，在中国近现代史上，要废止中医的名人，也不止今天在网上出现的那些人。在'五四'运动以后，主张废除中医中药的人有两种理由：第一种理由是认为'中医是三没有'。一是没有病理；二是没有病位；三是没有解剖。第二种理由是认为'中医是三不知道'。一是不知道化学；二是不知道科学；三是不知道病毒和病菌。专家先生，你认为他们说得有道理吗？"

专家连连点头："当然，有道理。"

修涞贵道："就在中国国民政府要废止中医、中药的时候，中国的'汉医'在日本、韩国却大行其道。正是因为有这样的反调，新中国成立后中医中药一直处于落后状态。日本是世界上数一数二的发达国家，韩国也是亚洲四小龙之一，人所共知，他们两国的西医水平相当高超，可是，他们并没有因此而要废止中医、中药。反而加大了中医、中药的开发力度。最近，据说韩国要把中医、中药变成'韩医'申请世界文化遗产保护。大英帝国当然是西医发达的国家，甚至可以说是发祥地之一，可是，就在英伦三岛上，开设的中医诊所就有3000多家。就在年年都有人得诺贝尔医学奖的美国，也有100多所学校开设中医课程。在美国49个州已经立法承认中国的针灸，并准予办理执照和注册。全美国的针灸师也有3万多人。同时，也请大家注意这个数字，世界中药市场的年销售额大约是350亿美元。日韩两国就占了70%—80%。而中国只占5%左右。作为一个制药厂的董事长，我为这个数字感到汗颜。"

会场还是一片寂静。

"中国历史悠久，从古到今想要废除的东西很多。"修涞贵继续说道，"比如说，佛教传入中国后，就遭到四次灭绝，先是北魏太武皇帝灭佛；接着是北周的武皇帝也灭佛；继而是唐朝的武宗皇帝再灭佛；最后是后周世宗彻底灭佛，斩杀和尚，焚烧寺庙，把全国寺院的铜佛全部收缴熔化铸钱。可是，灭佛的结果如何呢？大家都会看到，薪尽而火传，直到今天，笃信佛教的善男信女何止成千上万？全国家家寺庙都是香火鼎盛。事实证明，一种文化一种传统，是无法用行政命令和某些权威影响，就能够轻易改变得了的。"

众人依然倾听，有人在记录。

修涞贵望了望主持人，主持人示意让他继续讲下去。

"如果说，有些人对历史不清楚的话，那么，按照在座各位的年龄，对'文化大革命'期间的事情，该是记忆犹新吧？十年'文化大革命'不光是要灭佛，而是要消灭一切宗教。就连'全国政协'也被砸烂，大门前还刷上大字标语，写的是：'无产阶级专政毋庸协商。'闹腾了十年，结果如何呢？粉碎'四人帮'以后，不得不用几年的时间'拨乱反正'。'文化大革命'期间，要彻底批倒批臭'孔老二'，那十年代人受过最多的也是'孔老二'。而今呢？走出中国国门，能够有资格代表中国五千年历史的，就是'孔老二'，能够代表中国人最优秀形象的'大使'还是'孔老二'。这一切难道不值得我们认真思索吗？"

会场变得越发寂静，连墙上钟表的滴答声都清晰可闻。

修涞贵继续说道："从看到网上有了废止中医、中药的帖子，我就百思不得其解。中医碍着谁了？它得罪谁了？是谁规定只准看中医不准看西医，抢了西医的饭碗了吗？至少在我的已知范围，没有听说过这样的事情。要么就是看中医、吃中药看出、吃出了大事故了？没有哇。中医是'巫婆''神汉'吗？中药是'海洛因'吗？肯定都不是，我想，要废止中医、中药的人也不会这样认为。那到底是为什么有些人对中医、中药如此深恶痛绝呢？一定要废止而后快呢？因为我实在找不出中医、中药让人憎恶的理由。更找不出一定要废止中医、中药的正当理由。实在没有办法，那我只能说，要想废止中医、中药，只不过是某些人搞的一场'恶作剧'罢了。"

忽然，会场上响起一阵热烈的掌声。由于来得突然，完全出乎意料，倒把修涞贵吓得一愣。

待到掌声平息，修涞贵继续说道："我可以告诉大家，自从我看到有人要废止中医、中药的帖子，我就下了决心，为了保护流传了几千年的中医、中药，为了传承中华民族的无价瑰宝。我要带领修正药业尽其全力，投以重金，用更大力度开发中医、中药。我们决定在全国开设上千家以卖中药为主的'修正堂大药房'。我要聘请有真才实学的离、退休老中医坐堂看病，就是要更大程度地挖掘和利用中医、中药这个宝贵遗产！"

又是一阵掌声。

"为了更大规模地开发中草药材，修正药业已经开辟了双阳'梅花鹿养殖和产品加工基地'、通化'修正人参产业园'和长白山'返魂草基地'。请大家相信我，经过五年精选和提炼，五年临床和应用，用不了十年的时间，中国的中医、中药，一定会堂而皇之地走向世界，走向那些以西医占统治地位的国家，让他们在中医的指导下，吃着中国的中药延年益寿！"

掌声热烈而经久不息。

修涞贵只顾讲话了，他倒没注意，不知什么时候，那位专家已经从会场悄悄地溜了出去。

人们纷纷围拢过来，争着和修涞贵热烈地握手。人们感谢他的发言，感谢他对废止中医、中药"恶作剧"的有力回击，更感谢他为弘扬祖国医学瑰宝所做的努力……

其实，大盛还有一个消息没有告诉修涞贵。据说，某个外国才是掀起这场废止中医闹剧的源头。那个国家认为，在中国要不能消灭中医，进口的外国药卖不了高价，也没法子占领中国这块世界最大的市场。

他之所以没讲，是生怕修涞贵搂不住火把"炮弹"打到外国去。

二十一　营销市场的"天下第一军"

营销员工和企业融为一体，不光是为了金钱，还有终生相守的情感。

　　因为在开会期间为修涞贵查找过网上的帖子，大盛对这次会议不能不关心。得知修涞贵返回北京，他立刻就赶了过来。修涞贵兴致勃勃地跟他讲了他用一个小幽默，改变会场气氛的事情，不想却引得大盛也哈哈大笑。

　　大盛边笑边说道："想不到你还会耍这样的小把戏。"

　　修涞贵道："急中生智吧，不然实在没法开口。"

　　大盛道："听说你回到北京，又听说嫂夫人也要到北京来，今天早晨，我爱人说，要找个饭店宴请你们二位。"

　　修涞贵回答很干脆："要去，我们两口子就到你家坐一坐，就在家里，有什么吃什么。"

　　大盛为难地说："陋室，太远，在回龙观小区，再说，也没有散装茅台……"

　　修涞贵道："既是朋友，就不该有贵贱之分。没有散装茅台也没关系，我带瓶装茅台去。"

大盛忽然想起："我听说，修正药业要在北京买地建厂？"

修涞贵点头。

修正药业要进驻北京的想法由来已久。世纪之初，集团公司研究要走出通化的时候，就有人建议要把总部迁到北京。修涞贵考虑再三，决定第一步把总部迁到长春。一年以后，在长春高新开发区黄金地段，就耸立起一座形如巨轮、高达 16 层的修正大厦。就在长春的大楼日夜施工兴建的同时，他又在北京的建达大厦租下一层楼，把营销公司迁了过去。接着，他又在靠近东直门的一个小区购买了几套住宅。

这一切，都是为了进驻北京铺路。营销公司在北京工作一年多，就在准备和建达大厦续签 2002 年租房合同的时候，修涞贵一声令下，把营销公司又迁到长春。至于为什么进京又出京，一位营销公司的中层干部道出了原委。

他说："从通化到北京，要是旅游，每个人都会高高兴兴。要是来工作，就感到很不习惯。出门不认识路，回来找不着家。路不熟，人也不熟。消费太高，有点无法承受。"

"不要听人家说，'人，是最能适应任何环境的动物'，咱们就信。这就是营销公司来回折腾给我的教训。"

在一次集团公司办公会议上，修涞贵对下令把营销公司迁回长春的理由做了说明。他说："我们都是土生土长的通化人，通化是座美丽的山城，是我们的家乡，我们都热爱它，喜欢它。可是，我不得不说，它毕竟是个小城市，毕竟是个山沟沟。这里的生活习惯和首都有太大的差别。原本，把营销公司迁到北京，有尝试的意图，现在看，修正药业进驻北京的时机还不成熟。这个不成熟不是指经济条件，不成熟的是我们员工的素质。"

总裁王志广说："董事长的意图是，北京还是要进，但不是现在。我们要把长春当成演兵场，锻炼工作能力，提高个人素质，熟悉和适应大城市的工作环境，迎接进京赶考。"

有人说，修正药业第一次进京赶考不合格，此话不谬。当然，也有人说修涞贵的这些做法有悖于常理。北京有什么难以适应的？多少农民工进北京，他们不是照样生存吗？多少外地人成了"北漂一族"，不是也在北京生活吗？北京是全国人民的首都，全国人民到那里都能适应，怎么修正药业的人就不能适应呢？

一件事情，要是从正反两个方面解释，都可以成为真理，这就是哲学上讲的"二律背反"。

对此，修涞贵有坚定的信念。他说："不管是民工，还是'北漂'进北京，都是单打独斗，成败由己。我们进京是企业重心转移，是为了提高企业知名度和工作效率。因为我们不是为图虚名而进北京，所以，必须重视员工素质的提高，才能在北京站稳脚跟，才能真正实现进京的高远目标。"

由此，"素质"两个字，在修正员工的头脑中，特别是在中层干部中，逐渐占有了重要位置。他们开始重视接人待物的礼仪、讲究穿着和风度、改正随地吐痰和乱扔烟蒂、入厕不冲洗等坏习惯……

和许多东北人一样，通化人说话，也是翘舌平舌不分，也就是常说的"四、十不分"。许多人就把改正错误的方言也当成提高素质的一个锻炼。有人说，这些都是细枝末节，不足为道。

而恰恰就是这些细节的不断改进，正在逐步提高修正员工的整体形象。

修正药业要在北京郊区建立总部的消息不胫而走，把这样一个有实力的大型企业拉到自己区域，是北京周边几个区委和政府领导的争取目标。在一两年的时间里，在各处选地、与各级政府领导谈判的工作一直未停。

大盛是在无意间听到这个消息的。

前些天，大盛和几个朋友小聚，一位在昌平区政府工作的朋友，无意间说起修正药业的一位王总，到昌平一带看地，说要买地建厂。

另一位朋友高兴地一拍桌子："买地干什么？就在北边那个宏福园经济开发区，有一个现成的药厂，不是很景气，修正要是能够接手，岂不一举两得？"

大盛把这个消息告诉给了修涞贵。

修涞贵告诉他，他在南方开会期间，接到王总的电话，也说了这个药厂的情况。很可能在这几天，他就要和昌平区的领导见面商谈这件事情。

修涞贵的夫人李艳华很晚才能到达北京。她来北京的目的之一，就是参与这件事情的决策。

大盛请客的时间只能定在第二天下午。

就在第二天下午三点多钟，修涞贵夫妇准备动身去大盛家的时候。突然接到王志广总裁的电话。他说，昌平的区委书记和区长要来看望你们，现在已经出发，请你们务必等候。

两个人只好复又坐下。

修涞贵只得给大盛打电话，表示遗憾。

接近四点钟的时候，王志广总裁陪同昌平区的几位领导走了进来。寒暄过后，几个人坐在一起，商谈由修正药业入股这家药厂的具体事宜。

从这一天起，修正药业入股这个药厂的程序，进入实质操作，修涞贵和大盛也没能再见上一面。没能见面的原因是双方造成的。

修涞贵办完接手药厂的全部手续，注入资金后，立即赶到关内，一个省一个省地落实药品销售计划。

大盛则被总编派到黑龙江，跟踪采访一位有实力的企业家。

接着，修涞贵又到了四川，在成都并购了一家大型制药厂。几天后，他又在江西南昌和海南的三亚，分别购置了准备新建药厂的土地。适度扩张，成为今年修正药业的主题。

这一晃，就是两个多月，等到大盛再见到修涞贵的时候，已是在装修一新的"修正药业集团北京总公司"的董事长办公室里。

看着宽敞的办公室，大盛颇有感慨，他知道，走进北京一直是修涞贵的夙愿。"喜莫过夙愿已偿"。

大盛向修涞贵表示祝贺，祝贺他终于为修正的北京总部选择了一个理想的落脚点。

这个工厂占地将近百亩，厂房建筑具有现代风格，生产设备较为先进。这其中更为关键的是，修正药业尽快地进入北京，能依托一个现代化的工厂立稳脚跟，可以为企业节省了两年基建时间，这样，就会使企业提前获得效益。停产了一年多的车间，又重新活跃起来，机器飞转，工人在忙碌，订单源源飞来，生产出来的药品迅速装箱出厂。

这一切，都是因为有了修涞贵的调度和指挥。有工厂、有设备、还有药品的品种，把机器一开，生产出产品，这并不是什么困难事儿。能够把生产出来的产品，统统销售出去，把钱赚回来，才是关键，才是本事。要说在市场上经营销售产品，恰恰是修正药业的一大强项。

修正药业这些年，年年利润翻番，产业基地的生产工人日夜加班，还是供不应求。许多产品常常不等入库，就被直接运往市场。形成这种火爆场面的主要原因，就是因为修涞贵精心打造了一支水平高、能力强的营销队伍，织造出一个遍及全国的营销网络。

如果说企业是一列奔跑的火车，在当今"以销定产"的市场经济环境中，营销公司永远是拉动这个企业列车的火车头。修正药业的这个火车头，马力大，炉火旺，热气高。这个火车头，是一支将近两万人队伍，均衡地分布在全国两千多个大大小小的市、区、县里。

经过将近十年的艰苦磨砺，经过多少次大浪淘沙，这支营销队伍已是越做越精，越战越强。个个精通业务，人人素质极高，屡屡创下全国销量之最的佳绩，堪称是中国药品营销市场中的"天下第一军"。

市场竞争不光是产品竞争，更为激烈的是人才竞争。

许多药厂，要是能够挖到一个修正药业的普通销售员，就会任命他为一个地、县的负责人。

要是能挖到修正的一个地级营销经理，就可以让他当一省营销之总。

要是能从修正挖出一个"省总"，或是企业的中级干部，就可以让他当那个企业的"副总"和营销"老总"。

据知，目前国内有不少家制药企业的"副总"和营销"老总"，是从修正药业挖出去的。

在市场经济条件下，员工"跳槽"和流动都属于正常现象。

值得一提的是，将近十年时间，还没有哪一家企业，能够撬得动修正药业任何一个省一级的营销"老总"。遍及全国三十多个省市自治区，主持一方营销大计的一省之总，是修正药业站稳营销市场的骨干力量。他们都可称得上是修涞贵的亲兵和爱将，也是他十来年倾尽心血打造的一支高素质的人才队伍。在这个队列中，每个人都有一番文韬武略，每个人都深谙修正的营销之道。他们是保证修正药业产销两旺，年年保持上升势头的中坚力量。

在广东"省总"刘诗财被调回总部，重新开辟"外药"市场的困难时期，有一家企业向他伸出橄榄枝，抛出了比他在修正年薪收入数倍的一个大诱饵。尽管当时开辟"外药"的前景难料，面对"致命的诱惑"，刘诗财还是严词拒绝："从加入修正的那天起，我就下了决心，我跟定了修涞贵，一辈子生死相随！"

同样，原河北"省总"孙豪也遇到过这样的诱惑。孙豪是东北人，他在石家庄娶妻生子，调回长春总部，就等于两地分居。一家药厂愿以集团下属的"公司副总"相许，让他常驻石家庄，执掌全国营销大印。就像刘诗财一样，孙豪的回答也是坚定不移："我要离开修正，就是背叛！"

游说的人还不死心，认为这是撬动孙豪的最好时机，又把年薪的价码提高一半。孙豪不得不告诉他："我孙豪活着是修正人，死了是修正的鬼。你们就死了这条心吧。"

两位"省总"的话，句句掷地有声。甚至不惜以死明志，以拒诱惑。其忠可敬，其义可嘉。

今天，修涞贵终于兑现了两年前的一句诺言，随着北京总部的建立，企业重心也转移到这里。

曾经进入北京，后来又走出北京的营销公司，两年后再一次率先进京，在四楼的会议室里，召开了进入新总部的第一次会议。

修涞贵心里十分清楚，当年，营销公司走进北京是大家希望的，奉命离开北京大家不愿意，甚至是反对的。尽管营销公司的人马，最终还是服从命令回到长春，也许，不同的看法和隔阂也由此而生。尽管修涞贵也曾对他们下过信誓旦旦的保证，保证三年之内，让他们高高兴兴地再回北京。可是，一位营销"老总"、一位"副总"，还是相继离开，去另谋高就。

修涞贵不得不亲自担任起营销"老总"。

会议室里座无虚席，还加了不少凳子。修涞贵是以营销公司总经理的身份，坐在长条会议桌的首端的，几十位"省总"加上营销公司的领导，分坐在两侧。听着"省总"依次发言，修涞贵心中感到有些惆怅。他原本不该以这个身份坐到这里，可是，应该坐到这里的人离开了，原因并不复杂，大家在"袖珍小厂"打拼，饿了，一起吃快餐面，困了倒头便睡，相互之间既无隔阂也无分歧。可是，等到企业做大、做强了，矛盾和分歧总是不断地产生，解决了这个又来那个，这到底是什么原因？

修涞贵对这些问题想了很久，他最终还是认为，说到底，就是四个字"无法适应"。有些人可以打"游击战"，可以打"地道战"，甚至拼刺刀，就是无法指挥现代的"信息战""电子战"。同样，有些人可以在小厂里摸爬滚打，却无法适应大型现代化企业的规则和标准。有的人可以在集贸市场上吆喝着做生意，却无法适应大型企业的整体营销战略。

"没有谁是生而知之，我也从没领导过这么大的企业。咱总得认真学习，总得不断地改变自己，总得适应变化的情况吧。"这是修涞贵说的三个"总得"。可谓语重心长。

不是不想改变，而是实在难以改变。想想也是，如果是"小富即安"，如果不能"与时俱进"，如果这种思维方式已经变成定式，变成性格，变成习惯，的确难以改变。

记得那是三年前，修涞贵在一次集团公司总裁办公会上，提出过对高层领导的三条标准，其中第一条就是，必须长久保持企业的上升势头……

修涞贵不会为了适应某些个人的不变的思维方式，把一个大型的现代企业再退缩回"袖珍小厂"。

修涞贵亲自担任营销"老总"，让许多"省总"感到振奋。他们认为，直接的沟通，及时的决策，将会大幅度提高信息和总部指令的反馈速度，将会大幅度提高修正在营销市场的竞争能力。

会议开到很晚，会议结束后，修涞贵又在办公室与几位平时思想比较"轴"的"省总"进行了个别交谈，他希望他们"顺应形势""与时俱进"，以免被时代的发展所淘汰。送走了几位"省总"，天已经蒙蒙发亮，他伫立窗前，望着远处透出鱼肚白的天空，也暗暗告诫自己，一定也得"与时俱进"，不然，修正药业说不定就会被奔涌的经济大潮所淘汰……

二十二　修涞贵激愤地说，我反对"狼道"

> "狼"堂而皇之地走到前台，置"以人为本"于何地？市场竞争是"不求胜，只求不败"，谁能认同？

修正药业的北京总部距大盛的家不远，修涞贵和夫人李艳华已经几次走进了大盛的家门。

从相识到相知，转眼已过四五个春秋，修涞贵与大盛一直是惺惺相惜，两无芥蒂，切磋研讨，把酒临风，倾心而谈，早已成为莫逆之交，到今天又成为通家之好，堪称一段交友佳话。

大盛家住五楼，三室一厅。他的爱人肖雯，是一家文学杂志社的美术编辑。孩子在外地大学读书，是个典型的知识分子之家。室内装潢十分雅致，充满了艺术韵味，显得既宽敞又明亮。屋中家具不多，多为木制，既精巧，又适用。只是客厅里、书房里散堆着不少的报纸、杂志和书籍，显得有些凌乱。

修涞贵扫了一眼，除了有七八个版本的《周易》，其余尽是儒家和道家的著作，看来，这两年，大盛对传统文化的研究，是下了大功夫的。

191

吃完了饭，两个女人去逛商店，屋中一时静了下来。

大盛从书堆中翻出一本杂志，封面是一只狼。"你知道吗？它现在成了最时髦的宠物。"大盛指着那只狼说。

修涞贵点头，表示他有所耳闻。

大盛放下杂志："有关这条狼，待一会儿再谈。"他从书堆里翻出一张报纸，递到修涞贵面前，"你看看，这还是一张学术报纸。这篇文章，你同意他的观点吗？"大盛手指报纸一角。

修涞贵简略地看了看道："这跟想要取消中医、中药的说法，差不多。"

大盛把报纸接过来扔到一边。从桌上拿起一个红皮的笔记本，翻到一页问道："修董，这两三个月，我反复回想我们的几次谈话，也包括我看了这么多的书。我不明白，你为什么对《周易》的唯物主义思想那么相信？你对传统文化那么看重，为什么我总是左右之间摇摇摆摆？听你说的，觉得有道理，看看反对者的文章，也觉得有道理？"

修涞贵回答得极其简单："主见。"

大盛道："我从不认为我是一个没有主见的人。"

修涞贵道："那也很简单，根儿扎得不深，所以就摇摇摆摆。"

大盛点了点头："好像又让你踩到点子上了。可能就是这个原因。在接触你之前，我对传统文化是不闻不问的，干我这行，就我现有的本事也足够用了，何必再去钻那些故纸堆？打从和你谈话，我有了一个感觉，觉得作为一个中国人，要是对老祖宗的东西一无所知，也是个遗憾，所以，就买了这么多的书。"

修涞贵道："我看了你这些书，介绍知识类的大致都不错。问题在一些小报上，甚至你说的这些学术报纸上的观点，就是五花八门了。"

大盛道："尤其在网上更是不堪入目，粗话、脏话，比比皆是。"

修涞贵道："你现在要说跟 40 岁的人，甚至包括 50 岁左右的人谈传统文化，都很费劲，更别说网上那些小青年了，你大概是个例外。"

大盛道："谢谢夸奖。我想，咱们还得再回到传统文化这个话题上来，因为我还有不少问题想要谈。"

修涞贵道："我今天有时间。"

大盛站了起来，从书架上拿下一盒茶叶："我没有散装茅台，可我有今年的新茶，这可是'明前龙井'。"

修涞贵道："足可匹敌。"

大盛边沏茶边说道："我这本子上这样写的：有人说是说不尽的《红楼梦》。我说，真正说不尽的是中国的传统文化，只可惜，现在说的人太少了。"

修涞贵道："希望以后说的人能够多起来。"

大盛道："不管别人谈不谈，我是兴趣不减。"

修涞贵："所以夸你是个例外嘛。"

大盛道："我要提问题了——你认为，中国传统文化的主流，是唯物的，还是唯心的？"

修涞贵端起茶杯闻了闻道："豆花香，好茶。"他喝了一口，放下茶杯，缓缓地说道："我觉得，'十六大'以来，特别强调了对于马克思主义的研究。其实，存在决定意识，或是说，物质决定精神的哲学思想，本来就是马克思主义的核心观点。"

大盛道："这也是我们认识问题的基础。"

修涞贵道："可有些人，对中国传统文化中，特别是孔子学说中的许多优秀的、精华的东西视而不见，而对其中的某些弊端却是无限上纲，其实，这倒是一种典型的唯心主义思潮。"

大盛道："如果我理解得不错的话，你的观点是，孔子思想的主流还是唯物主义的。"

修涞贵道："是的，我一直是这样认为的。因为孔子学说基本上继承了《周易》的唯物主义观点，可以说，儒家的基本观点是唯物的，它是中国文化的主流。不管后来董仲舒加进了什么，也不管'二程'和朱熹加进了什么，都未曾改变孔子学说中的主流观点。"

大盛问："是不是由于有了董仲舒'皇权神授'的观点，有了朱熹的'存天理，灭人欲'的思想，儒教才变成鲁迅说得那样一直在'吃人'？"

修涞贵道："事情不是那样简单。孔子的儒学，甚至包括孟子的学说，最初，都不被统治者看好，甚至遭到强烈排斥。直到董仲舒和朱熹，根据封建王朝的需要对孔子、孟子的学说来了个量体裁衣，儒学才被历代统治者所接受。其实，真正吃人的是封建王朝的统治制度，被改造了的儒学只是他们的帮凶和一剂麻醉药而已。"

大盛道："我方才一直注意听你的讲话，我以为，你会说，董仲舒和朱熹都对孔孟的学说进行了'修正'，可是，你一直都没有用'修正'这个词儿，而是使用了'量体裁衣'和'改造'这两个词儿，为什么？"

修涞贵："先声明，谈论这些儒学的发展和沿革，不是我的专业，我只能凭感觉来谈。比如，孔子'不语怪力乱神'，我看他基本上是个无神论者。那么，我认为'皇权神授'，就不是他的本意。在封建制度下，孟子说'民为贵，社稷次之，君为轻'，一下子把皇帝降到第三等，皇上肯定不高兴。还有，孟子说'说大人，则藐之'，就是要把大人和平民拉到一个等高线上。再有像'君若不君，臣可以不臣'。意思是说，皇帝无道，当臣的可以'猪八戒摔耙子——不伺候（猴）'等。董仲舒等人对儒学的改造，不是修正，是改变，严格地说是篡改。"

大盛道："我懂了。其实，我问了这么多，是想引申到一个很现实的问题。改革开放二十多年，中国市场的竞争虽然激烈，毕竟是井然有序的。诚和信这两个字，既是这个市场的准入证，也是大家应当共同遵循的标准。"

修涞贵点头。

大盛："可是，最近，突然出现了一群人，他们高举狼的图腾，以施行'狼道'为信条，耀武扬威地杀进了市场。你怎么看待这个现象？"边说，他又举起了那本杂志。

修涞贵用轻蔑的口气说道："这只是一个现象，是市场经济大潮卷起的一团泡沫而已。"

大盛道："他们的口号是'市场竞争，狼者为尊'！这就意味着，今后的中国市场，非他们这些'狼'莫属了。"

修涞贵道："狼，总是有野心的。"

大盛："你以为这样说，是对狼道的贬斥？现在'狼子野心'再也不是贬义词了，而被夸耀成'目标远大'。说有了'狼子野心'，就是成功的第一步了。"

修涞贵端起茶杯，长叹一声，又把杯子放下，神色凝重地说："咱们都知道一个道理。根据人是从猿类进化而来的这个观点，我们每个人的身上，都会有善和恶这两个本性相生、相存。人，所以进化成为人，就是因为有了具有文化特征的生活环境，并且通过一代接一代的真、善、美的教育，让人逐渐地远离兽性，更多地滋生人性。这样薪尽而火传的千百万年下来，才出现今天这样共享地球的人类世界。"

大盛点头。

修涞贵说："经历二十多年改革开放，我们终于找到了一个适合我们国家发展的正确道路。在一个'衣食足'的时代，人们更应当提倡礼仪、道德。我不懂，为什么就在党的'十六大'号召'以人为本　执政为民'的时候，一个公然讴歌兽性，鼓吹'人性恶'，希望把人变成狼的理论，能够大摇大摆地出现在大庭广众面前？"

大盛道："其实，这也不难解释，中国目前是一个很开放的社会，各种观点都可以表达。"

修涞贵用激愤的口气道："其实，我们还是太善良，对'人性恶'估计不足。所以我不止一次地提醒我们的员工，修正药业不论是在生产和营销领域，坚决反对使用'狼道'！"

大盛道："不管你是反对还是拥护，反正他们已经杀进来了，是狼，就是要吃人的，你该怎么办？"

修涞贵道："我很自信，不论来的是孤狼还是群狼，他们都没有胆量敢吃掉我。"

大盛道："你是大企业的老总，你可以不怕。但是，他们会吃掉那些能够吃掉的企业，并且扰乱市场秩序。"

修涞贵道："我看，这才是他们的最终目的。"

大盛："那些'以狼为尊'的人，全面地总结了狼的'优点'，第一是进攻精神；第二是团队精神；第三是坚韧不拔的精神……"

修涞贵挥了下手，像是驱赶着什么。显然，他已经从方才的激愤中走了出来，神情也平静了许多，他缓缓地说道："他们应该知道，世界上除了狼，还有猎人，还有猎狗。世界上没有哪一条狼不败在他们的手中。"

大盛摇头："他们讲的狼性，是指经商的心理。要有狼一样的进攻性。一条狼吃不掉对方，就群起而攻之；受伤了，舔干伤口继续冲锋。"

修涞贵道："不论是心理还是现实，这种'以狼为尊'的想法，早就被全人类所不齿。不论是东方和西方，历史上很早就有一批激进的人，提出过这样哗众取宠、或者说是耸人听闻的口号来蛊惑人心。其结果都是留下一片骂声，最后销声匿迹。只是没有想到，还会在今天的中国沉渣泛起。"

大盛道："每一种思潮的出现，都有它的产生依据，你认为，'狼道'的出现，也有它滋生的基础吗？"

修涞贵道："当然。要说'狼道'最初出现，应当最先流行在青年人中间。'上大学容易，找工作难'，这已经是摆在他们面前一大难题。一旦找到工作，又急于致富，恨不得头天上班，第二天就成为百万富翁。越是达不到目的，心里就越着急，眼见着'人道'不顶用，便想用'狼道'来达到目的。仅此而已，岂有他哉？"

大盛道："这好像也是一种很另类的价值观念。"

修涞贵道："这些初谙世事的孩子，完全不懂经营之道。对他们来说，还谈不到什么价值观念。他们把动物世界的进化论的'弱肉强食'搬到市场上，以为可以胜人一筹，抢占先机。其实，都是出于幻想。至少，我要知道你奉行'狼道'，就会出于一种自我防范的本能，就不想跟'狼'打交道。"

大盛道："这也不能完全怪孩子，学校的教育，网上传播的观点，对孩子们的影响都是很大的。"

修涞贵道："中国改革开放二十多年，取得了举世瞩目的成就。可是，教育的改革，总让人感到不对路数。尤其是教育市场化，更是贻害无穷。"

大盛道："同感。交不起的学费，念不起的书，毕了业找不到工作的，已经变成一大社会弊端。"

修涞贵道："这样的教育体系和模式，对青年的影响是显而易见的。说到这些，我感到有一种责任。我想，我们应当把真正的经商之道，告诉年轻人。"

大盛欣然允诺："这个由我来做，我把你的观点，综合一下，发到网上去，最好能够引起讨论。"

修涞贵端起茶杯，深深地喝了一口道："大家都知道中国有一句古话，是孔夫子说的，叫作'君子爱财，取之有道'。"

大盛打断他的话："孔夫子光说了'道'，可没说什么'道'，是'人道'是'狼道'？理解可以不同嘛。"

修涞贵道："有些青年人是这样辩解的。我所以说他们是'辩解'，是说他们故意混淆视听。按照语法解释，君子就是主语，君子所取的必然是'人道'，而绝非'狼道'。"

大盛问："面对社会竞争，许多青年人已经茫然失措。"

修涞贵道："我对他们的忠告就是四个字——'贫贱不移'。要保持君子之道，就是要学会在困难环境里坚守，而不改初衷。"

大盛道："你今天说这些，年轻人不会服气，因为你已经是成功的企业家，而他们可都是一无所有。他们一定会说你'饱汉不知饿汉饥'，也许有人会说你'站着说话不腰疼'。"

修涞贵显得有些激动："我当然是有感而发。你记得，我在创业之初是什么样子吗？袖珍药厂身背400多万元的外债。要我说，现在的每一个年轻人，都比我那时强得多，至少，他们没有那么多压得让人喘不过气来的外债，至少，每个人还都有父母在照管着他们。"

大盛道："因为你也是从困难中奋斗过来的，所以你有资格教育他们。"

修涞贵提高嗓音说道："400万元的外债！我一辈子也没见过这么高的赤字。逼债的债主整天堵着门，有时候晚上做梦还有人要债。有一天晚上做噩梦，忽然醒了，猛然想起一句话：负债，就把它当成盖楼打地桩，负债越多，地桩打得越深，楼房就越结实。自从有了这个想法，身上的压力就轻了不少。"

大盛道："看来，苦中作乐，也起作用。"

修涞贵道："其实，这就是对待苦难的精神疗法。当时，要想还债，必须卖出产品，你可能知道，最初生产的那些产品，有一种叫'天麻丸'的。顾名思义，天麻，一定是这个产品的主要原料，可是，天麻价格很贵，许多厂家卖的'天麻丸'里，根本就没有天麻。当时，厂里有人说，我们是要急于还债的小厂，搞原始资本积累，可以不择手段，我们的'天麻丸'里，也可以不放天麻。说穿了，这就是要我施行'狼道'。我反对这种意见，坚决主张既然要生产'天麻丸'，就去买天麻，按比例加进去，卖一个名副其实的'天麻丸'。"

大盛道："有人详细向我讲过这件事情。"

修涞贵道："重复的目的就是为了证明一个真理。有人说，成本提高，必然得抬高卖价，在市场上没人会买。我主张，赔钱卖，等到人们吃了我们的'天麻丸'，取得了疗效，再提高卖价。几个月后，果然看到了效果，来订购我们'天麻丸'的客户越来越多。就是不断提价，客户还是络绎不绝。在不到一年的时间里，光是一个'天麻丸'，就为我们赚回了两百多万元。"

大盛道："我知道这段故事，但我还是一直在认真听你讲述。我觉得你在搞经营的初期，就是以诚信起家，就是要反对作假，就是要反对'狼道'。"

修涞贵道："不坑、不骗、货真是谓诚信。先卖低价，等客户认同了你的产品，再提高价格，赚取利润，这是经商的手段和智慧，这与'狼道'绝不能同日而语。其实，弄虚作假搞欺骗，尔虞我诈搞'狼道'，并非从这些小青年起始，从前有人干，现在还有人干，就像那些卖假'天麻丸'的厂家一样，直到现在还在屎窝尿窝里滚着，我敢保证，他们永远不会有出息。"

大盛问："主张施行'狼道'的人说，市场竞争也和动物法则一样，就是'物竞天择，弱肉强食'。你同意吗？"

修涞贵道："当然不同意，因为我们是人。人，也是动物，但我们是高级动物。千万别把自己贬低到靠食物链生存的那些低级动物的档次里去。希望年轻人能够分清动物界的竞争与市场竞争，既不是一个概念，更不是同一名词，当然不能随便把这两个词儿倒来换去地拿来说事儿。谁再说市场竞争是'弱肉强食'，说明他对市场经验和知识，一窍不通，根本就是个零！"

大盛道："按照你这个说法，要实施'狼道'的人，就是在自我贬低吗？是对市场经济的误解吗？"

修涞贵点头："是的。这样的人，一定是浮躁的，急功近利的，想要一口吃成个胖子，吃不成，就把自己的脸蛋子打肿。"

大盛道："你觉得，在市场竞争中实施'狼道'，是思维逻辑在定义和定向方面的错误吗？"

修涞贵道："岂止是错误？他不仅亵渎市场法则，也违背人类的认识规律和良知。谁要真正按'狼道'行事，无疑就是自我毁灭。首先说，对要实施'狼道'的人，修正药业决不录用。一旦发现企业里有这样的人，或是受了这种思想的感染，我也会尽快辞掉他。不光是我们企业，恐怕别的企业也会这样做的。"

大盛道："好像——你对狼道深恶痛绝。"

修涞贵道："不是好像，就是深恶痛绝。尤其是什么人还把'狼道'说成是社会生活中的强者法则，更是无法让人容忍。"

大盛道："原因是什么？这是当前一种思潮，很时髦的。有人专门出了书，堂堂正正地摆在新华书店出售，甚至还成了畅销书。"

修涞贵道："我想引证一句先贤的话，说给你听：'尽信书，不如无书。'这是孟子说的。"

大盛道："你对'狼道'这样敌视，能详细解释一下理由吗？"

修涞贵道："可以。我认为，'狼道'违背了经商的准则，更违背了做人的准则。"

大盛反驳道："修董，你这样说是不是太武断了？市场是什么？

市场是竞争的地方，要竞争，不就是需要进攻性吗？"

修涞贵道："这是一些人向狼学习，施行'狼道'的第一条理由。其实，这第一条理由，用在经商上就是大错而特错了。"

大盛问："何以见得？"

修涞贵道："你不是要把一些观点弄到网上吗？那你就记住我说的话，这是一个伟大的真理。一个企业在竞争激烈的市场上，要做到最高境界，不是取胜，而是不败。"

大盛不解："'不是取胜，而是不败'？我不懂。"

修涞贵道："我还要告诉你，也应当把这样的话告诉所有年轻人。市场，是守法经营，是公平交易。一定要说清楚的是：第一，它不是体育比赛，两个选手非得一定要分出胜负。第二，市场也不是动物世界，一定要弱肉强食，更不是大企业吃掉小企业。第三，更不是古罗马的斗兽场，一定要拼得你死我活。不论市场竞争多么激烈，多么残酷，你都不该打倒对手，更不该打垮对手，只要你保持不败，你就会前进，就会发展壮大。"

大盛用疑问的眼光望着修涞贵问："修正药业就是这样做的吗？你能做到这种境界吗？"

修涞贵用肯定的语气说道："请你相信，修正药业就是这样做的，真就做到了这样的境界。"

大盛道："能予以说明吗？"

修涞贵道："我先请你注意一个事实，在 1995 年，我接手那个'袖珍药厂'的时候，通化市有 30 多家制药厂。"

大盛点头。

修涞贵道："将近十年的时间，修正药业在不停地成长壮大，而今走向了全国，将来还要走向世界。你再问一下，通化的制药厂现在有多少家？"

大盛道:"我听说,有七八十家了。"

修涞贵问:"修正药业从小到大走到今天,一直是和这些药厂在同一个城市里起步,也都是在同一个制药平台上发展起来的。你是记者,你可以挨家采访,问一问,我们修正药业发展到今天,'攻击'哪一家了?我们'强食'哪一家了?不要说'攻击'和'强食',你也可以问一问,我们影响过哪一家了?妨碍了哪一家了?不仅没有妨碍和影响,我还要告诉你,我们在很多方面都有默契的合作。我们的设备忙不过来的时候,有不少厂家施以援手。哪个厂家资金困难,大家可以相互调剂。你说,我们之间施行的是'狼道'吗?"

大盛道:"当然不是。"

修涞贵道:"修正药业的发展壮大,对通化的医药发展不仅不是威胁和扼杀,而是一种鼓舞。"

大盛问:"鼓舞?这话是什么意思?"

修涞贵道:"修正药业发展了,有的人说,就连一个当交通警的修涞贵,都能把企业做大,我当初比他强多了,我要是搞药厂,一定比他还能行。就这样,不少人也办起了制药厂,我的一个领导就这样辞官下海了。所以,通化市的制药企业,不是因为有了修正药业变得越来越少,而是越来越多了。"

大盛问:"你们之间没有竞争吗?"

修涞贵道:"其实,当前医药产业的竞争,说到底,还是生产技术和科技含量的竞争。当然你也知道,通化有些制药厂已经衰败了,据我所知,它们的衰败,都是由于技术设备落后,科技含量不高。'君子无德怨自修',找任何客观原因,都不会说得通。"

大盛道:"要是让产品进入市场,也能总有一搏吧。"

修涞贵道:"你知道,全国有六千多家制药厂,胃药品种也不下千种。修正药业的'斯达舒'能够独占鳌头,成为胃药的第一品牌,并不是我们攻击了谁，吃掉了谁。药品的质量高，药品的疗效好，那是靠高科技生产，高标准的要求达到的，是靠患者的口碑得来的。不是吗？"

大盛点头道："这是事实。可是，推行'狼道'的人说，狼还有第二大特点，就是有坚强的团队精神。"

修涞贵道："要说狼有团队精神，甚是荒唐。狼喜群居，一起捕食，是动物习性。它所以群居，是怯懦的表现。老虎群居吗？猎豹群居吗？"

大盛不得不点头。

修涞贵接着说道："狼的群居，可以说成是聚群壮胆，集体捕食是想分一杯羹而已。金庸的小说里说过一个情节：西北的一群猎人，把狼引到一个围子里。饿急了的狼，就互相残食同类。我以为，提倡'狼道'的人，不会不知道，只要经过培养和锻炼，人是最具有团队精神的，我不懂，为什么不提倡人的团队精神，反而让人向狼学习？"

大盛道："我认为，要讲'狼道'，不过是个拟人的手法。和我们讲松树高洁、梅花孤傲是一个意思。"

修涞贵把手一挥："此言差矣。松树的确高洁，梅花的确孤傲。'大雪压青松，青松挺且直'，'疏枝立寒窗，笑在百花前'。这样的拟人让我们认同，让我们信服。我们所以认同和信服，是因为人有积极向上之心，人们有向往真、善、美的本性。要是把狼性移植到市场上去，就是从人到兽的退化，就是提倡'天下滔滔，率兽食人'！"

大盛道："行，'狼道'三大特点，让你批倒两个了，你要是把第三个也批倒了，我就加入反对'狼道'的行列。"

修涞贵道："至于说到狼的坚韧不拔，更不值一驳。狼再坚韧，也无法与人类相比。我问你，中国工农红军的长征精神是什么？中国人民十四年抗战精神是什么？烈士们挺住酷刑的精神是什么？"

大盛道："我们讲人的品德讲得很多了，偶尔讲一下狼的品德，可以抓人眼球，不是吗？"

修涞贵反问："那我们要不要讲鳄鱼的眼泪？要不要提倡像某些昆虫一样，交配完了就吃掉配偶？"

大盛："这个……"

修涞贵道："其实，这种大兴'狼道'的提法也不是新鲜东西，西方早就出现过欺世盗名的'社会达尔文主义'。他们就是盗用'自然达尔文主义'的动物的生存法则，把'物竞天择''弱肉强食'和'适者生存'当成与人相处的法则。为了自身需要，包括生存需要和非生存需要，可以不择手段地改造生存环境。比如说，粮食紧缺，人们应该扩大耕种面积，节约粮食。而'社会达尔文主义者'，就有一千个理由，一万个理由，去杀人去抢劫，甚至不惜发动战争，杀人越多，越有功劳，因为这样就节约了粮食。"

大盛有点惊讶："我明白了，那就是说，日本侵略中国，就是这种观点。我人口多，国土小，所以就有一千个一万个理由，要侵占别国领土。"

修涞贵道："连希特勒也是这种人，因为你犹太人是"劣等"民族，所以我要杀光你。一个"劣"字，就成了'社会达尔文主义者'屠杀上千万犹太人的理由。"

大盛又忽然笑了："咱们现在国内的这些提倡'狼道'的人，不会去侵略别的国家，也不会屠杀别的民族。"

修涞贵面色严肃地说道："但是，这种理论的思想基础是一样的。你可以想象，我们今天并不规范的市场，突然闯进一群狼来，会变成什么样子？"

大盛不知怎么回答："这个……"

修涞贵接着说："人所共知，一千年前，从大漠里诞生的少数民族，像大辽的契丹族，就把狼作为图腾，也许刚开始的时候，他们是茹毛饮血，像狼一样进攻别人，可是，一旦他们接触了文明社会，就在不停地改造自己，以适应社会的进步。难道我们今天也要退回到半人半兽的时代吗？"

大盛翻起两眼，沉默不语，他第一次在修涞贵面前哑言了。

放在两人面前的两杯茶，早已经凉了……

二十三　一种思维模式的形成

> 数年探索，一朝形成。以"形而上"审视"形而下"的"过分"和"不及"。

每个企业家都会面临诸多诱惑，修涞贵也不例外。

最能让人动心的就是，不少人劝修涞贵去搞房地产开发。有人说，可以在长春、在北京的黄金地段搞到土地，愿以土地为投资与修正药业合伙建造商品房。有的开发商的楼盘建设已经开工，中途因为贷款不到位而停工，希望修正药业能够入股或接手。

许多人都知道，在房地产开发方面，修涞贵是个地道的"内行"。早在20世纪90年代初，他就是通化交警支队盖办公大楼的施工监理。他代表甲方对工程进行严密监督。尽管乙方对他的苛刻表示过不满，但也无可奈何，因为他的指责不仅理由充分，就连他提出的解决办法，也高人一筹。

"龙王爷的儿子会凫水。"

要说搞土木建设，修涞贵身上可不缺少遗传基因。他的父亲修文彬是通化市鼎鼎有名的土木工程师，人称"活鲁班"。说到遗传，还得说说修氏家族身世。修涞贵的祖籍是山东高密。和大家一样,不论向前追溯几代甚至十几代,我们无一不是"脸朝黄土背朝天"的农民。

大概是在一百年前,也就是大清国摇摇欲坠的时候,齐鲁大地的不少乡里,就纷纷传说一个喜讯,关外"开禁"了。"关外"指的就是现在的东北地区。

当年,她是大清王朝的肇兴之地,传说中满人祖先,就是因为仙女在长白山天池沐浴时,误吞了鲜果而生的。从顺治入关到宣统倒台,三百多年间,不断有皇帝诏曰:不管是长白山还是周边的土地,一律不准动土,以防刨坏了龙脉。

"开禁",就是没人管了。还有人说,那个地方是"棒打獐子,碗舀鱼,野鸡飞到砂锅里"。

土地是黑色的,那个肥!抓一把都能攥出油来。

就是在这样的前景诱惑下,河北、山东的农民纷纷离开家乡,"逃荒"去关外,从而卷起了一股大规模奔向东北的"移民潮"。

有人这样形容当时的情景:在山海关外黄尘滚滚的古道上,步履蹒跚地走着一群群来自山东、河北的贫苦农民。他们个个衣衫褴褛,面黄肌瘦。几乎全部家当都担在男人的肩头,一头挑的是锅碗瓢盆,一头挑的是孩子。裹着小脚的年轻女人,跟在后面一拧一拧地走着。他们只是机械地向前移动,不知道目标在哪里,也不知前方是何方……

修涞贵的爷爷,就是这样带着全家,走到东北来的。在清源县的大山里安了家,依然是开荒种地,靠着从土里刨食为生。修涞贵的父亲名叫修文彬,一直是这个家庭的主要劳动力。长到17岁,才在冬闲的时候念过两个冬天的私塾。

"人生识字忧患始。"

也许就是从读到了《三字经》上的"考世系,知始终""幼而学,壮而行"这些话，让他知道了中国的历史很久远，"外面的世界很精彩"。他不再安心务农，一心要"壮而行"，一心要到外面去闯世界。但是，他是家里的顶梁柱，从春忙到夏再忙到秋，家里、地里哪件农活都离不了他。直到他24岁娶了妻子，家中又添了一个劳动力，老人才准许他走出大山。

辽宁省抚顺市的原名叫"千家寨"，不知怎么弄的，传到大山里，就变成了"千金寨"。既然叫"千金寨"，大概就是遍地黄金。修文彬就是带着这样的淘金梦，走进了"千金寨"。

只有走到跟前才能看清，这里既不叫"千金寨"，也根本没有什么黄金。有的是乞丐，冻饿而死的"路倒"。

在那里有一个最容易找的工作，就是到露天煤矿里去背煤。背煤，本不应当是人干的活计，如此超重的背负，应当由牛和马来完成。

可是，煤矿老板经过计算认为，完成同样的数量，用人，比用牲口可以减少15%的费用。因为人需求的费用可以降到最低，而牲口却得保证基本吃饱。

于是，露天矿采下的煤，主要靠人背到货场。修文彬在那里背了三个月的煤。工钱本来就很少，再经过工头的七扣八扣，到手的已是微乎其微。就在他几乎累得筋疲力竭的时候，一个偶然的机会改变了他的命运。

他每趟背煤都要路过一个木工的工棚，那里总有几个有"手艺"的木工在那里做活。因为是靠手艺吃饭，据说他们一个月可以挣到两块大洋，这让修文彬好不羡慕。

一天，修文彬发现一个叫阎相吉的木匠师傅，躺在远离木工房的一个简陋的窝棚里呻吟。原来，这个阎师傅患有严重的痔疮，疼得不能动弹。矿主叫人把他抬到这里"养病"。其实，就是让他等死。

修文彬进了窝棚看望他，给他倒了一碗水。

阎相吉说他犯痔疮了，能治这个病的"獾子油"，在他的亲戚家，离露天矿有二十多里路。

收了工，修文彬问清了地址，就上了路，来回四十里，等把"獾子油"上好，已经是下半夜了。

隔了几天，阎相吉的病好些了，就让他找工头算账，离开这里，说城里有一家木匠铺，需要手艺人。

修文彬说，我不会干木匠活。

阎相吉说，我教你。

阎相吉带着他去找工头结账。工头说得扣这扣那，阎相吉就和他理论，最终为修文彬多争回来十几枚铜板还有几张纸币，大概能抵半块大洋。

就这样，两个人离开露天矿，修文彬学起了木匠手艺。

修文彬生性聪颖，悟性极高，在阎相吉的指点下，没用上两年，他就成了"千家寨"里一流的木匠师傅。

"九一八"事变后，日本人占领东三省。他们要修一条从通化到达鸭绿江边的铁路。终点站是"缉安"。缉安，是现今集安的原名，那里气候温和，雨水充沛，有东北小江南之称。修建这条铁路有一个最大的难点，就是如何通过一座名叫老爷岭的高山。日本的工程师在沿途勘探。

缉安铁路招工的消息传到了"千家寨"，听说给手艺人工钱挺高，修文彬闻讯就带着阎相吉来到了通化报名。

那时，阎相吉只有四十来岁，他自幼父母双亡，是姐姐把他养大。就在他年富力强的时候，却患上了在当年可以说是不治之症的"痔漏"。他无儿无女，至今还是孤身一人。他的病时好时坏，三天两头疼得不能动弹，就得躺下。

"一日为师，终身为父"。修文彬有个打算，他走到哪里，就要把师傅带到哪里，一辈子要像伺候父母一样伺候他。

铁路工程浩大，仅木工就有几百人之多。而在这几百人中，只有修文彬能够写下所有工人的名字和钱数，工头就让他给他当半个文书。

日本监工发现阎相吉是个病人，就要把他逐出去。修文彬提出，愿意给木工们无偿记账，来顶替阎相吉的劳动。

当时修文彬只是修路队伍里的一名普通木工，可是他对筑路测量、图纸设计、距离计算都感兴趣。一年下来，他已经可以画简单的图纸了。

就在这年年底，木工队出了一件大事儿。领着几百人干活的工头，从日本人那里领到全部工资以后，走到半路，却拐上另一条道，携款潜逃了。工人拿不到工资，无法回家过年，几百人乱成一锅粥。

最后，大家决定选出一个人，代表大家和日本人交涉。此计一出，大家都把目光投向识文断字的修文彬。

众望所归，修文彬只能临危受托，与几个工人一起，去和日本人交涉。交涉的意见就是能够预借明年一、二月份的工资，好让工人回家过年。日本人同意了这个意见，但要修文彬保证，领到工资的工人在春节过后能够准时回来上班。有一个人不回来，就把他送到监狱去"顶账"，要不，就把他当成"马路大"送到研究所去。

这是一个不小的难题。修文彬回到住处，把话跟大伙说了，大伙一听，说要签字画押。有的说要对天发誓，谁拿了钱不回来，天打雷劈！修文彬把大家画了押的账本，交给日本人看。

日本人同意预借工钱。修文彬带着钱回到住处，把钱发给大家。

快过年的时候，修文彬把阎相吉安排给几个不回家的工人照看，他带着钱回到家。他要回家做个交待，万一有哪个工人不回来，他就得进监狱"顶账"。日本人的监狱可不是好蹲的。灌辣椒水、坐老虎凳不说，弄不好，就把你送到"马路大"研究所去。

"马路大"在日语里就是"原木"的意思。所说的"马路大"研究所，就是臭名昭著的"细菌研究所"。那里一直拿活人做细菌试验，这是当时日本人经常拿来吓唬中国人的一句话。

过了年，到了开工的日子，修文彬赶回工地，让他惊喜的是，所有工人一个不少，全都回来上工了。日本人认为，这个"修"，在工人中很有威信，就任命他来当木工"把头"。"把头"就是今天的工长。

当了"把头"，除了要为工人办事，更有机会接触施工中的高难技术，比如道路测量、桥梁建设、涵洞和隧道建设等，他都想弄个清楚。

到了第二年的夏天，铁路修到了老爷岭山脚，日本人拿来了经过一两年才设计完成的"老爷岭隧道工程图纸"。

如果说，读了两个冬天私塾，会让他想到改变命运走出大山。而今，他在这个工地已经三年，所见、所闻、所学到的知识，已经让他成为整个工程中，级别最高的中国技术人员。

整个铁路沿线，归他指挥的早已不仅仅是木工，而是筑路、筑桥和打通隧道等多个工种和上千名工人。拿到图纸，他和技术人员、工人一起研究，如何打通这个在当年修建铁路史上难度最大的隧道。因为我们看到的所有隧道几乎都是直的，而老爷岭隧道，要在山里拐一个弯。

打通隧道的工程即将开始，修文彬心里总是放心不下，他一直觉得这个图纸有毛病，但他一时又说不清楚。他放心不下，夜里睡不着觉。他点着了油灯，再来仔细察看图纸，终于发现，图纸标明的数字和图样的弧度不同，按照这几个标明的数字施工，火车无法钻出山洞。

第二天一早，他就找到全面负责施工指挥的日本总工程师，向他反映这个情况。

工程师大吃一惊，他不敢相信这样的重大问题，竟然会被一个中

211

国人发现。因为这个设计是全日本最权威的设计单位绘制出来的，出于对权威的敬佩，他对图纸并没有认真查验。他不敢随便修改这份图纸，只能向上汇报。

设计人员又从日本赶来，重新审查图纸，重新实地勘察，果然发现重大错误，立即进行了修改。日本的设计人员和工程师，对"修"连声表示感谢。

又过了两个年头，老爷岭隧道按照修文彬的修改方案终于顺利打通，火车钻出隧道，直奔缉安。

结束了通缉铁路的修建，日本人邀请他参加下一个铁路的建设，修文彬拒绝了。这一年，他的父亲已经去世，他决定定居在通化，他把母亲从山里接来，在繁华的街口，开设了一个木匠铺，招收了几个徒弟，把阎相吉也接到家里，又开始过着靠手艺吃饭的生活。

抗战胜利后，内战爆发，国民党和解放军在通化打起拉锯战。解放军在撤出通化的时候，为了阻挡国民党的进攻，炸断了浑江上唯一的水泥大桥。

一年后，解放军二次解放通化，为了便于浑江两岸的交通，根据当时的财力，决定建造一个木制大桥，并在通化市开始招标。

通化市不少建筑公司参与竞标。修文彬闻讯，认为自己有能力为通化市民解决这个交通的最大难题，结束老百姓从市里去火车站要乘船摆渡的困境。他连夜在家中绘制大桥的建筑图纸。他没有助手，也没有多少仪器，只有凭自己的土办法，通宵达旦画个不停。一连十几个日日夜夜，他终于画完了图纸，交了上去。

隔了几天，一位解放军的后勤部长来到修文彬家中，详细询问他的学历和历史。当他听说他只上过两个冬天私塾的时候，惊奇地瞪大了眼睛。

这位部长说：从日本人手里偷着学来的本事，照样可以为共产党服务。我们看了十来份竞标的图纸，认为你的设计最符合实际，价格也最合理，有好几份的价格都比你低，我们不想采用，那样的价格会让工程半途而废。"

修文彬不善辞令，只是默默点头。

部长说："如果你有时间，现在就跟我到后勤部去，商量开工事宜。"

修文彬有点半信半疑："大桥交给我来建了？"

部长拍着他的肩头道："我都了解过了，你帮日本人修过铁路，当过近千人的大'把头'，工人们对你印象不错，说你心肠好，从没坑害过谁，有中国人的良心。我们决定，把修建浑江大桥的任务，就交给你了。"

朔风怒吼，大雪漫天。大桥修建是在冬天开始的，千余名工人在冰封的浑江东西两岸摆开了战场。新桥就建在原址附近，玉皇山脚下机器轰鸣，钢铁、木材堆积如山。取暖的篝火旁，大家围着修文彬听取他下达一项项指令。作为承担通化市有史以来最大的工程项目的全权指挥的修文彬，那一年刚好40岁。

他首先指挥打洞破冰，然后建造围堰。再把围堰里的水抽干，才能把横江排开的十几个桥墩稳稳地建造在江底的岩石上。桥墩建好后，再吊装钢制预件，搭建桥身……

那年的冬天特别冷，曾经出现过接近零下40摄氏度严寒，加上还有国民党要二次占领通化的谣言，工程进度慢了下来。修文彬急了，他下令扩大施工队伍，把"两班倒"改成"三班倒"。歇人不歇机械，施工日夜不停。他干脆就住到了江边的工棚里。日夜守在工地，因为每个班里都有现场问题需要他来解决和定夺，整个一个冬天，他没睡过一宿"囫囵觉"。连大年三十晚上的那顿饺子，都是由孩子送到江边的。

大桥的建设进度明显加快，终于赶在第二年开江前，如期在桥面上铺下了最后一块钢板。

通车典礼那天，通化市的党政要员和解放军首长悉数到场，十几辆拉着野战炮的美制卡车徐徐通过大桥，两岸同时燃放起鞭炮。一桥飞架，浑江两岸变成通途。

那位后勤部长拉着修文彬的手说："感谢你为东北解放立下了大功！"

"修文彬寒冬建江桥"也成了当时流行的一段佳话。

这座大桥虽是由木头建造，却是坚固无比，它在浑江江面上挺立了十多个春秋。直到20世纪60年代初，又新建起一座钢筋水泥大桥，才把它拆除。

如果说，建造一条横架在大江两岸的桥梁，展现了修文彬高超的建筑水平和指挥能力。而在通化市的另一项重要建筑中，展现的是修文彬高超的智慧。

1953年，为了纪念著名的抗日英雄杨靖宇将军，党中央决定要在通化市修建"杨靖宇烈士陵园"。地址选好后，开始施工。谁知，工程进展并不顺利，开工不久不得不停了下来。

由于山坡的土质问题，陵园围墙修建屡建屡塌，工程无法进行。从全省各地邀请来的众多的设计和土木建筑方面的专家，围着工地转了一圈又一圈，一连商量几天也没拿出解决的办法。

有人建议易地改建。

可是，大部分建筑材料都已经运到山上，易地改建，谈何容易？就在一筹莫展的情况下，有人想到了修文彬，请他来帮助"会诊"。修文彬看了地形，观察了土质，当即提出一个既简单，又出乎众人意料的设想，借鉴修建铁路的经验，建造"地桩镂空围墙"。

修文彬没上过大学，连中学也没上过，更没有什么文凭。他有的是在实践中积累起来的聪明和悟性。"地桩镂空围墙"的想法，就是从建造铁路和桥梁的实践中演化而来的。铁路建设要经过各种不同的地质土层，解决的办法多种多样，地桩固定就是其中一种。修建桥梁更不用说，它是建在水上的，桥桩也是同样原理。

市领导认为，这个想法切实可行。不仅可以解决建造围墙的困难，还可以让围墙更加美观。于是当即拍板，把"杨靖宇烈士陵园"施工建设的指挥权，交给修文彬。能为杨靖宇将军修造陵园，修文彬感到非常荣幸。

他在日伪统治时期就听说过杨靖宇将军的大名，从通化到集安的铁路沿线，正是抗联活跃的地区之一，修建那条铁路的时候，日本人不得不派出重兵把守，对工人也施行严密监视。有几个筑路工人，把粮食和棉衣送给了抗联战士。修文彬也权作充耳不闻，从不声张，当日本人发现疑点开始追查时，又是修文彬的搪塞，让几位工人涉险过关。从此，工人们都把"修把头"当作自己人。

烈士们用血肉之躯，换来了祖国的解放和新中国的诞生。修好陵园便是对烈士最好的纪念。

为了精益求精，修文彬与从东北鲁迅美术学院请来的教授，一同研究陵园图纸和装饰图案的设计，进行了切合实际的修改，在他认为完全满意的时候，施工正式开始。

最先开始的是围墙建造。因为许多人都在关注"地桩镂空"设计的可靠性。依照修文彬设计的地桩，按一定的距离深深打入地下，成为围墙的坚固支撑，着力在地桩上的镂空围墙，克服了地层条件的影响，稳稳地站在地面上，成为陵园一道亮丽的景观。

修文彬充满智慧的设计成功了，解决了陵园修建的关键难题，"活鲁班"的名称也就从此叫响。

到了滴水成冰的时候，陵园的建设停了下来，工人们放了假，整个陵园工地只有修文彬领着两个更夫守候着。

在夏天进木料的时候，他就发现在木料堆中有几根黄杨木，那可是搞木雕的好材料，他让工人把黄杨木抽出来，做成木板。到了冬天，他又拿起刻刀，开始镂空雕花。雕花的手艺是他在"千家寨"当木工时学到的，但他一直认为木匠教他画的样子不好，雕出的动物，不是头大就是脚大，用美术的术语说就是"比例不匀称"，好在那位"鲁美"的教授常来，他就请他设计了"龙凤呈祥""花开富贵"等图案，一刀一刀地刻了起来。

整整一个冬天，他雕刻了十几块三角形状的吉祥图案，还刻了大部分门窗的镂空窗棂。

历时两年，陵园建成，修文彬亲手雕刻的三角形吉祥图案，分镶在正殿柱梁交接处，生动的飞龙，绚丽的牡丹，为整个建筑增添了华丽的光彩。

此后，他成为通化市建筑工程公司的土木工程师，参与和指挥了像英额布水库、军分区大楼的施工建设，以他的聪明和智慧，不断地解决施工中遇到的难题，成为通化市建筑业著名的领军人物。

那位当年的木匠师傅阎相吉，十几年来，一直养病住在修家。在修文彬接手修建杨靖宇陵园的那年，终因久病不治而去世。修文彬把他葬在亡妻的墓地附近，为的是让孩子们在为母亲上坟的时候，也能给阎师傅烧纸祭奠。

修文彬共有八个子女，几个在外地工作，有的年龄还小，但他唯独对修涞贵情有独钟。从修涞贵十多岁时起，他就经常带他到工地上玩，为的是让修涞贵熟悉和喜欢那种忙碌的工地气氛。"文化大革命"期间，学校停课，修涞贵无法上学，修文彬也退休了，父子二人开始走乡进村为农民做木工活计。

其实，修文彬的想法很简单，就是要把自己一生积累的技术和经验，毫无保留地传授给儿子。

　　因为有名气，修文彬退休后，还有不少搞基建的甲方来请他做监理。只要修老爷子喝着茶水，往那一坐，保你工程建设的质量是一流水平。没有哪个施工队伍，敢在"活鲁班"面前偷工减料。

　　修涞贵就这样寸步不离地跟随着父亲，时间长达五六年。从使刨子，用斧子；从做板凳到复杂的家具，无不受到父亲的亲自指点。

　　在基建工地上，又是另一个课堂，从开挖地基到砌砖抹灰，从打圈梁到高楼封顶，老爷子无不讲得详详细细。

　　那时，修涞贵年轻力壮，又聪明好学，几年下来，不论是当木工，还是搞基建，都称得上是技艺超群。

　　尽管后来修涞贵当了交通警察，一身的手艺还在，业余时间做家具，成了他的唯一爱好。

　　通化交警支队要盖大楼，由他来负责管理和监督，对修涞贵来说，既是一次实践，也是一次检验。

　　节约两百多万元，建起一流大楼，修涞贵确信已经得到父亲的真传。

　　如果不是当初接手了那个"袖珍药厂"而"贻误终身"，修涞贵肯定会成为一个成功的经营房地产的企业家。可以说他的血管里，流的就是土木建筑的血液。

　　房地产，这十几年一直是如火如荼，有的人一夜成名，有的人一夜暴富。可以想象，若是修涞贵闯进房地产行业，将会是何等景象？

　　不是没有进军房地产的冲动，在2002—2003年，他几次与房地产开发商接触，有了怦然心动的感觉。也不是没有进军房地产的实力，他要进军房地产，完全可以依靠自己的资金，盖起一幢幢超一流的商品楼盘来。

　　可是，一连几年下来，修涞贵依然在制药业打拼，没有越雷池一步。

　　有人说他性格保守，有人说他不能像许多人那样"与时俱进"，也有人说他缺乏多种经营的头脑……凡此种种，不能不让修涞贵坐下来，对是不是进军房地产，再做一番权衡。

这些年来，修涞贵想问题似乎已经有了一个模式，那就是想要站得更高一点，再高一点。

不管是谁，每当想到要搞房地产，眼前一定会出现精致豪华的高楼，成片的高层社区，流水似的现金，涌进的住户……只要眼前出现这样的情景，不相信有谁会无动于衷。若是再早个七八年，修涞贵会被这样的前景搅动得彻夜难眠，甚至半夜爬起来开始谋划，恨不得第二天早上就开始实施。

也许看了太多的成与败，再想到这些的时候，有一句话突然冒了出来，那就是《周易》中的"形而下者为之器"。如果说眼前这一切都是具体的、实在的客观存在的"器"，那他一定要找到一个可以分析这些客观存在和认识这些客观存在的理性思维，那当然就是"形而上者为之道"的"道"。

站在这个高度，来分析那些让人眼花缭乱的楼盘和别墅群，修涞贵的心一下子冷静下来。

他反复权衡自己的精力。

精力，通而俗之的解释就是精神和力气。作为一个制药企业的董事长，他的大部分精力，都花在产品营销这个关系企业生死存亡的要害部门。那么强大的营销队伍，分布在三十多个省、市、自治区，每个省的"省总"要是一天只和他通一次电话，每个电话只限十五分钟，集中到他一个人身上，他每天用来接电话的时间，就是七八个小时，几近一个人一天的工作量。

何况与他通话的不仅仅是各地"省总"，还有公司的各个系统。他每天如果不工作 12—14 个小时，许多疑难问题，就无法及时得到解决。拖下去也是可以的，但是，用不了多久你就会发现，销量开始下滑，再拖下去，拖不了多久，销量会跌到谷底，甚至难以回升。

假若他再开辟一条房地产开发的战场，那将会是什么情景？他不敢再想下去了。

不用说，就他目前的状况，再去开发房地产，就犯了一条大忌"过犹不及"。

当然，这些年的诱惑还远远不止这些，去搞证券？去搞旅游？每个具体的、现实中的情景，都是那样具有魔幻般的吸引力。

但是，要是用"道"的观点来看这些"器"，来看"这些过分"，这些诱人的东西就会失去那些浮华的魔力。

这几年，修涞贵正是这样辩证地思考问题，这样不断地"修正"自己的"行"与"止"。

这样的决策方式，似乎已经成为一个惯性的思维模式。也许，在那个时候，他还没有意识到，这种思维模式，就是用哲学思想指导的一种"理性思维"的模式。

当然，他也没意识到，这将是他创立"修正哲学"的雏形。

二十四 一个可操作的哲学在碰撞中诞生

中国哲人千年寻找，"修正哲学"集古今中外之大成，将会为民族复兴作出贡献。

从那年跟着高芦工程师到通化郊区去看返魂草，大盛就记住了一句话："鲇鱼炖茄子，撑死老爷子。"至今一两年过去了，返魂草印象不太深了，"鲇鱼炖茄子"却始终没忘。

去年，他找了好几家东北菜馆，都没有这个菜，好容易找到一家，一吃，也不对味道。

修涞贵告诉他：做这个菜，调咸淡用的不是盐，必须有一种特殊的东西。

什么东西？

就是东北农村家家都会做的"大酱"。

大酱？还不到处都有？

不行。不管京城卖的什么甜面酱、豆瓣酱、黄酱……都不行，只能是用东北农村做的大酱。

那还不好办？到农村去找哇。

修涞贵说，我已经告诉他们，就到你吃过的那家去找，就要他家的大酱，送到北京来。

何必呢？还得进山里，附近的农村不是也有吗？

不行，一家做酱一个味。

真想不到，想吃一顿"鲇鱼炖茄子"，真挺费事，还有这么多的说道，还得费这么大的劲。

一周以后，大盛接到修涞贵的电话，修涞贵已经派车去接大盛夫妇，到北京总部董事长办公室，他的厨师正在做"鲇鱼炖茄子"。

大盛和爱人肖雯一起到了董事长办公室，修涞贵夫妇已经把桌子摆好，就等他们二人入座了。

厨师端上一盆热气腾腾的"鲇鱼炖茄子"放到桌中央。

那天是周日，总部员工都休息，没人作陪。两家四口人分左右坐下，修涞贵拿出了一瓶陈年茅台酒。

一坐到桌前，大盛就闻到一股久违了的醇香，他甚至觉得，茅台酒的味道是世界上最好的味道。

修涞贵为大盛倒酒，大盛端起酒杯抿了一口酒，就迫不及待地把一大块鱼肉连茄子，一块叨到吃碟里，大口吃了起来，边吃边说："香！就是这个味道。"

李艳华说："要大酱的人回来说，大盛真有口福。当地人说，十里八村，就数他家的大酱做得好吃。"

肖雯对这一点也不否认："他呀，走南闯北几十年，就学会了吃。"

修涞贵端起酒杯和大盛碰了一下："会吃也是学问。我就是个彻底的外行，要不是他提起这个菜，我一辈子也想不起来。"

也许是搞艺术的人都太敏感，肖雯吃得不多，她总是感觉鲇鱼的那对黑眼睛，一直在愣愣地望着她。

这顿饭，对于大盛来说，可以说是大快朵颐。

221

饭后，两个女人到了另一个房间，她们的话题也很多，说完了丈夫说孩子，同样是没完没了。

两个男人走出餐厅，又坐到一起，话题依然是沉重而又严肃，好像他们的肩上，都担着天下兴亡似的。

服务员送来茶水。

大盛端起茶杯边喝边说道："在对待传统文化的态度上，我还发现不少有趣的现象已经出现了。有的人说，要对传统的东西全面继承，就办私塾，教小孩子读《三字经》《百家姓》，穿上古代的服装，好像只有回到古代，才是真正的继承传统。另一方面，一些人好像对传统文化深恶痛绝，一定要把传统文化扫地出门，扫除得越干净越好。你怎样看待这两种行为。"

修涞贵道："这就是'过分'和'不及'。"

修涞贵道："穿衣服穿'过分'了，热得慌；穿得'不及'，冻得慌。吃饭不也是一样吗？"

大盛道："看来这'过分'和'不及'的问题真是无处不在啊。"

修涞贵道："你说得很准确，这两个东西，就是无处不在。顺着这样一个思路，就引导我去思索一个问题，对待传统文化该不该用哲学的观点、辩证的观点来看待它？也许，这才是唯一可以选择的正确的方法。既然是辩证，那就要对'全面复古'和'扫地出门'两种做法都得进行一番'修正'……"说着说着，修涞贵忽然停止了讲述，他紧戚着双眉，一下子僵在那里。

大盛奇怪地望着他。

停顿了片刻，修涞贵忽然问道："你说，假如我要是提出一个新的观点，要说'过分'和'不及'是人类永恒的两个错误——要是我这样说，你是不是认为有点绝对了？"

原来，他在想这个问题。

大盛连忙摇头："不。以前你说过，世界上的错误成千上万，而表现形式只有两种，就是'过分'和'不及'。对于这个说法，我当时听了就很新鲜，不但仔细想过，也找一些朋友讨论过。大家都说，这个提法是一个创见，很准确，对大家也都是启发。"

修涞贵道："我们生活在世界上，谁都不想犯错误，更不愿意犯错误。要想不犯错误，就得要解决'过分'和'不及'的问题。怎么解决？我看'修正'两个字应当是个好办法。"

大盛道："对于'修正'这个词儿，我们大家也议论过。譬如，我们选择了一个目标，或是叫目的地，在通往这个目标的路上，可能有许多不同的选择。在这个选择的过程中，既不能叫改变，更不能叫否定，因为谁也不想放弃这个目标，所以，把它称之为'修正'是完全正确，也是非常贴切的。"

修涞贵："说到这里，我还想到另一个问题，就是怎么样才能看到一个问题的'过分'和'不及'？这其中的困难就在于，一个问题到底是'过分'呢，还是'不及'呢？既不能用尺来量，也不能用秤来约。只能用唯物的、辩证的观点来看待眼前的事物，才能看清楚哪里是'过分'、哪里是'不及'。所以，我想把用这样辩证眼光看待'过分'和'不及'，以寻求'中和'的方法，称之为'修正哲学'，你以为如何？"

大盛惊异地问道："修正哲学？'修正'两个字可以称为哲学吗？"

修涞贵道："为什么不可以？'修正'两个字的本身就具有哲学内涵。"

大盛："能不能讲得明白一点？"

修涞贵道："哲学，也可以说是对世间万事万物的概括与抽象。我把人类古往今来所有犯下的错误……"

大盛摇头："你要归纳古往今来人类犯的所有错误？那只能用'恒

河之沙'来形容。"

修涞贵道："不管有多少，我说过，它的表现形式只有两种……"

大盛抢先说道："一是'过分'，二是'不及'。"

修涞贵道："对。要想解决'过分'和'不及'的错误，唯一的办法，只能用'修正'两个字才能做到。"

大盛："你尽管可以用'修正方法'这四个字，为什么要说成是'修正哲学'？"

修涞贵道："我认为，'修正'两个字本身，就具备了哲学的基本特征。"

大盛道："你说得玄了，我听不懂。"

修涞贵道："我们学哲学的目的是什么？"

大盛想了想："老师早就讲过，就是要解决认识论和方法论，当然还有世界观这几大问题。"

修涞贵道："对哇，那我就先说'正'字。要想看'正'与'不正'，就是一个'认识论'问题，你说对不？"

大盛点头："这倒简单易懂。"

修涞贵道："我再说'修'字，怎么'修'？修什么？修到什么程度？这岂不就是'方法论'。不论是看正不正，还是用什么办法修，既不能'想当然'，也不能算卦、占卜。最重要的要求就是得用唯物主义的观点看问题，这难道不是哲学的全部吗？"

大盛忽然感觉到了什么，他带着欣喜的语气说道："修董，我们可能有了大发现！听了你这一段话，我的心情一下子就振奋起来！忽然觉得有所感悟。似乎……好像……你对'修正'这两个字的研究和探索，有可能引发出一种新的哲学观念，这可是件大事！"

不知是什么时候，肖雯已经坐到一边，听着两个人的谈话。

在两个人对话的间歇，她插嘴道："我引证一位西方哲学家的话，他说，'一个伟大文明，最不可预测的成就，就是哲学的创造。哲学，既可以使文明达到高级层次，也可以使文明更加深刻……从某种意义上说，哲学，还赋予一种文明持续存在的基础'。要从这个角度来说，'修正哲学'的发现和提出，它的贡献和影响，不容低估。"

修涞贵满意地笑了："好啊！不管别人怎么评价，能得到你们两位的首肯，也算我这些日子没白冥思苦想。"

大盛道："我们回去，就把它当作一大发现，传上到网上。"

修涞贵连连摆手："别，让我再想一想，看看……我觉得，还要再反复地斟酌斟酌。"

回到家中，大盛忙找出他在通化、长春和修涞贵谈话的记录本，翻到在长春两个人谈《周易》的那几次记录，想给肖雯看。

肖雯却神秘地压低了声音说："我发现了修董的一个秘密。"

大盛出于对新闻的敏感，忙问道："什么秘密？是企业的，还是理论的？"

肖雯低声道："是家庭的。"

大盛感到惊讶："他有俩孩子，爱人叫李艳华，还有啥秘密？"

肖雯道："你知道不？李艳华是回族。"

大盛惊奇地摇了摇头："回族？真没看出来，这也算是'一家两制'呀。这位夫人，一天到晚就知道风风火火地工作，几次想找她谈谈，都见不到她。"

肖雯道："那次修董提出要和夫人到咱家来，我就琢磨，这位几十亿资产的董事长夫人，该是什么派头？一定是珠光宝气，一身名牌，雍容华贵。弄得我就不知道该怎么办了。我想，我就是穿什么也比不过人家，用什么化妆品也不如人家，干脆，我就来个素面朝天吧。"

大盛道："我听她掌管的'坤药公司'的一位副总说过她，说李总大气，能干，没白没黑地忙，根本看不出她是董事长夫人。说她的专车就是一辆普通的'捷达'。"

肖雯点头道："只有见到她，我才相信，世界上真有为事业忽略其他的女人。你注意了没有，那天，她竟然没有化妆。"

大盛："化没化妆倒没注意，不过她穿得也很普通嘛。"

肖雯感慨地说："像我们这样已近中年的女人，是最想保住自己青春的。我很奇怪，这位董事长夫人为什么就没有一点这方面的意识？"

大盛道："她肩上的担子太重了。"

肖雯："说了半天你还是不了解女人，她是董事长夫人呐，有这样能干的男人，她完全可以养尊处优，不挑任何担子。她尽可以玩世界上最名贵的狗，养最值钱的猫，在美国买几套别墅。冬天可以到南美去避寒，夏天可以到北欧去消暑。可我问她都去过哪里，她说，只去过日本，还是为了业务上的事情。"

大盛道："这我就理解了，为什么她的专车是一辆捷达。李总说，她不常在家，她不用的时候，这辆车，就是坤药的商用车。"

肖雯道："我跟她一起出去逛商店，她进的第一家是一个药店。她问，有没有修正出品的妇科药，叫'消糜栓'，一看有，她就问价格，问销售情况，问患者反馈意见。就是逛商场，我看她也是心不在焉。"

大盛道："你说的这些和修董挺相像，好像他们两口子，吃和穿都极不在意，一天到晚都在经营管理的状态里边，分不出心来。好像修正坤药的销售额今年也超过三个多亿了。"

肖雯道："这个，闲聊的时候，她跟我说了，还说明年要达到七个亿。听了她的话，我就暗想，她是不是一个只知道赚钱，不敢花钱的那种人？可她说了一件事情，把我吓了一大跳！"

大盛奇怪地望着她："夫人，何事让你吃惊？"

肖雯道："当她说到她是回族的时候，我就问她参不参加回族的宗教仪式，她说参加，只不过通化的老清真寺已经破旧不堪。她说去年跟修董商量，想在通化建一个新的、阿拉伯风格的清真寺，让回族百姓有一个舒心的祈祷环境。"

大盛道："我知道修董捐款一千万元，在通化修一个斜拉大桥，没听说修清真寺的事情。"

肖雯道："这大概是夫人的事情，李艳华说，她从坤药公司的基金里，拿出五百万，来建造一个大型清真寺，现在已经开工了。她说这话的口气，就像买进一件衣服一样，轻描淡写。我不仅是因为五百万元吓了一跳，更为她的气度感到震惊。一个这样省吃俭用的人，跟肯于拿出五百万元去做公益事业的人，难道是同一个女人吗？"

大盛坐在沙发中，陷于沉思。

肖雯："她还说，在这三五年内，坤药要拿出十个亿，为全国农村适龄妇女搞一次生殖道检查，现在已经投进了四千多万元。你说，我们究竟应当怎样评价这一对夫妻？他们的灵魂深处是何等境界？恐怕不是我们能够揣度得了的。"

沉思的大盛终于开了口："我知道，他们两个人都经历过当年的贫困和磨难，正是今天的好政策，让他们有了施展抱负的用武之地，他们才可能以披肝沥胆的精神去开拓事业，用大把大把的真金白银去造福苍生，这才是我们这个时代的脊梁，也是振兴中华的中坚。"

肖雯："当今世界，有那么多的浮躁，有那么多的浪荡，什么'波普享乐主义''瞬间快乐崇拜'，一个大学生，刚有了工作，就去泡'歌厅'、泡'星巴克'，还美其名曰享受生活。我觉得这一对夫妇，有一千个理由、一万个理由去海吃海喝，可是，我估计到现在，他们也不一定知道'星巴克'是何物。"

大盛也是满怀感慨："是啊，不图享受，只为公益。也许，这就是至美和大善。看这一对夫妇的平民形象，倒让我想起老子的话：大音希声，大象无形。"他还想说什么，却发现肖雯已经捧着他的记录本看入了神。

直到天色已暗，她才合上记录本，禁不住发出一阵感叹："我真想不到，修董是用这样的观点看待《周易》的。"

大盛道："只有像他那样，用历史唯物主义的观点，来看待《周易》，才能发现其中蕴含着的丰富的哲学内涵。"

肖雯道："他把《周易》看成是周文王以占卜的形式为掩护，向武王和子弟们发出的政治遗嘱，真是一个了不起的创见。"

大盛道："还有，他用一生都在为恢复'周礼'而奔走的孔子不搞占卜，来说明《周易》的本意，也极有说服力。"

肖雯道："是啊，孔子要'克己复礼'，这是'文化大革命'期间批得最多的口号，要说《周易》是一部算卦的书，孔子一定得带头占卜才行。"说着，她指着记录本说道："我最欣赏的是这一段，关于算卦到底灵不灵，他这个概率百分之五十的说法，真是让我茅塞顿开。"

大盛一脸严肃地望着妻子道："修董提到的修正哲学，我觉得是个大事儿。有点开创思维新路的意思。你说，我这么想过不过分？"

肖雯道："当时，我确实有点被震慑了，这样一个新的思维方法，让你我最先听到，不能不感到震撼。至于可不可以把修正哲学说成是开创人类思维新路，我想，不妨我们先谈谈自己的切身感受。你听到他的讲法已经好长时间了，你感到有启发吗？"

大盛坐在那里愣了一阵，才说道："有是有，可我对修董说的理论，一直有个疑问，所以总是不敢大胆地下结论。"

肖雯纳闷地："疑问？什么疑问？"

大盛道："要说他办企业，我发稿子，这些凡人小事儿，都可以找到'致中和'，要是国家大事呢？敌人杀进来了，就是要杀你的百姓，亡你的国，上哪去找'致中和'呀？你想'中'，你想'和'，可他就是想要你的命，怎么'中''和'？那你说'修正'的这个理论还行吗？”

肖雯不解地望着他："我的老公，你怎么糊涂了？你这一说，我就想到了抗日战争，毛泽东才是运用这一理论的高手。当年，日本鬼子侵略中国，立足于打，这是毫无疑问的。问题是怎么打？'速胜论'者跑出来说，我们三拳两脚就能把日寇赶出去。'失败论'者跑了出来，说中国必败。面对众说纷纭，毛泽东提出的是什么理论？"

大盛道："这谁不知道？是《论持久战》呐。"

肖雯道："这不就结了？当年的'速胜论'就是'过分'。'必败论'就是'不及'，毛泽东的《论持久战》就是地道的'致中和'。"

大盛又问："那你说抗美援朝呢？"

肖雯道："战火烧到鸭绿江边，只能出兵反击。这是唯一正确的，没有错误，哪来的'过分'和'不及'呀。"

大盛点头："有道理。像国内搞建设，慢了，不发展不行，太快了也不行。最近提出的'宏观调控'就是'致中和'。"

肖雯道："算你开了点窍。"

大盛道："那我就开始写……"

肖雯做了个制止的手势："盛先生，且慢。这篇文章由我来执笔。"

大盛一脸疑惑："为什么？"

肖雯道："我怕你的智商完不成这个任务。"

大盛不解："我的智商不行？那我问你，你怎么执笔？"

肖雯道："我看你的记录，不明白的，咱们一块去问修董。"

大盛委屈地道："你来执笔，这不成了牛打江山，马坐殿了吗？"

二十五 "一钩足以明天下"

面对记者的"围追堵截",修涞贵畅谈"修正哲学"的缘起及其意义。

就在大盛和肖雯夫妇一连几天专心研究采访记录的时候,忽然接到修涞贵打来的电话。修涞贵说,明天下午,在钓鱼台国宾馆的会议大厅,他有一次大会发言,希望二位能够去听一听,帮他挑挑毛病。

明天中午派车去接。

果然,2004 年 8 月 29 日,中午,一辆车把大盛夫妇送到了钓鱼台。会场里已是座无虚席,连过道都站满了人。原来,这里正在召开由国务院国资委研究中心等部门主持的"第二届中国企业职业经理人高峰会"。

上午,联想的老总柳传志、海尔的老总张瑞敏都先后发表了讲话。大家相信,下午的压轴戏一定会更加精彩。全国人大常委会原副委员长成思危坐在主席台上,无疑提高了这次会议的规格。

一阵热烈的掌声之后,修涞贵大步走上主席台。他向大会主席和与会者躬身施礼之后,走到讲台前。"尊敬的成副委员长,尊敬的各位领导,同志们,朋友们,下午好!"一个浑厚的男中音在会场响起,伴随一阵掌声，修涞贵开始了他的演讲。

他首先讲述了一个中国企业家，对企业管理方式的艰难探寻。面对全国有四分之一的制药厂面临亏损和倒闭的局面，为什么修正药业依然保持着强劲的发展势头。修涞贵坦言，没有捷径可走，没有众神相助，一个企业家、一个企业的领导者的决策，是企业兴衰成败的关键。

他认为：一个企业家不仅仅要懂得企业的科学管理，还必须要懂得企业的"哲学管理"。

企业的哲学管理，就是要不停地"修正"自己的"过分"和"不及"，找到最佳的"致中和"的正确道路。这就是对企业管理的"形而上"的思考，这样的思考和决策方式，就是"修正哲学"。

成思危副委员长面带笑容，凝神倾听，几次为精彩的演讲鼓掌。

大盛听得出来，自打那天谈完话后，修涞贵对"修正哲学"的理论又进行了反复的"斟酌"，并在几次全国性的会议上，反复讲解"修正哲学"这个新的企业管理理论创建过程，以及他将会给企业管理带来的推动和影响。

几次演讲，都已经引起了不小的轰动效应。有人说，这是中国企业界向"洋管理"发出的第一声呐喊！有人高兴地说："修正哲学"就是中国中小企业的实用哲学，也是中国企业管理理论零的突破！

一直关心中国中小企业发展成长的成思危副委员长，对于"修正哲学"理论的创建，给予高度评价，在众多理论界和企业界强力推荐下，大会决定授予修涞贵"中国企业哲学奠基人"的光荣称号。

奖牌闪闪发亮，"中国企业哲学奠基人"几个大字赫然入目。修涞贵从成思危副委员长手中接过奖牌，高举过头。

全场响起雷鸣般的掌声。大盛和肖雯激动地鼓掌。

历时数年，经历了"修正哲学"创建的全过程，见证了修涞贵的思维轨迹，两个人都显得异常激动，在热烈的掌声中，大盛的眼里涌出了泪花……

修涞贵成为"中国企业哲学奠基人"，自然引起社会的重视和众人的瞩目。特别是经济类栏目和刊物的编辑和记者，对他更是情有独钟，电视台、电台、报纸、杂志的编辑和记者纷纷赶到长春和通化，对他"围追堵截"。

那年秋天，他在北京参加另一次企业高峰论坛会，被与会的诸多记者堵了个正着。无数个话筒都伸到他的面前，不少记者连放"连珠炮"，提问不乏尖锐、深刻、甚至挑剔。

修涞贵则是面带笑意，侃侃而谈。他的回答总是让人感到坦诚，直率，深邃，并切中要害。

面对一个个提问和质疑，修涞贵不得不对"修正哲学"的产生过程和意义，作出更多的解释。

"我以为，'修正哲学'是对中国企业生存和发展的理性思考，这是我在钓鱼台国宾馆大会发言时反复强调的。"修涞贵开宗明义。

一位记者立即道："我们正是听到了这样的话，所以才来问你，你怎样评价外国管理学理论大量涌入中国的事实？"

修涞贵答道："大家都知道，中国历史上尽管有鼎盛一时的'晋商''徽商'和遍及全国的商铺、作坊，他们都有极为严密的管理方法，有的甚至是很先进的，却一直没有成体系的企业管理的理论和学说。所以，洋管理的理论大量流入中国，可补国内的缺憾与不足。和许多人一样，办企业之初，我也是捧着'洋管理'的书本，来搞企业管理的。"

有位记者问："帮助很大吗？"

修涞贵道："帮助是有，未必很大。"

"讲具体一些。"有人追问。

修涞贵点头："没等我把'洋管理'的学问学明白，我就看到许多把'洋管理'学得条条是道、甚至一些学过'MBA'的人最终还是把企业办垮了，这是为什么？后来，我终于悟出了一点道理，那就是毛主席当年说过的：'马列主义一定要和中国的实际情况相结合'的问题。我认为，'洋管理'再好，也得和中国企业的实际情况相结合，才是可行的，才会有用处。不然，生搬硬套，照本宣科，就会害死人的。"

显然，这些话里有太多的潜台词，记者当然不会放过追问的机会。

"请问修董事长，你是不是认为'洋管理'不适用于中国的企业？"一位女记者随即问道。

修涞贵答道："各位当然知道，'洋管理'的那些书，是外国人写给外国企业家看的，自然是适合人家的国情。其实，不用我说，大家也都知道，中国、美国和日本、欧洲在社会环境、市场环境，包括人文环境和法治环境，有极大的差别。所以我以为，外国人拍手叫好的东西，未必在中国就能用得上。"

"能说说理由吗？"那位女记者继续问。

修涞贵："尽管发展了几十年，我以为中国的市场经济还是初具规模。正因为是初具，所以还有那么多计划经济的痕迹，还有那么多的政府干预，各行各业还有那么多说不清道不明的潜规则。这里面，有多少东西，是外国管理学家连想都想不到的，而在中国却是司空见惯的。比如说'摸着石头过河'这句话，就让多少外国学者和管理大师大伤脑筋？他们绝对解释不了，一个国家的管理、一个企业的管理怎么可以'摸'着干？大家不要忘了，这句话是中国改革开放的总设计师说的，也是中国改革开放行为的总体模式。从某种意义上说，正是受到这句包含中国思维哲理的启发，促进了我对修正哲学的研究和发现，所以从某种意义上说，'摸着石头过河'这句话，就是'修正哲学'最形象的体现。"

一位记者立即抢着问道："就我个人的水平，还无法把'摸着石头过河'跟'修正哲学'联系起来。"

修涞贵笑了："这不用什么水平，只要你真的去摸着石头过一次河，我想你就知道了。"

一个记者真的蹲到地上，用手东摸一下西摸一下，记者们一起笑了起来。

那个抢问的记者点头："你是说，后面'摸'的行动，都是对前一次的'修正'？"

修涞贵笑着点头："是的，我以为是这样。后面的行动，既不是对目标的改变，也不是对目标的否定，只能是'修正'，你认为对吗？"

那位记者点了点头。

另一位记者问道："那您认为，中国和外国经济环境差别究竟有多大？"

这显然不是一个容易答复的问题。

修涞贵略作思忖道："我想举一个例子，看看能不能说清这个问题——如果说市场经济可以比作赛马的话。中国的市场经济就是内蒙古'那达慕大会'上的赛马。不管是谁，不管是什么马，只要跑得快你就是第一，你就是冠军。"

众记者悉心听着。

"而外国，特别是那些写洋管理最多的发达国家的市场，人家的赛马可是参加香港式的赛马、奥运会的赛马。不仅有限时跃障，还有盛装舞步，要求严得很，规矩多得很，买一匹马就得一千多万元。如果你用参加奥运会赛马的规则，来管理'那达慕大会'上的赛马，你想结果会是怎么样？"

听到这样的答复，那位记者也不由暗自叫绝，这位董事长显然是一位绝顶聪明的人，他用一个浅显的实例，回答了一个难以具体说清的问题。

有记者问："你刚办厂的时候，是不是也学过'洋管理'？"

"我说过，当初，我在刚刚办厂的时候，也是参照洋管理来搞管理的，那是因为没有办法。"修涞贵坦然答道："但我要说明一点，就是那个时候，我也是有选择地来学，看准了才用的。现在，修正药业已经有了近十年的生产和营销管理经验，我认为，是该拿出我们中国式的管理思想和理论的时候了。"

有记者问："您认为，只要运用'修正哲学'的管理思想，就可以管理好中国企业吗？"

修涞贵为难地皱了皱眉头："这个问题我不想作出什么定论，因为不论是中国还是外国，哲学从来都是在书斋里、在经院里、在学府里论来论去的学问，许多哲学家都是在书斋里寻找哲学的突破……"

有人打断了他的话问："修正哲学和他们有什么不同？"

修涞贵道："所说的不同就是只有一个。那是因为'修正哲学'的理论，是我从十年经营一个成功企业的实践中，根据一点一滴的经验和教训，逐渐发现和梳理出来的。它既来源于中国传统文化的启迪，也源自对中国现实社会的深切感受，当然也用'中体西用'的观点，吸收了外国管理学的不少营养。它虽然不敢说是集古今中外之大成，但是，经过企业十来年运行考验，我倒是有这个信心，也愿意相信，只要一个企业家在管理企业的时候，能够时刻想到'修正哲学'，正确运用'修正哲学'，就可以管好一个企业。"

"请问，你提出的'修正企业哲学'和企业的科学管理、程序管理，应当是什么关系？"有人插嘴问道。

修涞贵答："我想这并不是矛盾的。拿一个企业来说，它的生产程序、经济核算、财务管理等一切可以量化的部门，当然需要按照规

235

章制度，实行严格的、科学的管理，因为他们都是'形而下'的'器'。我一向认为，对于'器'的管理必须是严格的、科学的。就拿一条生产线来说，你按错一个电钮，就可能造成大量的废品，不严格，怎么得了？不科学，怎么得了？"

"这些东西在外国的管理学已经讲得很透了。"有人插嘴道。

修涞贵道："是这样。但是，在一个企业里，不光是有生产线，不光是有账本和电脑，还有大量的需要用头脑去思考的问题。像选择什么样的生产线？规定什么样的企业制度？选择什么品种进入市场？包括企业的经营方针、发展方向等一些无法量化的问题，你这样做是不是'过分'？那样做是不是'不及'？这些复杂的、大量的、属于企业'形而上'的问题，就需要你用'修正哲学'的思想来全盘思考了。"

一位记者问："修正哲学是'形而上'吗？"

修涞贵用肯定的语气回答道："你说对了，'修正哲学'就是凌驾于企业具体管理之上的'形而上'，也就是企业的'道'。"

一位记者问道："那我们就把这一切说成是哲学思考好了，为什么你还要加上'修正'两个字？"

修涞贵答："这就要分清思考的目的，如果你要是想对人生去探索，对生命去关怀，对灵魂去拷问，那你就思考去吧，你完全可以把自己关到书斋里，去冥思苦想，一辈子想不出答案都没有关系。是吧？"

发问的记者不得不点头。

修涞贵朗声说道："而办企业的人跟哲学家大有不同，每天有数不清的问题需要老板来拍板、决策。有的甚至迟疑不得、犹豫不得。当然，你既可以用想当然，也可以随便拍脑门来做决定，你以为，那样的后果是什么？"

记者道："那就只能有 2.9 年的寿命。"

修涞贵点头道："诚然，一个企业家，作为决策者，最大的希望就是及时提出最正确、最稳妥的答案。可是，我们必须知道，最正确的答案只能有一个，而谬误却有千条万条。假如我们用一个时钟来打比方，应当说，最为正确的地方只有在12点的地方，其余的大片地方，不是'不及'的错误，就是'过分'的错误。因为没有谁能在第一时间，就能找到最正确的位置，所以，你的绝大多数的时间，都会处在过分和不及的错误之中徘徊。我说过，'修正哲学'就是想告诉所有的企业家，你，时刻都会犯错的。"

记者："你认为，企业家要找到解决问题和处理问题的正确方位，就必须时刻修正自己？"

修涞贵："是的。君子必须'终日乾乾'。"

另一位记者问道："你说到'终日乾乾'，让我想起你方才说过的'中体西用'四个字，您能具体解释一下吗？"

这是一道考题。

修涞贵从容答道："'体'和'用'这两个字，本是《周易》里的卦相。一卦组成后，上卦为'体'，下卦称之为'用'。'体'为自身，'用'为所求之事。当然还有体用生克的问题。总之，以我为主，学用西学，是近代中国思想家的主张之一，我觉得，用这个思想来对待西方管理学，是完全正确的。"

记者们纷纷点头，原来，修涞贵对《周易》的研究，颇有心得。

接着又有人问："把复杂的企业管理和深奥的哲学思想，统统简而化之为'修正'两个字，是不是过于简单了？"

修涞贵笑道："大家知道，有关中国传统道德观念的理论浩如烟海，就算你皓首穷经也读不完。但是，要是归纳起来，不外是'孔曰成仁，孟曰取义'。所以，把中国的传统道德观念统统简而化之为'仁、义、礼、智、信'五个字，就可概括。可现在，企业管理的书真的是多如牛毛，有一本书的书名叫《30部必读的经济学经典》，还有一本叫《企业管理者必知的 48 种管理思想》。我不相信，哪一个企业家能够学懂 30 部经济学经典。我也不会相信，谁能记得住 48 种管理思想。"说着，他环顾周围轻声问道："各位有谁能够记得住吗？"

没人回答。

修涞贵道："学不懂，记不住的原因，就是一句老话'多者惑'。我相信大家一定会同意我的话：只有深刻才能打动人心、只有简化才能让人记住，只有能记得住，才能应用于实践。我再重复一下'修正哲学'的主要观点，世界上的错误成千上万，究其原因只有两个，一是'过分'，二是'不及'，修正哲学就是在'过分'和'不及'之间，寻找正确的方向，这个方向，就是'致中和'。连标点符号加起来也就是百来字。"

一位记者说道："可不可以再简化点说，修正哲学就是要在'过分'和'不及'之间，寻找'致中和'。这样加上标点符号，才 30 多字。就更好记了。"

修涞贵点头道："我佩服你的归纳能力。"

另一位记者问道："你方才说道，修正哲学是'形而上'的道？"

修涞贵答道："当然也可以说，修正哲学是站在'形而上'的高度，对'形而下'的'过分'和'不及'的思考。"

"那'形而上'的'道'，有没有'过分'和'不及'呢？"这位记者看来有很高的专业水平。

修涞贵看了他一眼道："你提的问题很深刻，一个人的'形而上'，涉及品德、境界、目的……很复杂，我希望有机会，能坐下来深入探讨。"

这位记者连连点头："修董，我还想问一个问题。有人说，中国的传统哲学都是围绕'形而上'来打转，缺少操作性，你同意吗？"

修涞贵道："不光是中国的、传统的，连西方的、现代的同样都是缺少可操作性，都是从理论到理论。这是哲学不能普及的主要原因。"

记者问道："有位先哲说，只要我们抱着强烈的忧患意识坚持不懈地去探寻，是可以找到一种有效的操作方法，来克服传统与现代、现实与理想的对立，达到历代哲学家梦寐以求的理势合一、理想与实际交相辉映的太和境界的。你认为有这种可能吗？"

修涞贵道："我想很清楚地告诉大家，'修正哲学'就是一个，可以用来实际操作的哲学。"

记者："我觉得，这是一个重大的课题，'修正哲学'将怎样操作呢？"

修涞贵道："有人说，批判的武器，不能代替武器的批判。'修正哲学'不会直接产生经济效益。经济效益，必须用经济手段来获得。但是，你一旦掌握了'修正哲学'的思维方法，你就会在关键时刻，作出正确的决策，从而取得无法估量的经济效益。"

这位记者又说道："也有人说，在这个有效的操作方法真正找到之日，也就是中国文化以前所未有的崭新姿态复兴之时。"

修涞贵道："时代赋予了我们一个可以自由思考的环境，也付给我一个学习和实践的机会，我想，'修正哲学'可以为中华文化的复兴，作出贡献！"

因为问和答都太专业，一时间，记者招待会，几乎成了两个人的对话。

就在两个人问答的间歇，一位女记者插嘴问道："修董，现在名人都出书，你有这个打算吗？"

修涞贵道："暂时没有，再说，修正哲学才几十个字，不够写一本书。"

这位记者接着问："那你为什么不弄得复杂一点，洋洋洒洒，几十万字。"

修涞贵道："我很欣赏晚清时候，有人写的一首描写月亮的诗，他说'一钩已足明天下，何必清辉满十分'？'修正哲学'虽然仅是'一钩'，却足可照明天下。"

记者们连连点头，大家不得不对修涞贵的回答表示钦佩。

这时，有的人可能感觉到，从开始发问到现在，记者的思路一直是被修涞贵牵着跑的。也许是要改变这个局面，一位一直悉心倾听、年纪较大些的人开口问道："修董，我想请问您另一个问题，你到处提倡'修正哲学'，宣扬'修正哲学'，是不是和你姓修有关系？和企业名称叫修正药业有关系？"

这可是个敏感的问题，众人一阵活跃。

修涞贵笑道："当然有关系。因为我姓修，这个姓，《百家姓》上可没有。这叫什么？这叫'物以稀为贵'嘛。所以我对修字比较敏感。"

修涞贵继续说道："我看到宪法有'修正案'、导弹轨迹有'修正值'，这就让我产生了逆向思索，'修正'既不是对事物的根本颠覆，也不是对事物的彻底否定。世界上的事物没有一成不变的，'修正'只是在原来基础上的增加和减少，这有什么不对？更重要的是，通过对企业的管理，我发现'修正'两个字，具有哲学思想的全部内涵。"

"全部内涵？"那位提问者的惊讶，已经不仅仅表现在脸上。

修涞贵笑道："是的，全部内涵。请不要惊讶，我若说得不对，请您指正。我们知道，研究和解决立场、观点、方法问题是哲学的主要目的之一。我们先说这个'正'字。'正'与'不正'，都和我们的观点、看法有关，其实，这就是哲学的'认识论'。如果，你认为'不正'，那就要'修'。怎么'修'，用什么办法'修'，就是哲学的'方法论'。您认为这个解释还说得通吗？"

不知为什么，提问者不再回答，他几乎僵到了那里。

一道道难题都被通盘解析，一个个疑问都被从容化解，有的记者感叹道："与智者谈话，如沐春风。"

　　大盛因为堵车，一直被困在通往市区的八达岭高速路上。等他赶到会场的时候，招待会都快要结束了。

二十六 续篇……

2006年非比寻常，继修涞贵获得"感动吉林十大人物"，"修正"和"斯达舒"商标又获中国驰名商标的"双冠王"。

2006年，"旺狗迎新"。

这一年，对于修正药业集团和董事长修涞贵来说，注定又是非比寻常的一年。

那是一个瑞雪迎春的早晨，一个令人感动的喜讯，给他送来了一个"开门红"。

经过吉林省上千万人的信件选举和网上投票，吉林电视台当众公布，修涞贵以高票当选为"2005年感动吉林十大人物"。

在接受采访的时候，面对摄像机的镜头，修涞贵眼含热泪，说这些年来，他几乎获得了一个企业家应当获得的所有荣誉。在诸多荣誉称号中，他对"感动吉林"这四个字情有独钟，也最为珍视。他说，这是看着他长大的家乡人民，给他的最高奖赏！

也许"开门红"真能带来好运气，接下来的荣誉和奖赏，就像你追我赶似的纷至沓来。

春节刚过，位于长白山脚下的通化市政府，在全市各行各业评选"优秀人才"。修涞贵在为数不多的竞选者中名列前茅。"优秀人才"这四个字，无疑是家乡父老对他的进一步肯定。

通化市市长代表家乡人民，把一块刻有"通化市优秀人才"的奖牌授予了他。

接着，修涞贵又被评选为"吉林省慈善爱心人士"，在全国慈善人士的排名中，修涞贵排名第31位。这无疑是对他近年来大力捐资助学和捐资扶贫的充分肯定。

就在春暖花开的时候，与修正药业长年从事军民共建活动的北京市武警总队，给他发来一份聘书。特聘修涞贵为武警四支队的"名誉支队长"。

这个"武警第四中队"不是别处，就是鼎鼎大名的北京"天安门国旗护卫队"。能够给名扬天下的护卫共和国国旗的武警支队当"名誉支队长"，无疑是修涞贵人生的一大殊荣。

五年前，修正药业和天安门国旗护卫队就结成了军民共建的"对子"。每年的"八一"建军节，修正药业都要向国旗护卫队捐赠价值大约十万元的药品，并在护卫队建立了"优秀立功战士基金会"，以表彰那些为维护国家荣誉作出突出贡献的指战员们。

作为回赠，天安门国旗护卫队把一面曾经飘扬在天安门上空的国旗，赠给了修正药业集团。

近些年，修涞贵几次在高层领导会议上，都强调加强对员工进行国防教育的问题。他请军分区司令员来厂做国防教育的报告，全体员工一律参加，会场上的横幅是"身在修正药业，心系国防安危"。

为了听司令员的报告，全厂停产两个半小时，这可是前所未有的事情。有人做过统计，这两个半小时，少生产药品的价值高达一百五十万元。

难怪企业里也有人说，一个民营企业，光挣钱还忙不过来呢，还操那些心干什么？

修涞贵认为，企业能有今天的发展，有赖于党的政策，有赖于国家的稳定，这稳定的环境是靠国防安全来保障的。他在一次会议上说："过去，我们都说保家卫国，现在应当改成'保国卫家'。没有国防安全，哪有我们修正药业？哪有我们的家？"

正是出于对全民国防教育的高度重视。修正药业作出规定，新招进厂的员工，都要到军营集体接受二十天军事训练，出操、列队的作息时间，一律按部队规定执行。

部分人受不了部队的艰苦，开了小差。

经过军训进厂的员工，处处展现了严守纪律、执行命令的优良作风，成了各个生产和销售部门的带头人。

每年的"八一"建军节，修涞贵和企业的党委书记刘岗都要把复员和转业军人召集到一起，开一个充满温馨的茶话会。

被企业高度重视复、转军人的精神所感动，会上，大家畅叙感慨，纷纷表示要发扬部队的光荣传统，用军人刻苦耐劳、不怕困难的精神，来影响和感召企业员工，争做生产和销售的开路先锋。

"全民国防教育要全民来做，修正药业要一马当先。"

正是本着这种精神，修正药业一直把国防教育当作重要的大事来抓。年复一年坚持对员工进行军事化培训，对民兵和预备役官兵进行实战演习和打靶等军事训练。

为此，在2006年，修正药业获得了中宣部、教育部和全国国防教育办颁发的"全民国防教育先进单位"的光荣称号，并授予修涞贵为预备役大校军衔。

要说在2006年里，最能让两万多名修正员工感到欢欣鼓舞的，还是"修正"和"斯达舒"两个品牌，分别获得国家工商局核发的"中国驰名商标"。

修正药业成了名副其实的"双冠王"。

屈指算来，修正药业从小到大，已经走过十一年的艰辛历程。修正药业生产的"斯达舒"，作为中国千百种胃药的一种，进入营销市场后，历经八年的磨练和考验，终于被患者认可，被国家认可。

"斯达舒"是全国上千种胃药中，被命名为中国驰名商标的唯一胃药品种。

抚今追昔，许多老员工禁不住热泪盈眶。为了今天这个"双冠王"的殊荣，这些年里，他们已经付出了太多，太多……

从建厂那天起，修涞贵就再三再四地叮嘱大家："制药行业是责任行业，是治病救命的行业。人命关天的事情担在我们肩上，还有比这更大的责任吗？"

"做药的时候，大家想想病人，哪一家没有过病人？想想自己，想想别人，拍拍良心，做出假药、劣药，你能对得起谁？"

"我父亲有病的时候，我到处给他弄药，恨不得一把就抓到管用的药。我母亲懂中医，她老人家就常说，良心不好的人，不能当医生。心术不端的人，不能卖药。父亲去世以后，我母亲又病了，我又到处抓药，我提心吊胆，就怕抓到假药、劣药。今天，我领着大家做药了，将自心比人心，我们就是要做良心药，要做让患者吃了放心的药，要做吃了就管用的药。说实话，打从做药那天起，我就觉得我母亲一直在看着我，我就不敢有半点懈怠和马虎。她老人家不光在看着我，也在看着你们大家，这就是我对修正人一生一世的要求！"

正是在董事长修涞贵这样严格的要求和管理下，用世界最先进的制药设备，将造出的"良心药，放心药，管用的药"投放市场，才收获到患者的认同，市场的认同，才有修正品牌的双喜临门。

金秋十月，天高气爽。长白山层林尽染，正是枫红松绿，锦绣满山。

吉林省主管医药的女副省长李滨，率领省工商局局长、医药局局长、卫生厅厅长驱车三百多公里，专程赶到通化，走进修正药业。前来参加为"修正"获得驰名商标而举行的庆祝大会。

"修正"和"斯达舒"两个商标分别获中国驰名商标的"双冠王"称号，也是通化市的光荣。

通化市委书记高广滨、市长张安顺率通化市的工商、药监、卫生、税务等方面领导，也来参加颁奖大会。容纳两千多人的修正大会堂里座无虚席。

会议气氛隆重而又热烈。当张市长宣布，为表彰修正药业创立中国驰名商标的成就，吉林省政府、通化市政府分别奖励修正药业100万元的时候，全场响起了经久不息的掌声。

修涞贵两次走上主席台领取奖金。当他先后两次把写着100万的奖牌，高高举过头顶的时候，全场又爆发出了一阵雷鸣般的掌声。接下来是领导讲话。

最后，是修涞贵致辞。

也许是因为兴奋，修涞贵讲话的声音有些激动，他先感谢国家工商局、国家药监局和省、市领导对修正药业的厚爱，他感谢为获取"双冠王"辛勤奋斗了十几年的修正员工们，最后，他语气激昂地说："当前，制药行业的自律性很差，个别制药企业连'治病救人'的起码良心都没有，用假药劣药坑害患者。这样做的结果，不但把老百姓的生命和健康推到危险的位置，更会把整个行业的风气搞坏！"

"我们修正人，就是要勇敢地承担起这个关系千万人生命和健康的社会责任，我们修正人就是要用高尚的人格做药，用纯正的良心做药。做让患者放心的药，做吃了就管用的药！一句话，修正人就是要'做好药，救苍生'！"

会场里又爆发出一阵热烈的掌声。

历时三十分钟，颁奖大会结束。人们称赞说，庆祝大会开得简短而又热烈，这就是"修正风格"。

会后，与会的省、市电视台、电台、各大报刊的记者，纷纷围住修涞贵，就修正药业的发展和"修正风格"对他进行采访。

这些年来，面对采访，修涞贵有多种应对方式。有的要坐下来侃侃而谈，有的要陪着记者们到厂区的生产车间去参观。

记者们也都认为，有许多问题在参观中、观察中，会有新的发现和心得，他们都愿意在修涞贵的陪同下，走进车间，走到工人身边，哪怕是要经过更换衣服和消毒的烦琐程序。

高大的厂房，国内最先进的、甚至是世界一流的生产设备，一条条数字化的自动生产线，一道道标准化的质量检验程序，全神贯注的生产工人，都给记者留下了深刻的印象。

今年，修正药业已经是一个产值超过 47 亿元、销售收入 42 亿元，在全国制药行业里赫赫有名的大型企业。

从 20 世纪末，企业就一直保持强劲的发展势头，在中国 6000 余家制药企业的年终评比排行榜上，修正药业年年保持着第六或第七的位置，甚至把一些制药的老牌企业都超了过去。

"你们知道排在前几位的都是谁吗？"修涞贵边走便向记者提问。

"同仁堂？"

"世一堂？"

更多的记者摇头。

"排在修正药业前面的几位，除了两家中外合资的制药企业，就是上海制药集团、石家庄制药集团和哈尔滨制药集团。"

哇！有的人发出惊叫。这三大集团，都是集聚省会城市的十几家大型国有制药厂组建而成，当然个个实力超群。而修正药业作为独家民营企业和他们"单挑"评比，几年下来，排名都是紧随其后，足见其实力之强。

当然，纳税金额也是察看一个企业兴衰的晴雨表。修正药业年年是吉林省民营企业纳税的头名"状元"，远超第二名一亿多元，自然成了吉林省民营企业里名副其实的"龙头老大"。国家税务总局和全国工商联联合评定出全国50家诚信纳税企业，修正药业名列其中。

企业做大了，修涞贵最先想到的是回报社会，他多次捐资修建希望小学，积极扶持农村脱贫致富。不论是抗击洪水，抗击"非典"还是预防疾病，他都是毫不犹豫地慷慨解囊。为提高广大农村妇女的健康水平，修正药业提出，要给全国的农村妇女免费进行体检。为此，修正药业下属的坤药公司总经理李艳华，为全国各地计划生育部门捐赠"数码电子阴道镜"和一次性耗材，价值就高达4000多万元。

2006年12月15日，在公司内部出版的报纸《修正世界》第59期上，头条新闻是"修正单塔斜拉大桥建成通车"。

这条新闻，也是吉林省和通化市各大媒体的重要新闻。

这座大桥是通化市又一交通动脉，是高速公路绕越通化市的一项主体工程，也是吉林省交通公路系统的第一座单塔斜拉桥。

吉林省委书记王珉、省交通厅长张勇、通化市市长张安顺和修涞贵共同出席了通车典礼和剪彩仪式。

这座大桥塔高83.2米，全长637.5米，共用100根斜拉钢索，其规模居全国第七位。

这座大桥是修涞贵出资1000万元建造而成的，故命名为"修正大桥"。

这座大桥是修正药业集团为加快通化市的各项基础建设，以最大效益反哺家乡，回报社会的又一实际行动。

第二条新闻是"新建的通化市清真寺落成典礼隆重举行"。

通化市党政领导及省市宗教部门领导、修正药业董事长修涞贵及其夫人李艳华和穆斯林群众两千多人，出席了落成典礼并剪彩。

通化市有回民数万人，原来一个老旧的清真寺是清朝末年的建筑，不论是其规模还是容量，已经完全不能适应需求。通化市穆斯林信众迫切需要一个能够祈祷、诵经的场所。

修涞贵和夫人李艳华得知这一情况，于 2004 年慷慨捐资 500 万元，在老清真寺的旁边，要为通化的穆斯林信众再建一座大规模的、具有现代设施的清真寺。

通化市的穆斯林信众闻讯，无不奔走相告，欢呼雀跃。在建寺期间，不少人主动来到工地，参加义务劳动，几位资深阿訇，也为工程诵经祈福，期望新寺尽快顺利建成。

经过两年的努力，一个建筑面积 1200 多平方米，同时可容纳 500 多名教民参加宗教活动、展现阿拉伯风格和伊斯兰教传统色彩的建筑，巍然耸立在通化市中心。

典礼和剪彩活动热烈而隆重，在仪式结束后，穆斯林群众载歌载舞，演出了丰富多彩的文艺节目，充分反映了广大穆斯林群众的喜悦心情。

出资造桥、捐款修寺，都是为了实现企业宗旨——造福苍生。

修正药业正用几百万、上千万元的真金白银，用一件件造福家乡、回报社会的实际行动，践行着自己多年前向社会许下的诺言。

企业有了知名度和美誉度，修涞贵的社会职务和活动也明显增多。他是全国劳动模范、全国工商联执行委员、中国医药质量协会副会长、吉林省人大代表、吉林省医药协会会长，吉林省红十字协会副会长……

"我们都知道，在所有的荣誉和奖赏中，你心目中最看重的还是高票当选为 2005 年度'感动吉林十大人物'，能说说为什么吗？"在走向另一个车间的路上，一位记者向他提问。

修涞贵停住脚步，抬眼望着远处的群山，深情地说道："吉林省是我的故乡，我是家乡人看着长大的，这里有很多熟悉和了解我的人。应当说，这个奖赏，不光是家乡人民对我事业的认同，还有对我的品德和人格的肯定。"

围在身边的记者连连点头。

提问的记者也顿生感慨："对啊！知底怕老乡嘛。家乡父老对一个人的人格和品德的肯定，才是最高的褒奖。"

记者们纷纷点头。

分手在即，修涞贵和记者们一一握手告别。

一位记者紧紧握着修涞贵的手激动地说："修正药业的发展成就，让我震惊。而你方才对家乡人评价的重视，让我感动。在一个有能力、有品格的董事长领导下，我相信，修正药业前途无量。"

修涞贵紧握他的手道："感谢鼓励，我会全力而为。把修正做得更大更强，为家乡争取更大的光荣！"

"祝愿修正更大！更强！"记者们在上车前，一齐转过身来，朝他高声发喊……

当然，说起这一两年的成就，让修涞贵更感欣慰的是，"修正哲学"的观点，被越来越多的人所认识、所接受。

李儒奇、李晓冬、葛东升三位青年学者，有感于"修正哲学"的启发，有感于修正药业的飞速发展的震撼，他们在搜集大量的资料和数据的基础上，伏案笔耕，终于写出了一本20余万字的长篇著作《修正力》。书中详尽地介绍了修涞贵运用"儒家智慧"和"中医理论"，为全球企业突破"短寿"瓶颈，开出一剂延年益寿良方的故事。

清华大学职业经理训练中心刘再煊教授在《修正力》的序言中说道："……当本书作者将本书定位于中国企业界向'洋管理'发出的

第一声呐喊时，我宁愿认为，这是日渐成熟起来的中国企业与洋管理思想的一次话语权之争。"

上海友谊集团股份公司董事长王宗南先生写的序言题目就是"中国企业界'零'的突破"。

应当说，从《修正力》到"修正哲学"，是修涞贵一次成长中的蜕变。

这些日子，拿着《修正力》这本书，来和修涞贵探讨"修正哲学"的人越来越多，通过媒体和杂志的宣传，想要了解修正药业的人也越来越多。

有一位企业的老板告诉修涞贵："'修正哲学'的思辨方法，让他的企业在几次重大决策时，及时地克服了'过分'和'不及'的错误。从而找到了'致中和'的正确方法，由于措施得当，使企业转危为安。'修正哲学'为企业创造了直接的经济效益。"

其实，每一种新思想的诞生，都必然出于在对传统和西方文明的深入理解的基础上，出于千万次经受考验的实践之中。

世界上的问题往往就是这样，说是"学贯中西"也好、说是"学富五车"也罢，越有学问越是走不出书斋。

说是亿万富豪也好，说是富可敌国也罢，越是有钱就越是不读书。

修涞贵则大不相同，他是站到了东西方文明这两个巨人的肩膀上，又经历了千百次实践的历练和考验，才把古往今来，有如恒河之沙、难以胜数的错误，简单地归结成为两个表现——"过分"和"不及"。

也许，是因为他姓修的这个偶然因素，让他产生了联想和深入的思索，而最终找到了摆脱人类共同困惑的有效方法。这个方法就是两个字——修正。

假如，人人都懂得了运用"修正哲学"的思维方法，摈弃"过分"和"不及"的困扰，直指"致中和"的正确道路，这个世界的未来，一定会更加美好！

我们应当有理由相信，当一个让无数先贤哲人梦寐以求长达千年之久的、可以操作的哲学思想终于破土而出，又能被人们牢牢掌握之后，可以断言，一个民族伟大复兴的时代也会随即到来。

附　录

修正药业集团董事长修涞贵先生所获个人荣誉称号
修正药业集团所获荣誉称号

修正药业董事长修涞贵先生所获个人荣誉称号

序号	荣誉名称	获得时间	授予单位
1	市特等劳动模范	1998.04.28	通化市人民政府
2	98 年度重合同守信用企业优秀法人代表	1999.02	通化市人民政府
3	十大杰出青年企业经营管理者	1999.08	共青团通化市委\通化市经贸委\通化市体改委\通化市全体私营企业协会\通化市青年企业家协会
4	全国乡镇企业家	2001.12	中华人民共和国农业部
5	重合同\守信用企业优秀法定代表人	2001.12	通化市工商行政管理局
6	2001 年度扶贫济困慈善家	2002.01	通化市慈善总会
7	通化市有突出贡献的专业技术人员	2002.02.21	通化市人民政府
8	吉林省杰出企业家	2002.05.10	吉林省企业家协会
9	2001 年度通化市全民国防教育"十佳"先进人物	2002.08.31	通化市国防教育领导小组
10	2001 年度优秀法定代表人	2002.09.10	通化市人民政府
11	拥军优属先进个人	2002.10.31	中国共产党通化市委员会、通化市人民政府、中国人民解放军吉林省通化军分区
12	吉林省十大经济风云人物	2003.02.28	吉林省首届主流媒体创富组委会
13	2002 年城区环境综合整治先进个人	2003.04	中国共产党通化市委员会、通化市人民政府
14	2002 年度开展争做合格社会主义建设者先进个人	2003.06.27	中共通化市委统战部\通化市工商联

续表

序号	荣誉名称	获得时间	授予单位
15	中国民营企业杰出代表	2003.09	企业管理杂志社
16	2003年度中国企业十大新闻人物奖	2003.12	中国企业文化促进会
17	中国企业文化管理创新奖	2003.12	中国企业文化促进会
18	爱心捐助个人奖	2003.12	中华人民共和国民政部
19	职业经理诚信奖	2003.12.20	职业经理研究中心
20	2004年度中国首席文化官	2004	中国企业文化促进会
21	2003年度"优秀技术创新带头人"	2004.01	长春高新技术管理委员会
22	"感动吉林——2003年度十大人物"称号	2004.01.12	新文化报社
23	通化市新居工程先进工作者	2004.03	中国共产党通化市委员会、通化市人民政府
24	关爱员工优秀民营企业家	2004.04	中华全国工商业联合会、中华全国总工会
25	通化市经济建设功臣	2004.04.27	通化市人民政府
26	全国创业之星	2004.05	中国农村劳动力资源开发研究会
27	通化市创业先锋	2004.06	中国共产党通化市委员会、通化市人民政府
28	通化市职业教育工作先进个人	2004.06	通化市教育局、通化市人事局、通化市社会保障局
29	中国企业哲学奠基人奖	2004.08	中国职业经理人组委会
30	2002—2003年度被评为守合同重信用企业优秀法定代表人	2004.08	通化市人民政府
31	中国最具生命力企业	2004.11	中国最具生命力组委会
32	优秀中国特色社会主义事业建设者	2004.12	中国共产党中央委员会
33	通化市优秀人才	2006.06	中国共产党通化市委员会、通化市人民政府
34	通化市优秀企业经营管理人才	2006.06	中国共产党通化市委员会、通化市人民政府
35	慈善爱心人士	2006.09	吉林省慈善总会
36	全国优秀民营科技企业家	2006.12	中国民营科技促进会、科技日报社

修正药业集团公司所获荣誉称号

序号	荣誉名称	获得时间	授予单位
1	百户挂牌服务企业	1996.01	通化市政府
2	重合同守信用企业	1997.05	通化市政府
3	文明单位	1997—1998	中共通化市委员会\市政府
4	吉林省重合同守信用单位	1998	吉林省工商行政管理局
5	一九九七年度重合同守信用单位	1998.08.12	通化市政府
6	通化市精神文明建设单位	1999.03	通化市总工会
7	吉林省重合同守信用单位	1999.03.26	吉林省工商行政管理局
8	一九九八年工业经济运行质量和效益优胜单位	1999.04	通化市政府
9	重合同守信用企业	1999.06	通化市政府
10	99吉林省广告信誉单位	1999.10.15	吉林省信誉广告工程组委会
11	吉林省知名制药企业	1999.12	吉林省医药管理局
12	吉林省2000私营企业纳税状元	2000	吉林省国家税务局
13	吉林省小巨人明星企业	2000	吉林省财政厅
14	1999—2000年度文明单位标兵	2000	通化市政府\中共通化市委员会
15	1999年度经济运行质量和效益优胜单位	2000.04	通化市政府
16	重合同、守信用单位	2000.12	吉林省工商行政管理局
17	诚信单位	2000.12	吉林省消费者协会
18	模范职工之家	2000.12	市总工会
19	第三届争创诚信单位称号	2000.12.30	吉林省消费者协会
20	2001年度吉林省医药工业20强企业	2001	吉林省经济贸易委员会
21	国家火炬计划重点高新技术企业	2001.02	科学技术部火炬高技术产业开发中心
22	3A级信用企业	2001.02	中国银行通化市分行
23	2000年度新产品开发优胜单位	2001.04	通化市政府
24	吉林省质量管理先进企业	2001.06	吉林省质量技术监督局
25	国家火炬计划通化生物医药产业基地骨干企业	2001.07	科学技术部火炬高技术产业开发中心

序号	荣誉名称	获得时间	授予单位
26	2000年度安置城乡失业人员吸纳下岗职工就业工作先进企业	2001.07	吉林省劳动和社会保障厅
27	吉林省百强私营企业	2001.08	吉林省工商行政管理局吉林省个体私营企业协会
28	吉林省百强私营企业荣誉称号	2001.11	吉林省工商行政管理局
29	百佳商务平台最佳专业亲和奖	2001.12	第二届中国品牌企业百佳商务平台评选委员会
30	新居工程捐赠模范单位	2002.01	通化市慈善总会
31	吉林省2000年度民营经济\乡镇企业纳税银星企业	2002.01.30	吉林省乡镇企业管理局
32	中药现代化科技产业（吉林基地）示范企业	2002.02	吉林省科学技术厅
33	2001年度纳税状元	2002.03	中共通化市委\通化市人民政府
34	首届吉林省先进民营科技企业	2002.04	吉林省人民政府
35	2001年度经济运行质量和效益优胜单位	2002.04	通化市政府
36	吉林省中药知识产权重点保护单位	2002.04.26	4.26世界知识产权日宣传活动组委会
37	吉林省优秀企业	2002.05.10	吉林省企业联合会、吉林省企业家协会
38	国家科技创新型星火龙头企业	2002.07	中华人民共和国科学技术部
39	拥军优属先进单位	2002.07	
40	重合同守信用单位	2002.09.10	通化市人民政府
41	在2002年全省企业景气调查工作中成绩突出，被评为先进单位	2002.12	国家统计局吉林省企业调查队
42	2002年度通化市档案工作先进单位	2002.12.31	通化市档案局
43	2003年度3A级信用企业	2003	中国农业银行
44	2001—2002年度文明单位标兵	2003	中共通化市委员会、通化市人民政府
45	全国守合同重信用企业	2003.01	国家工商行政管理总局

序号	荣誉名称	获得时间	授予单位
46	保护消费者杯	2003.01	中国保护消费者基金会
47	2002年度纳税状元	2003.02	中共通化市委\通化市人民政府
48	全省诚信守法民营企业	2003.03	吉林省委宣传部\吉林省质量技术监督局\吉林省地方税务局等
49	质量管理先进企业	2003.03	通化市人民政府
50	2002年度社会保险工作先进单位	2003.03	通化市人民政府
51	2002年度经济运行质量和效益优胜单位	2003.04	通化市人民政府
52	2002年度城区环境综合整治活动先进单位	2003.04	中共通化市委通化市人民政府
53	全国诚信单位	2003.04.10	人民日报社新闻信息中心
54	吉林省2002年度民营经济\乡镇企业纳税金星企业	2003.04.23	吉林省乡镇企业管理局\吉林省民营企业发展局
55	全国诚信守法乡镇企业	2003.10.14	中华人民共和国农业部
56	拥军优属先进单位	2003.12	中共吉林省委、吉林省人民政府、吉林省军区
57	2002年度吉林省小巨人明星企业	2003.12	吉林省经济贸易委员会\吉林省财政厅\吉林省工商行政管理局\吉林省地方税务局\吉林省国家税务局\吉林省国土资源厅
58	斯达舒注册商标被吉林省工商行政管理局评为吉林省著名商标	2003.12.12	吉林省工商行政管理局
59	海宽注册商标被吉林省工商行政管理局评为吉林省著名商标	2003.12.12	吉林省工商行政管理局
60	心系贫困农户捐助新居工程突出贡献奖	2004.03	中共通化市委\通化市人民政府
61	第五届劳动模范表彰大会模范集体	2004.04	通化市人民政府
62	通化市民营企业档案工作先进单位	2004.04	中共通化市档案局\通化市民营发展局

续表

序号	荣誉名称	获得时间	授予单位
63	全国创业之星	2004.05.22	国务院发展研究中心农村部
64	安置就业先进民营企业	2004.06	中共通化市委\通化市人民政府
65	2003年度民营企业纳税状元	2004.06	中共通化市委\通化市人民政府
66	通化市职业教育工作先进单位	2004.06	通化市教育局、通化市人事局、通化市社会保障局
67	2003年重点项目建设先进单位	2004.07	通化市人民政府
68	2002—2003年度被评为守合同重信用企业	2004.08	通化市人民政府
69	通化市首届职工文化艺术节优秀组织奖	2004.09	市总工会
70	吉林省质量管理奖	2005.01	吉林省人民政府
71	武装部基层建设标兵单位	2005.01.23	中国人民解放军吉林省通化军分区
72	2004年度全省经济运行系统先进集体	2005.01.28	吉林省经济委员会
73	2004年度社会保险工作先进单位	2005.04	通化市人民政府
74	非公有制企业五好党组织	2005.05	中共通化市委组织部
75	纪念抗日战争胜利60周年通化市职工歌咏比赛二等奖	2005.08	中共通化市委宣传部通化市总工会通化市直机关党工委
76	"修正"为吉林省著名商标	2005.09.28	吉林省工商行政管理局
77	民族团结进步先进集体	2006.03	通化市人民政府
78	2005年度社会保险工作先进单位	2006.03	通化市人民政府
79	为重点项目建设做贡献标兵	2006.07	中共通化市委
80	全国优秀民营科技企业	2006.12	中国民营科技促进会、科技日报社
81	吉林省民营经济乡镇企业纳税银星企业		吉林省乡镇企业管理局

注：上述两个表格里的数据截止到2006年12月份，最新荣誉以及成就请参照修正药业集团官网及微信公众号相关信息